COURS

DE DROIT CIVIL

FRANÇAIS.

COURS

DE DROIT CIVIL FRANÇAIS,

Par J.-E.-D. BERNARDI,

Chef de la Division civile du Ministère du Grand Juge.

TOME QUATRIÈME.

A PARIS,

Chez GARNERY, Libraire, rue de Seine.

An XII. — 1804.

TABLE

DES LIVRES ET CHAPITRES

DU TOME QUATRIÈME.

LIVRE VINGT-DEUXIÈME.

*Des contrats où l'on échange et où l'on aliène
une chose contre une autre.*

LIVRE XXIII.

*Des aliénations partielles et indéterminées
de la propriété.*

LIVRE XXIV.

Des Servitudes.

LIVRE XXV.

Des quasi-contrats ou des engagemens qui résultent d'un consentement présumé.

LIVRE XXVI.

Des contrats accessoires.

LIVRE XXVII.

De l'extinction des obligations.

L I V R E X X . V I I I.

Des actions.

Fin de la Table du quatrième Volume.

E R R A T A.

Page 17 , lig. 14 , 15 , lui cause , *lisez* cause à l'acheteur.
— 29 , lig. 16 , inscrits , *lisez* transcrits.
— 3o , lig. dern. inscrit , *lisez* transcrit.
— 33 , lig. 9 , arrérages , *lisez* intérêts.
— 52 , lig. dern. avantageu , *lisez* avantageuse.
— 75 , lig. dern. après et , *ajoutez* à un certain genre.
— 78 , lig. dern. 1834 , *lisez* 1837.
— 82 , lig. 24 , vu , *lisez* eu.
— 146 , lig. 19 , ne pouvait rétrograder , *lisez* ne pouvait faire rétro-
    grader.
— 189 , lig. 19 , addition , *lisez* adition..
— 192 , (notes) lig. 1 , *ajoutez* Code civil , art. 1255.
— 249 , lig. 19 , l'indivision , *lisez* la division.
— 256 , lig. 15 , après des fruits , *ajoutez* du fonds.
— 262 , (note) lig. 1 , au lieu de tit. art. 14 , *lisez* titre XXXIII,
    art. 14.
— 288 , lig. 19 , après ces mots : propres aliénés , *ajoutez* existe.
— 33o , lig. 12 , perte , *lisez* vente.
— 344 , lig. 25 , de la , *lisez* la.
— 348 , lig. 21 , leur , *lisez* sa.
— 381 , lig. 1o , contre elle , *lisez* contre sa succession.

COURS

DE DROIT CIVIL

FRANÇAIS.

LIVRE XXII.

DES CONTRATS OU L'ON ÉCHANGE ET OU L'ON ALIÈNE UNE CHOSE CONTRE UNE AUTRE.

CHAPITRE PREMIER.

De l'échange.

Il n'a été question jusqu'à présent que des contrats par lesquels on transmet la propriété ou la jouissance d'une chose, et où l'on emploie son travail et son industrie, en considération seulement de la satisfaction intérieure qu'on ressent d'un acte de bienfaisance. A présent il va être question des contrats, où l'on transmet sa propriété pour avoir une autre propriété de la même valeur ; ou bien, où l'on échange son industrie ou son travail contre un salaire quelconque; ou bien, enfin, où l'on diminue ou l'on modifie sa propriété pour l'avantage d'autrui.

Tout atteste que l'échange fut le premier moyen que les hommes employèrent pour se transmettre mutuellement la propriété de leur superflu, et pour acquérir celle des choses qui leur manquaient. C'était une espèce de vente, la seule usitée avant l'invention de la monnaie, ou d'un signe général, qui pût tenir lieu de toutes les marchandises. Aussi y avait-il des Jurisconsultes Romains qui ne voulaient point distinguer l'échange de la vente. Ils ne diffèrent même qu'en ce que dans le contrat d'échange, la condition des contractans est égale, et que l'un et l'autre donnant une chose pour une autre, l'on ne saurait y distinguer une marchandise et un prix, un vendeur et un acheteur. L'un et l'autre tient lieu tout ensemble et de vendeur de la chose qu'il donne, et d'acheteur de celle qu'il prend (1).

Il y a échange toutes les fois qu'on troque une chose contre une autre. Comme il est difficile qu'il y ait deux choses différentes et cependant d'égale valeur, il n'y a presque pas d'échange qui soit sans retour, et alors le contrat est mêlé de vente et d'échange.

En matière d'échange, les choses échangées sont affectées à la garantie l'une de l'autre, de manière que si l'un des contractans est évincé

____

(1) Code civil, de l'échange, art. 1702.

de la chose qu'il a reçue, le contrat est résolu, et il peut rentrer dans la propriété qu'il a donnée.

Il y a en outre des dommages et intérêts à prétendre pour les pertes qu'il a éprouvées à cette occasion (1). Au surplus, toutes les règles du contrat de vente peuvent s'appliquer à l'échange, à l'exception néanmoins de celles qui ne seraient pas de la nature de ce contrat, et qui ne seraient, par exemple, applicables qu'au paiement du prix (2).

Mais le commerce par l'échange dût être arrêté à chaque pas par des difficultés. L'échange n'assortissait que rarement et avec peine, parce que l'un n'avait pas toujours ce qui était nécessaire à l'autre, et parce qu'il fallait encore à chaque marché faire des estimations, qui devaient toujours être embarrassantes. L'invention de la monnaie fit cesser ces embarras. On n'eut plus qu'à comparer la valeur de la marchandise dont on voulait se défaire, avec la valeur de la portion de la monnaie publique qu'on offrait en échange, et qui en formait ainsi le prix.

L'argent monnoyé devint par ce moyen une marchandise universelle, la mesure de toutes les choses, en échange desquelles il fut reçu.

____

(1) *Leg.* 1. 2. *Cod. de rer. permut.* Cod. civ. art. 1705.
(2) *Ibid.* art. 1707.

CHAPITRE II.

De la vente.

L'échange d'une chose quelconque avec une portion de la monnaie publique qui en forme le prix, est ce qu'on appelle *vente* ; celui qui donne la chose s'appelle *vendeur*, et celui qui paie le prix *acheteur.*

Ce contrat exige trois choses pour sa validité, le consentement du vendeur et de l'acheteur, la chose qui est à vendre, et le prix auquel elle est évaluée.

Il est parfait par le seul consentement, quoique la chose vendue ne soit pas délivrée, ni le prix payé (1). Le consentement qui est le point essentiel de la vente, doit être exempt d'erreur et de violence. Il se donne entre absens ou présens, ou sans écrit, ou par écrit, ou sous seing-privé, ou par-devant notaire.

On peut vendre tout ce qui tombe en propriété, à moins que les lois n'en aient prohibé le trafic (2). Il est en effet un grand nombre de choses dont les lois défendent le commerce, comme les marchandises anglaises, le poison, les fruits en herbes , la succession

---

(1) Code civil, de la vente, art. 1582 et suiv.
(2) *Leg.* 18. §. 7. *ff. de contrah. empt.* Code civil, art. 1598 et suiv.

d'un homme vivant, les armes et les munitions de guerre qu'on ne peut vendre aux étrangers : hors de là toutes choses peuvent être vendues, même les droits incorporels, l'espérance d'une chose incertaine, telle que le produit de la chasse, de la pêche, d'une spéculation de commerce, etc. (1). La chose vendue doit être certaine; car si le vendeur et l'acheteur ont erré de façon qu'il paraisse que l'un a entendu une chose et l'autre une autre, la vente est nulle. Elle l'est à plus forte raison, si le vendeur vend de mauvaise foi une marchandise pour une autre, comme du cuivre pour de l'or.

L'erreur cependant ne rend la vente nulle, qu'autant qu'elle touche à la substance de la chose vendue qui se trouve, par une suite de cette erreur, inutile à l'usage pour lequel on la destinait, comme si l'on achète un cheval poussif ou sujet à la morve. Si l'erreur n'est que dans les qualités accessoires, c'est-à-dire, que sans empêcher l'usage de la chose vendue, elle ne fasse que le diminuer, la vente ne sera pas nulle; il y aura seulement lieu à la diminution du prix (2).

Le prix de la vente doit être certain, de sorte que si l'on se rapporte à l'estimation d'un tiers, la vente n'est pas parfaite que ce tiers n'ait fait

---

(1) *Leg.* 15. 78. §. *ult. ff. de contrah. empt. et vend. Leg.* 1. 25. *de act. empt.* Code civil, art. 1598.

(2) *Leg.* 9. 10. 19. *ff. de contrah. empt. et Leg.* 9. *Cod. eod.* Code civil, art. 1110.

l'estimation. Lorsque le vendeur n'a point donné un terme pour le paiement du prix, l'acquéreur n'a point la propriété de la chose vendue, jusqu'à ce qu'il aît payé.

La vente est parfaite par le seul consentement des parties ; l'écriture n'est pas nécessaire pour sa validité ; mais elle l'est pour en faire la preuve lorsque la valeur de la chose vendue excède cent cinquante francs. Si l'une des parties déniait la vente en ce cas, la preuve n'en serait point admise par témoins, ainsi que nous le verrons ailleurs.

Si les parties, en convenant de la vente, avaient dit qu'il en serait passé acte par-devant notaire, le contrat ne serait parfait, qu'autant que cette convention aurait été accomplie ; et jusques-là il serait permis aux parties ou à l'une d'elles de se rétracter.

Le Code civil dit que la promesse de vente vaut vente, lorsqu'il y a consentement réciproque des deux parties sur la chose et sur le prix (1). Mais dans ce cas, c'est une vente réelle et non une simple promesse, qui ne forme jamais un engagement. On en convient dans les motifs.

Le Code ajoute ensuite que si la promesse de vendre a été faite avec des arrhes, chacun des contractans est maître de s'en départir ; celui

______

(1) Code civil, art. 1589. Cochin, tom. 6, p. 71 et suiv.

qui les a données en les perdant, et celui qui les a reçues en restituant le double (1).

En effet, dans l'usage on traite quelquefois en donnant et en recevant des arrhes. Mais quand on donne des arrhes, c'est presque toujours parce que l'on est d'accord sur les conditions de la vente. Les arrhes prouvent alors la vente. En ce cas, elle doit être exécutée et on ne peut s'en départir, même en perdant les arrhes ou en les restituant au double. Il n'est permis de se dédire, que lorsque le contrat n'est point accompli (2) : ce qui est bien rare ; car à quoi bon donner des arrhes, si tout n'est conclu?

Si la valeur de l'objet vendu excédait cent cinquante francs, on serait censé avouer la vente, en convenant d'avoir reçu des arrhes. Mais comme les arrhes peuvent ne pas excéder cette somme, l'une des parties peut être admise à prouver par témoins qu'elle les a données; cela ne suffirait cependant pas pour prouver la vente. On serait alors dans le cas de la loi, qui veut qu'on les perde ou qu'on les restitue au double, en cas d'inexécution de la convention.

Les arrhes ne se précomptent sur le prix, qu'autant qu'elles consistent en argent (3).

____

(1) Code civil, art 1590. *Leg 35. ff. de contrah. empt.*

(2) Motifs de la loi. *Leg. 17. ff. de fid. instrum.*

(3) *Leg. 11. §. 5. ff. de act. empt. et vendit. Cujac. observat. lib. 11. cap. 17.*

La vente peut être faite purement et simplement, ou sous une condition soit suspensive, soit résolutoire (1).

On y applique en ce cas les règles qui concernent les obligations conditionnelles.

Lorsque des marchandises ne sont pas vendues en bloc, mais au poids, au compte, ou à la mesure, la vente n'en est point parfaite en ce sens que les choses vendues sont aux risques du vendeur jusqu'à ce qu'elles soient pesées, comptées ou mesurées. Mais l'acheteur peut en demander ou la délivrance, ou des dommages intérêts en cas d'inexécution de l'engagement; car il y a au moins une obligation précise de vendre (2).

A l'égard du vin, de l'huile, et des autres choses que l'on est dans l'usage de goûter avant d'en faire l'achat, il n'y a pas de vente tant que l'acheteur ne les a pas goûtées et agréées, parce que, jusqu'à cette époque, il n'y a pas même un véritable consentement de sa part.

La vente faite à l'essai est toujours présumée faite sous une condition suspensive (3).

En règle générale, la faculté de vendre et d'acheter appartient à tous ceux auxquels la loi ne l'interdit pas.

---

(1) Code civil, art. 1584.
(2) *Leg.* 35. *ff.* §. 5. *ff. de contrah. empt. et vendit.* Code civil, tit. de la vente, art. 1585. Domat, liv. 1. sect. 4. art. 7.
(3) *Ibid.*

On a seulement restreint cette faculté entre époux. On a craint, avec raison, l'abus que le mari peut faire de son autorité, et celui qui aurait sa source dans l'influence que la femme peut se ménager par les douces affections qu'elle inspire.

Ces motifs avaient déterminé la loi romaine et la plupart des coutumes à prohiber les donations entre-vifs entre la femme et le mari, hors du contrat de mariage. Entre personnes si intimement unies, il serait bien à craindre que la vente ne masquât presque toujours une donation.

Il est cependant des circonstances dans lesquelles il est permis entre époux de vendre et d'acheter. Ces circonstances sont celles où le contrat est fondé sur une juste cause, et où il a moins le caractère d'une vente proprement dite, que celui d'un paiement forcé ou d'un acte d'administration.

Le contrat de vente est donc permis entre époux : 1°. lorsqu'étant séparés judiciairement, l'un cède à l'autre des biens en paiement de ce qu'il lui doit.

2°. Lorsque la cession faite par le mari à sa femme, quoique non séparée, a une cause légitime, telle que le remploi de ses immeubles aliénés, ou le paiement de deniers à elle appartenant et qui ne tombent pas dans la communauté.

3°. Lorsque la femme cède des biens à son mari en paiement de la dot qu'elle lui avat promise, et lorsqu'il y a exclusion de communauté (1).

En général, les tuteurs, mandataires, administrateurs et officiers publics ne peuvent se rendre adjudicataires par eux-mêmes ou par personnes interposées, des biens dont ils ont la surveillance ou l'administration (2).

Si la condition des officiers publics ne doit pas être pire que celle des citoyens ordinaires dans les choses étrangères au fait de leur magistrature ou de leur administration, le titre public de leur charge les soumet à de plus grandes précautions que les personnes privées, pour les mettre à couvert du soupçon d'abuser de leur autorité dans les occasions où ils ne peuvent et ne doivent se montrer que comme administrateurs ou comme magistrats (3).

Les lois romaines et nos anciennes ordonnances ont toujours prohibé aux juges, à tous ceux qui exercent quelques fonctions de justice, ou quelque ministère près les tribunaux, de se rendre cessionnaires d'actions et de droits litigieux qui sont ou peuvent être portés devant le tribunal dans le ressort duquel ils exercent leurs fonctions, à peine de nullité, dépens, dommages et intérêts (4).

______

(1) Code civil, de la vente, art. 1595.
(2) *Ibid.* art. 1596.
(3) Code civil, tit. de la vente, et les motifs.
(4) *Ibid.* art. 1596. *Novell.* 112. *cap.* 1. Ordonn. d'Orléans, art. 54.

Cette disposition est rappelée par le Code civil; elle est la sauve-garde des justiciables.

Un juge, dit-on dans les motifs, est établi pour terminer les contestations des parties et non pour en trafiquer. Il ne peut et il ne doit intervenir entre les citoyens que comme ministre des lois, et non comme l'agent des intérêts, de la haine et des passions des hommes. S'il descend honteusement de son tribunal; s'il abandonne le sacerdoce auguste qu'il exerce pour échanger sa qualité d'officier de justice contre celle d'acheteur d'actions, il avilit le caractère honorable dont il est revêtu; il menace, par le scandale de ses procédés hostiles et intéressés, les familles qu'il ne doit que rassurer par ses lumières et ses vertus; il cesse d'être magistrat : il n'est plus qu'opresseur.

On excepte cependant de cette prohibition le cas où l'acheteur du droit litigieux, y aurait personnellement un intérêt, et où en rapportant cette cession, il aurait moins l'intention de vexer que de défendre ses propres droits et de maintenir sa propriété.

CHAPITRE III.

Des obligations du vendeur et de l'acheteur.

Il faut parler à présent des obligations qui naissent du contrat de vente.

Les deux principales obligations du vendeur sont de délivrer la chose vendue et de la garantir.

La délivrance se fait d'une manière différente, selon qu'il s'agit de choses mobiliaires ou immobiliaires, corporelles ou incorporelles.

La délivrance ou la tradition d'un immeuble est censée faite, lorsqu'on a remis les clefs s'il s'agit d'un bâtiment, ou lorsqu'on a remis les titres de propriété, si c'est un fonds de terre, ou un droit incorporel.

La délivrance des effets mobiliers s'opère ou par la tradition réelle ou par la remise des clefs des bâtimens qui les contiennent.

Le seul consentement des parties suffit si le transport ne peut se faire au moment de la vente, ou si l'acheteur les avait déjà en son pouvoir à un autre titre (1).

En général, lorsque la vente est parfaite par le consentement des parties, il suffit, pour que la chose vendue soit censée livrée, que le vendeur ne mette aucun obstacle à la prise de possession et à la jouissance de l'acquéreur.

Il n'est pas nécessaire, pour la validité de la vente, que le vendeur soit le propriétaire de la chose vendue. L'acquéreur qui en jouit n'a pas à se plaindre, tant qu'il n'est pas troublé dans sa jouissance.

---

(1) Code civil, tit. de la vente, art. 1605 et suiv. *Leg.* 1. *ff. de donat.*

Celui néanmoins qui achète des bestiaux volés hors des foires et marchés, est tenu de les restituer gratuitement au propriétaire, en l'état où ils se trouvent (1).

Si le vendeur est en demeure de faire la délivrance, l'acquéreur a le choix de demander la résolution de la vente ou la mise en possession de la chose vendue, avec dommages et intérêts pour le préjudice qu'il a souffert (2).

Mais le vendeur n'est point réputé en demeure de faire la délivrance, si l'acquéreur est en demeure de payer le prix, ou si depuis la vente il est tombé en faillite, ou dans un état de décadence qui puisse sérieusement menacer la sûreté du vendeur (3).

La chose vendue doit être livrée en l'état où elle se trouve au moment de la vente et avec tous ses accessoires. On range dans la classe des accessoires tout ce qui était destiné d'une manière permanente à l'usage de la chose. Les fruits appartiennent à l'acheteur du jour de la vente (4).

Dans les ventes d'immeubles faites avec déclaration de contenance, il faut distinguer le

---

(1) Décret du 28 septembre 1791, sur la police rurale, tit. 11, art. 11.

(2) Code civil, tit. de la vente, art. 1610 et suiv.

(3) *Ibid.* art. 1613 et suiv.

(4) *Leg.* 4. *Leg.* 13 *et penult. Cod.* de *act. empt. et vend.*

cas où l'on a fixé cette contenance à un nombre déterminé de mesures, en distribuant proportionnellement le prix sur chaque mesure,
d'avec celui où la déclaration de contenance
est faite par forme d'indication et se trouve liée
à la vente d'un ou de plusieurs corps certains, séparés ou unis, avec stipulation d'un
prix général pour le tout.

Dans la première hypothèse, il peut arriver de deux choses l'une, ou qu'il y ait un
déficit dans la contenance déclarée, ou qu'il y
ait un excédant. Y a-t-il un déficit ? L'acquéreur peut exiger que le vendeur complète la
contenance portée par le contrat, ou se con-
tente d'une diminution proportionnelle dans
le prix. Ce dernier parti est même forcé, si le
vendeur est dans l'impossibilité de remplir la
contenance annoncée. Y a-t-il un excédant ?
cet excédant est-il d'un vingtième au-dessus
de la contenance déclarée ? L'acquéreur a le
choix de fournir le supplément du prix ou
de se désister de son achat.

Dans l'hypothèse, au contraire, où la déclaration de contenance se trouve liée à la vente
d'un ou de plusieurs corps certains, séparés
ou unis, avec stipulation d'un prix général
pour le tout, cette déclaration ne donne lieu
à aucun supplément de prix en faveur du
vendeur, pour l'excédant de contenance, ni
en faveur de l'acquéreur, à aucune diminution de prix sous prétexte d'un *déficit*; à moins

que le *déficit* ou l'excédant ne soit d'un ving-tième en plus ou en moins, eu égard à la valeur totale des objets vendus (1).

On a cru essentiel de fixer d'une manière uniforme le degré d'importance que doit avoir l'*excédant* ou le *déficit* de contenance, pour régler les droits respectifs du vendeur et de l'acquéreur. Les coutumes variaient beaucoup sur ce point : on a opté pour l'usage le plus universel.

Dans les cas dont on vient de parler, l'action en résiliation ou en supplément de prix ne doit durer qu'une année. Ce tems est suffisant pour reconnaître une erreur dont la vérification est possible à chaque instant. Un terme plus long jetterait trop d'incertitude dans les affaires de la vie.

Indépendamment de l'obligation de délivrer fidèlement la chose vendue, le vendeur doit la garantir.

Cette garantie a deux objets; le premier, d'assurer à l'acquéreur la paisible possession de la chose vendue; le deuxième, de lui répondre des défauts cachés ou des vices qui donnent lieu à l'action rédhibitoire (2).

La garantie est de droit ; elle dérive de la nature même du contrat de vente; mais on

____

(1) Code civil , tit. de la vente art. 1617 et suiv. et les motifs.

(2) *Ibid.* art. 1625.

peut convenir que le vendeur n'y sera point soumis: car il ne s'agit ici que d'un intérêt privé; et en matière d'intérêt privé, chacun peut renoncer à son droit (1).

L'on a pourtant prévu le cas où l'évènement qui ouvrirait l'action en *garantie* aurait sa source dans le propre fait du vendeur. On a pensé que, dans un pareil cas, le pacte portant dispense de toute garantie ne pourrait être appliqué, et que même si l'on stipulait que le vendeur ne serait pas tenu de répondre de son propre fait, une telle stipulation serait évidemment nulle, comme contraire à la justice naturelle et aux bonnes mœurs.

Dans le cas même de stipulation de non-garantie, le vendeur est toujours tenu de restituer le prix qu'il a reçu, à moins qu'il n'ait connu lors de la vente le danger de l'éviction ou qu'il n'ait acheté à ses périls et risques (2). Il faudrait une stipulation bien claire et bien positive, pour dispenser de la restitution du prix.

En général, l'acquéreur troublé pour une cause légitime antérieure au contrat de vente, exerce sa garantie contre le vendeur, et cette garantie a plus ou moins d'étendue, suivant celle de l'action qu'on intente contre lui (3).

(1) Code civil, tit. de la vente, art. 1627.
(2) *Ibid.* art. 1628.
(3) *Titul. ff. de act. empt. et vendit.*

Ainsi

Ainsi s'il se présente quelqu'un qui se dise propriétaire en tout ou partie de la chose vendue, qui prétende qu'elle est sujette à des servitudes qui étaient cachées, et que le vendeur n'a pas déclarées, ou s'il survient un créancier du vendeur, qui soit porteur d'une créance hypothécaire sur les biens vendus, en tous ces cas l'acquéreur a son action en garantie contre le vendeur, laquelle produit différens effets. Si l'action intentée contre l'acquéreur va à le priver de la totalité de la chose vendue, le vendeur doit rembourser le prix, et doit outre cela des dommages et intérêts qui comprennent toutes les pertes que lui cause la privation de la chose qu'il avait achetée. Si le vendeur était de mauvaise foi, il doit restituer à l'acquéreur ; même les dépenses d'agrément (1). Mais si cette action ne va qu'à priver l'acquéreur d'une partie de la chose, ou à le charger d'une servitude que le vendeur n'avait pas déclarée, l'acquéreur peut, s'il le trouve bon, demander à son gré ou une indemnité ou la résiliation de la vente (2).

Il n'en était pas ainsi autrefois ; l'acheteur n'avait qu'une diminution à prétendre sur le prix, proportionnée à celle qu'éprouvait l'objet acheté. On exceptait seulement le cas où

----

(1) Cod. civ. tit. de la vente, art. 1630 et suiv. *Titul. ff. de act. empt. et vendit.*

(2) Code civil, art. 1636 et suiv.

Tome IV. B

la chose acquise n'aurait pu servir à l'usage auquel on la destinait.

Pour pouvoir exercer la garantie, l'acquéreur doit appeler le vendeur dans le tems de droit, et avant qu'on ait obtenu contre lui un jugement en dernier ressort, et dont l'appel n'est plus recevable (1). Ce sont là les règles que l'on suit pour la garantie des immeubles.

Il y en a de particulières pour la garantie des choses mobiliaires, et principalement pour celle des animaux. L'action en ce cas s'appelle rédhibitoire (2).

On avait eu l'intention, en établissant cette action, de garantir ceux qui achètent, des tromperies des vendeurs (3).

Ainsi toutes les fois qu'une chose renferme un défaut caché qui la rend impropre à l'usage auquel on la destine, ou qui diminue tellement cet usage, que l'acheteur ne l'aurait pas acquise s'il en avait eu connaissance, il y a lieu à l'action rédhibitoire (4).

Mais cette action n'existe pas pour les vices apparens et que l'acheteur a pu apercevoir (5).

Cela s'applique spécialement aux maladies

---

(1) Code civil, art. 1640.
(2) *Titul. ff. de œdilit. edict.*
(3) *Leg.* 1. §. 1. *ff. eod.*
(4) Code civil, art. 1641.
(5) *Ibid.* art. 1642, *Leg.* 1. §. 6. *ff. de œdilit. edict.*

contagieuses ou incurables, dont les animaux vendus pourraient être atteints (1).

L'étendue de cette action et le délai dans lequel elle doit être exercée, varie suivant les usages des lieux ; et celle de la garantie est plus ou moins considérable, suivant que le vendeur connaissait ou non le vice de la chose qu'il a vendue (2). S'il les connaissait, il doit non-seulement la restitution du prix qu'il a reçu, mais encore les dommages et intérêts de l'acheteur (3). L'action rédhibitoire n'a pas lieu dans les ventes faites par autorité de justice (4).

CHAPITRE IV.

Des obligations de l'acheteur.

Si le vendeur est obligé de délivrer la chose vendue et de la garantir, l'acheteur de son côté est tenu d'en acquitter le prix.

Il n'y a qu'un cas où il peut en suspendre le paiement ; c'est celui où il serait en danger d'être évincé. Si on veut le forcer de payer, il peut s'y refuser ou du moins demander une caution (5).

---

(1) *Leg.* 38. §. 5. *ff. de ædilit. edict. et ibi Gotofred.*
(2) Code civil, tit. de la vente, art. 1641 et 1645.
(3) *Ibid.* art. 1645.
(4) *Ibid.* art. 1649.
(5) *Ibid.* art. 1650.

S'il n'y a pas de stipulation contraire, on doit payer dans le lieu où la délivrance doit se faire.

L'intérêt du prix est dû en trois cas : s'il a été ainsi convenu lors de la vente ;

Si la chose vendue et livrée produit des fruits et autres revenus ; si l'acheteur a été sommé de payer (1).

La loi ne dit pas si cette sommation doit être faite judiciairement. Il paraît que non ; car la sommation juridique s'appelle ajournement, et le mot sommation ne s'est appliqué jusques à présent qu'à un acte extra - judiciaire.

Lorsqu'il y a eu sommation de payer de la part du vendeur, les intérêts ne courent que du jour de la sommation ; ce qui doit s'entendre du cas où la chose vendue ne produit ni fruits, ni revenus.

Lorsque l'acheteur est en demeure de remplir ses engagemens, le vendeur est en droit de demander la résolution de la vente.

Cette résolution doit être prononcée sans hésitation dans le cas où le vendeur court le risque de perdre la chose et le prix ; un tel risque n'existant pas, le juge peut accorder à l'acquéreur un délai raisonnable pour se libérer (2).

---

(1) Code civil, tit. de la vente, art. 1652.
(2) *Ibid.* art. 1654.

Quelquefois on convient que la vente sera résolue de plein droit si l'acquéreur ne paye le prix dans un délai déterminé. Dans une telle situation, l'acquéreur peut-il utilement, après le délai, satisfaire à ses obligations ? L'affirmative est incontestable tant que cet acquéreur n'a pas été mis en demeure par une sommation. Dira-t-on qu'il était suffisamment averti par le contrat ? Mais la rigueur du contrat pouvait être adoucie par la volonté de l'homme ; le silence du vendeur fait présumer son indulgence : une sommation positive peut seule empêcher ou détruire cette présomption (1).

Quand cette sommation a été faite, si l'acquéreur ne paie pas, le juge ne peut plus accorder de délai. Un délai accordé par le juge en pareille circonstance, serait une infraction manifeste du contrat. L'équité du juge ne peut intervenir que quand la circonstance du non-paiement dans le tems convenu, n'a pas été formellement présentée dans le contrat comme résolutoire de la vente ; car alors il reste quelque latitude à cette équité.

Ce que l'on vient de dire n'est relatif qu'à des ventes d'immeubles. S'il s'agit de denrées et d'effets mobiliers, la vente sera résolue de plein droit et sans sommation préalable, au profit du vendeur, après l'expiration du délai

____

(1) Code civil, tit. de la vente, art. 1656.

dans lequel il était convenu que l'acheteur retirerait la chose vendue et en paierait le prix (1).

Les raisons de la différence entre les ventes
d'immeubles et les ventes de denrées et d'effets
mobiliers sont sensibles. Les denrées et les effets
mobiliers ne circulent pas toujours dans le commerce avec le même avantage; il y a une si
grande variation dans le prix de ces objets, que
le moindre retard peut souvent occasionner un
préjudice irréparable : les immeubles n'offrent
pas les mêmes inconvéniens (2).

En donnant les règles générales sur les obligations respectives du vendeur et de l'acheteur,
le Code civil s'est contenté de rappeler les principes qui appartiennent au droit commun, et
qui ont été adoptés par les lois civiles de toutes
les nations policées. Mais les règles générales
du droit qui ont été posées, peuvent être modifiées de mille manières par les conventions
des parties : le contrat est la véritable loi qu'il
faut suivre, à moins que les pactes qu'il renferme ne soient vicieux en eux-mêmes, ou
dans leurs rapports avec la police de l'État.
Quand le contrat est clair, il faut en respecter la lettre; s'il y a de l'obscurité et du doute,
il faut opter pour ce qui paraît le plus conforme à l'intention des contractans : les pactes
dans lesquels cette intention n'est pas facile à

____

(1) Cod. civ. tit. de la vente, art. 1657 et les motifs.
(2) Motifs.

découvrir, doivent être interprétés contre le vendeur, parce qu'il dépendait de lui d'exprimer plus clairement sa volonté.

CHAPITRE V.

Du Réméré ou Retrait conventionnel.

Après avoir vu comment la vente se conclud, il faut dire comment elle se résout. Un des moyens de résoudre la vente, est lorsque le vendeur s'est réservé de reprendre dans un certain délai la chose vendue.

Lorsqu'un homme se trouve pressé de vendre pour avoir de l'argent, il peut stipuler qu'il lui sera permis de rentrer dans l'héritage vendu, en remboursant dans un certain tems le prix avec les frais et loyaux-coûts : c'est ce qu'on appelle Retrait conventionnel, ou faculté de réméré, du mot *Reemere.* Le Code civil autorise la stipulation de la faculté de rachat (1). Ce pacte offre au citoyen ou au père de famille malheureux, des ressources dont il ne serait pas juste de le dépouiller : avec la liberté de se réserver le rachat, on peut vendre pour se ménager un secours, sans perdre l'espérance de rentrer dans sa propriété.

Mais autrefois la faculté de rachat pouvait être stipulée pour un tems très-long, et même

____

(1) Code civil, art. 1659 et suiv.

pour un tems illimité ; quand on la stipulait pour un tems illimité, elle n'était prescriptible que par le laps de trente ans.

Dans le Code civil on limite à cinq ans l'action en rachat ; on ne permet pas de stipuler la durée de cette action pour un plus long terme.

Le bien public ne comporte pas que l'on prolonge trop une incertitude qui ne peut que nuire à la culture et au commerce.

Dans l'ancien régime, on distinguait, en matière de rachat, la prescription légale d'avec la prescription conventionnelle. La prescription légale se vérifiait lorsque la faculté de rachat, stipulée pour un tems illimité, n'était prescrite que par le laps de trente ans. La prescription conventionnelle avait lieu lorsque la faculté de rachat ayant été stipulée pour un tems convenu entre les parties, le vendeur avait laissé passer ce tems sans exercer son droit. On pensait que dans l'hypothèse de la prescription légale, l'action en rachat était éteinte par la seule force de cette prescription ; mais que dans le cas de la prescription conventionnelle, il était nécessaire que l'acquéreur obtint contre le vendeur ou ses ayans-cause un jugement de déchéance.

Cette distinction a été rejetée comme n'offrant qu'une vaine subtilité. Est-il nécessaire de faire décheoir un vendeur d'une action qui n'existe plus ?

Le Code décide donc que l'action en rachat

est éteinte de plein droit après le délai convenu, qui ne peut excéder cinq années.

Le temps de cinq années court contre
toute personne, même contre le mineur,
sauf à ce dernier à exercer son recours contre
qui de droit (1).

La vente à faculté de rémeré est une véritable vente, qui ne dépend point de l'évènement du rachat ; elle est parfaite dès le
moment que le contrat est passé: c'est pourquoi, durant le tems du réméré, l'acquéreur
jouit des fruits, comme étant le véritable
propriétaire. Il est vrai que tant que la faculté dure, il ne doit rien empirer, et ne
peut faire que les réparations nécessaires ;
s'il en faisait d'autres, le vendeur ne serait
pas obligé de les rembourser, comme étant
faites en fraude du retrait (2).

L'acquéreur sous la faculté de réméré,
exerce par conséquent tous les droits de son
vendeur ; il prescrit tant contre le vrai propriétaire, que contre ceux qui prétendraient
des droits et des hypothèques sur la chose
vendue (3).

Il peut opposer le bénéfice de la discu-
sion avec les créanciers de son vendeur (4).

Si la vente à pacte de réméré avait été

---

(1) Code civil, tit. de la vente, art. 1660 et suiv.
(2) *Ibid.* art. 1665.
(3) *Ibid.*
(4) *Ibid.* art. 1666.

faite d'une partie indivise d'un héritage, dont l'acheteur aurait acquis la totalité, sur une licitation provoquée contre lui, il pourrait obliger le vendeur, qui voudrait user du pacte, à retirer la totalité de l'héritage (1).

Lorsque le vendeur laisse plusieurs héritiers, ils ne peuvent exercer le rachat que suivant la part qu'ils ont chacun dans la succession.

Mais l'acquéreur n'est point obligé de morceller sa propriété. Il peut les forcer de s'entendre ensemble pour en retirer la totalité (2).

Il en est de même d'un héritage commun à plusieurs personnes, et vendu par elles conjointement et par le même acte (3).

Quand l'acquéreur a laissé plusieurs héritiers, l'action de réméré s'intente contre celui dans le lot duquel l'héritage vendu est tombé (4).

Le pacte de rachat s'exerce contre un second acquéreur, quand même ce pacte ne lui aurait pas été déclaré (5).

Le vendeur reprend son fonds exempt de toutes les charges et hypothèques dont l'ac-

---

(1) Code civil, de la vente, art. 1667.
(2) *Ibid.* art. 1669.
(3) *Ibid.* art. 1668.
(4) *Ibid.* art. 1672.
(5) *Ibid.* art. 1664.

quéreur l'aurait grevé ; il est seulement obligé
d'exécuter les baux faits sans fraude (1).

Pour completter ce qui concerne la vente,
il nous reste à parler de la résolution qui
peut en être faite par la voie de la rescision.
Mais nous renvoyons à en traiter quand il
sera question de la rescision en général.

CHAPITRE VI.

De la transcription de la vente.

Nous avons dit que la vente non suivie
même de la délivrance de la chose vendue,
était parfaite par le seul consentement des
parties ; mais cela n'est vrai qu'entre les contractans et non à l'égard des tiers. Ainsi, si
après avoir vendu un meuble quelconque à
une personne sans lui en faire la délivrance,
on le vend ensuite à une autre à qui on le
livre, cette dernière est le vrai propriétaire.
Le premier acheteur n'a en ce cas qu'une
action de dommages et intérêts contre le
vendeur.

Il en est de même pour les immeubles.
Si un même fonds a été vendu à plusieurs
personnes , celle qui en a été mise la pre-

____

(1) Code civil , tit. de la vente, art. 1673.

mière en possession, obtient la préférence sur les autres (1).

Il restait seulement à établir les caractères de la délivrance ou de la possession, qui devaient opérer un pareil effet. La prise de possession réelle suffisait autrefois en pays de droit écrit. On avait imaginé en pays coutumier le nantissement ou la saisine, par laquelle l'acheteur se mettait en possession de la chose vendue.

La transcription de l'acte de vente au bureau de la conservation des hypothèques, tient lieu de toutes ces formes.

C'est cette transcription qui opère définitivement la translation de la propriété en la personne de l'acquéreur. Jusqu'alors la vente ne peut nuire à des tiers; ainsi, qu'elle soit sou seing-privé ou par acte public, elle n'a d'effet qu'entre le vendeur et l'acheteur, jusqu'à la transcription. S'il se trouvait un homme d'assez mauvaise foi, pour vendre à une personne un fonds qu'il aurait déjà vendu à une autre, et que le second acquéreur fît transcrire son acte avant le premier, il aurait la préférence sur lui.

Il ne resterait au premier acheteur qu'un recours contre le vendeur, qu'il pourrait poursuivre comme stellionataire; mais il ne

----

(1) *Leg.* 9. §. 4. *ff. de public. in rem act. Leg.* 31. §. 1. *ff. de act. empt. et vend.*

sérait pas moins privé de l'effet de son acquisition.

Il en serait de même si, depuis l'époque de la vente jusqu'à celle de la transcription, les créanciers du vendeur avaient fait inscrire des hypothèques sur l'objet vendu.

C'est la loi du 11 brumaire an 7 qui a la première introduit ou rendu générale la formalité de la transcription. Le Code civil l'a confirmée.

C'est donc une maxime constante parmi nous, que la transmission de la propriété des droits et biens susceptibles d'hypothèques, par le moyen de la vente, n'est parfaite qu'autant que les actes translatifs de cette propriété ont été inscrits dans les registres du bureau de la conservation des hypothèques, dans l'arrondissement duquel les biens sont situés (1).

Jusques-là les actes translatifs de propriété ne peuvent être opposés aux tiers qui auraient contracté avec le vendeur, et qui se seraient conformés aux dispositions de la loi.

La transcription transmet à l'acquéreur les droits que le vendeur avait à la propriété de l'immeuble, mais avec les dettes

____

(1) Code civil, titre des privilèges et hypothèques, art. 2181 et suiv.

et hypothèques dont cet immeuble est grevé à l'époque de la transcription (1).

L'acquéreur jouit des termes et délais accordés au débiteur originaire ; mais s'il ne remplit pas les formalités établies pour payer les hypothèques, il est tenu de payer tous les intérêts ou capitaux exigibles, ou de délaisser l'immeuble hypothéqué sans aucune réserve (2).

Faute de remplir cette obligation, chaque créancier hypothècaire a le droit, trente jours après un commandement au créancier originaire et une sommation à l'acquèreur de payer ou de délaisser, de faire vendre sur lui l'immeuble hypothéqué, comme nous le verrons plus au long en traitant des hypothèques (3).

L'acquéreur ne peut se mettre à couvert des poursuites, qu'en faisant notifier au plus tard dans le mois, à compter de la sommation qui lui a été faite, son titre aux créanciers, et en déclarant qu'il est prêt à acquitter sur-le-champ les dettes et charges hypothécaires jusques à concurrence seulement du prix, sans distinction des dettes exigibles ou non exigibles (4).

Après que cette signification a été faite dans le délai fixé, tout créancier dont le titre est ins-

---

(1) Code civil, tit. des hypothèq. art. 2167, 2182.
(2) *Ibid.* 2166.
(3) *Ibid.* 2169.
(4) *Ibid.* art. 2183.

crit, peut requérir la mise de l'immeuble aux enchères et adjudications publiques, sous diverses conditions fixées par la loi (1).

Si les créanciers n'ont pas requis la mise aux enchères, la valeur de l'immeuble demeure fixée au prix stipulé dans le contrat ou déclaré par l'acquéreur, qui est libéré de tout privilège et hypothèque en payant le prix aux créanciers suivant l'ordre de leur inscription, ou en le consignant (2).

CHAPITRE VII.

Des cessions et transports, et des subrogations.

L'aliénation des choses corporelles ou immobiliaires, est ce qu'on appelle proprement vente. Mais on peut aliéner aussi ou transporter à d'autres les droits incorporels et les actions. Cette aliénation s'appelle *cession* ou *transport* (3).

Ainsi, on peut vendre ou céder une succession qui nous est échue, ainsi que nous l'avons vu plus haut (4).

Si on peut vendre ou céder une masse

____

(1) Code civil, tit. des hypothèques, art. 2185.
(2) *Ibid.* 2186.
(3) *T'ot. tit. ff. de hœredit. vel act. vendit.* Code civil, tit. de la vente, art. 1689 et suiv.
(4) Ci-dessus, livre XIV, chap. 2.

d'actions ou de droits, tels que ceux qui forment une succession, à plus forte raison pourra-t-on céder ou vendre des droits particuliers.

Chacun peut céder ceux qui lui appartiennent, et dont la loi ne prohibe pas le commerce.

Il y a des actions qu'il n'est pas permis d'aliéner, ou qu'il est défendu à certaines personnes d'acquérir.

Les droits litigieux ne peuvent être acquis par des gens de loi, comme on l'a vu dans le Chapitre II de ce Livre.

La vente des droits incorporels comme celle des choses corporelles, est parfaite par le consentement des parties. Pour tenir lieu de la mise en possession réelle ou feinte, par laquelle on transmet la propriété de ces droits, il suffit que le cédant ait remis les titres au cessionnaire (1).

Mais pour que le cessionnaire soit réputé saisi et en possession de la chose cédée à l'égard d'un tiers, il faut qu'il ait fait signifier l'acte de cession à celui contre lequel le droit est cédé et transporté; ou que celui-ci, en ayant connaissance, l'ait accepté par un acte authentique (2).

La signification du transport donne encore cet avantage au cessionnaire, que le débiteur ne peut plus payer valablement au cédant,

____

(1) Code civil, tit. de la vente, art. 1689.
(2) *Ibid*, art. 1690.

comme

comme il aurait pu faire avant la signification, sauf le recours du cessionnaire contre le cédant (1).

Le cessionnaire entre dans tous les droits du cédant, tels qu'ils sont, et il n'en peut avoir d'autres. Il acquiert la chose cédée avec tous ses avantages et toutes ses charges ; de sorte que si c'est un contrat de constitution, les arrérages courent au profit du cessionnaire, comme ils faisaient au profit du cédant (2).

Le vendeur ou le cédant d'une créance ou autre droit incorporel, en garantit l'existence à l'époque de la vente. quand même elle serait faite sans garantie (3).

Mais il ne répond de la solvabilité du débiteur que lorsqu'il s'y est engagé, et cette garantie, qui ne s'étend que jusques à concurrence du prix qu'il a retiré de la créance, ne s'entend aussi que de la solvabilité actuelle, à moins qu'il n'y ait pacte contraire (4).

Celui contre qui on a cédé un droit litigieux, c'est-à-dire, sur lequel il y a procès et contestation, peut s'en libérer, en remboursant le prix réel de la cession, avec les frais et loyaux-coûts, et les intérêts du jour où le prix de la cession a été payé (5).

---

(1) Code civil, tit. de la vente, art. 1691.
(2) *Ibid.* art. 1692.
(3) *Ibid.* art. 1693.
(4) *Ibid.* art. 1694, 1695.
(5) *Ibid.* art. 1699.

Tome IV. C

Cette faculté cesse, si la cession est faite à un co-héritier ou co-propriétaire du droit cédé; ou si elle est faite en paiement d'une autre créance, ou au possesseur de l'héritage sujet au droit litigieux (1).

Il y a une autre voie pour succéder aux droits d'un ancien créancier, qu'on appelle *subrogation*, laquelle est légale ou conventionnelle (2).

Un créancier hypothécaire, qui voit que les autres créanciers veulent vendre les biens d'un débiteur commun, et qui appréhende qu'ils ne consomment tout en frais, peut les payer de ce qui leur est dû; et, en ce cas, il est subrogé de plein droit à leurs hypothèques, sans qu'il soit besoin de stipuler aucune subrogation; mais un simple créancier chirographaire n'a pas le même droit (3).

Le tiers-acquéreur qui paye les dettes du vendeur, est subrogé aux hypothèques des créanciers qu'il a payés; mais cette subrogation n'a son effet que sur la chose qu'il a acquise, et non pas sur les autres biens du vendeur (4).

L'héritier bénéficiaire et le curateur aux biens vacans qui payent les dettes de la suc-

---

(1) Cod. civ. art. 1701 et suiv. Henrys, tom. 1, liv. 4, ch. 2. quest. 5.

(2) Cod. civ. tit. des contrats, art. 1249 et suiv. *Titul. Cod. de his qui in prior. creditor. locum succed.*

(3) Code civil, art. 1251.

(4) *Ibid.*

cession, sont aussi subrogés de plein droit aux créanciers qu'ils ont acquittés (1).

Les co-obligés, les cautions, les co-héritiers qui sont contraints de payer pour autrui, sont également subrogés de plein droit (2) ; telle est la subrogation légale.

La conventionnelle se fait en deux cas ; lorsque le créancier, recevant son paiement d'une tierce personne, la subroge dans tous ses droits et hypothèques ; ensuite un étranger qui prête ses deniers au débiteur pour acquitter un créancier privilégié, ou qui a d'anciennes hypothèques, peut être subrogé à ses droits ; mais dans les deux cas, la subrogation doit être expresse et faite en même-tems que le paiement. Il faut, par exemple, que dans la quittance que l'ancien créancier donne au débiteur, il y ait déclaration que la somme payée provient des deniers empruntés d'un tel. Cette déclaration doit être insérée dans la quittance; car si c'était dans un acte séparé, quoique ce fût dans le même moment, elle ne serait plus valable, parce que la dette ayant été une fois éteinte par le moyen du paiement, on ne pourrait plus la faire revivre par une subrogation postérieure (3).

____

(1) Code civil, tit. des contrats, art. 1251.

(2) *Ibid.*

(3) *Ibid.* art. 1250.

C 2

La subrogation ainsi acquise, **a** son effet contre tous ceux qui sont obligés à l'ancienne dette, quoiqu'il n'y en ait qu'un seul qui ait emprunté les deniers. Elle comprend aussi la caution. La subrogation ne nuit point au créancier quand il n'a été payé qu'en partie. Il exerce alors ses droits pour ce qui lui est dû encore, par préférence à celui dont il n'a reçu qu'un paiement partiel (1).

CHAPITRE VIII.

Du Louage.

Le contrat de louage est une suite nécessaire de celui de vente, de la nature duquel il tient beaucoup. L'objet de la vente est de transmettre la propriété d'une chose, moyennant un prix convenu. Dans le louage on sépare, en quelque sorte, la chose, des fruits qu'elle est susceptible de produire ; et ce sont ces fruits qu'on aliène et qu'on vend pour un tems déterminé. Une autre différence qu'il y a entre la vente et le louage, c'est que le prix de la première se paye tout à la fois ou à des termes convenus, tandis que le prix de l'autre se paye pour l'ordinaire annuellement, à mesure qu'on recueille les fruits aliénés. Tout ce qui est susceptible

____

(1) Cod. civ. art. 1252.

d'un produit quelconque, l'est aussi d'être
loué (1). Ainsi on loue une maison, un cheval, un fonds de terre, etc. Le louage comprend également le commerce que fait une
personne de son travail, de son industrie,
ou à prix fait, ou à la journée, ou par d'autres
marchés (2).

Les Romains comprenaient toutes ces conventions sous le nom de *louage* et *conduction* : *louage* de la part de celui qui s'appelait *locateur*, et que nous nommons autrement le *bailleur*; et *conduction* de la
part de l'autre, qui s'appelait *conducteur*,
et que nous nommons le *preneur* ou fermier,
pour les baux de campagne. Celui qui entreprend un ouvrage, et qui loue son travail
et son industrie, s'appelle plus communément
entrepreneur. L'acte qui renferme les conditions du louage s'appelle *bail*.

Tous ceux qui ont la libre administration
de leurs biens, peuvent les louer. Il en est de
même des personnes qui ont l'administration
et même la jouissance de certains biens dont
ils ne sont pas propriétaires, comme les tu-

______

(1) Code civil, tit. du louage, art. 1713.
(2) On distingue ainsi celui qui loue la chose qu'il
possède, de celui qui loue son travail et son industrie.
Locator rei, operarum et operis. Leg 60. §. *penult. ff.
locati. Leg.* 22. §. 2. *Leg.* 5. § *penult. ibid. Leg. unic. ff.
de æstima* t. *Leg.* 5. §. 1. *ff. de v. s.* Code civil, tit.
du louage, art. 1708 et suiv.

teurs des biens de leurs pupilles et de leurs mineurs, les maris des biens de leurs femmes, les usufruitiers, etc. (1).

Le contrat de louage comme celui de vente est parfait par le seul consentement des parties (2).

Comme on peut vendre verbalement ou par écrit, on peut louer de même. Il faut seulement observer que, s'il n'y a point d'écrit, la preuve du contrat ne pourra se faire par témoins, quelque modique que puisse être son objet, et quand même on alléguerait qu'il y a des arrhes données (3). Il en serait autrement si le bail avait commencé d'être exécuté. Le fait de l'exécution en prouve l'existence.

Mais quand un bail fait sans écrit n'a encore reçu aucune exécution, s'il est désavoué par l'une des parties, et que, sur le serment à elle déféré, elle affirme n'avoir pas contracté, le bail sera regardé comme non avenu. Si le bail n'était pas désavoué, mais qu'il y eût contestation sur le prix, il faudrait s'en rapporter à cet égard au serment du bailleur, dont le preneur aurait suivi la foi en entrant en possession de la chose louée sans avoir

____

(1) *Leg.* 30. 31. *Cod. locat. Leg.* 49. §. 1. *ff. eod. Leg.* 9. §. 11. *ff. locati.*
(2) *Leg.* 17. *Cod. de fid. instrum.*
(3) Code civil, tit. du louage, art. 1715.

réglé par écrit les conditions du bail. Le preneur peut cependant, s'il le préfère, demander une estimation par experts; mais alors les frais de l'expertise seront à sa charge si l'estimation excède le prix articulé par le bailleur (1).

Le preneur a le droit de *sous-louer* la chose par lui prise à bail, et même de céder le bail, si cette faculté ne lui a pas été expressément interdite par la convention (2). Telle était l'ancienne jurisprudence; mais, dans une partie des tribunaux, on ne respectait pas toujours assez cette interdiction. Le Code déclare que la clause qui interdit de sous-louer pour le tout ou pour partie est de rigueur.

La durée du bail ne pouvait autrefois excéder neuf années. Il était regardé autrement comme une aliénation, et il était sujet aux droits de mutation, dans les lieux où on en payait. Aujourd'hui la durée et les clauses des baux des biens de campagne sont purement conventionnelles (3).

____

(1) Code civil, tit. du louage, art. 1716.
(2) *Ibid.* art. 1717. *Leg.* 6. *Cod. locat. Leg.* 60. *ff.* eod.
(3) Loi du 28 septembre 1791, sur les biens et les usages ruraux, tit. I, sect. II, art. 1. Les baux se faisaient chez les Romains ordinairement pour cinq ans. *Leg.* 30. . §. 1. *ff. de legat.* 3. *Leg.* 4. §. 1. *ff. de reb. cred. et Leg.* 67. §. *ult. ff. de furtis.* On pouvait *les faire* pour un plus long terme. *Leg.* 10. 22. *Cod. locat.*

Il y a des règles particulières pour les cas où l'on n'a pas fixé la durée du bail, comme on verra plus bas.

L'on a fait toujours une distinction des baux passés par un propriétaire, d'avec ceux qui se font par les administrateurs ou les usufruitiers des biens des autres. Le premier ayant la libre disposition de ses biens, peut en aliéner les fruits pour le tems qu'il trouve bon. Il n'en est pas de même des derniers. Le titre du Code du contrat de mariage règle la durée des baux faits par le mari des biens de sa femme, et ces règles sont applicables aux baux faits par les tuteurs des biens des mineurs (1).

Après avoir vu quelle est la matière du contrat de louage, comment s'en fait la preuve, quelle en est la durée, il faut voir quelles sont les obligations respectives du bailleur et du preneur.

Celles du bailleur sont de faire jouir le preneur.

Pour cela il doit lui délivrer la chose

––––––––––––

(1) Code civil, tit. du louage, art. 1718. Un arrêté du 9 germinal an 9, défend de ne donner à long bail les biens appartenant aux hospices, aux établissemens d'instruction publique, aux communautés d'habitans, qu'en vertu d'un arrêté spécial du Gouvernement.

Celui dont nous parlons indique les formalités préalables à remplir.

Il y avait d'anciens réglemens à ce sujet. *Leg. 3. Cod. de locat. præd.* Ordonn. de Blois, art. 79.

louée, l'entretenir en bon état, et garantir le preneur du trouble et des évictions (1).

Le bailleur est garant envers le preneur de tous les vices ou défauts de la chose louée qui peuvent nuire à son usage, quand même le bailleur n'aurait pas connu ces vices lors du bail (2).

Le *bailleur* ne peut, dans le cours du bail, apporter à l'état de la chose louée aucun changement qui puisse nuire à la jouissance, sur laquelle le preneur a droit de compter (3).

Le bailleur ne doit pas seulement laisser les lieux dans l'état où ils ont été acceptés par le preneur ; il doit encore les y maintenir, et par conséquent y faire au besoin les réparations convenables : mais aussi, pour le mettre en état d'accomplir cette obligation, le preneur est lui-même tenu de supporter les réparations, si durant le cours du bail il en survient à faire, si elles sont essentielles, et si elles ne peuvent se différer jusqu'à sa fin. Le preneur doit les souffrir, quelque incommodité qu'elles lui causent, et quoique pendant qu'elles se font, il soit privé d'une partie de la chose louée, pourvu que cette privation ne dure pas plus de quarante jours (4). En effet le locataire, en acceptant le bail, a dû prévoir

____

(1) *Leg.* 15. §. 1. 8. *ff. locat.* Cod. civ. art. 1719 et suiv.
(2) Cod. civ. tit. du louage, art. 1721.
(3) *Ibid.* art. 1723. *Leg.* 33. *ff. locati.*
(4) Code civil, art. 1724.

qu'il pourrait survenir des dégradations à la chose louée; qu'elles pourraient occasionner de l'embarras ; que cependant il serait nécessaire d'y pourvoir; qu'il serait même intéressant pour lui qu'on ne les négligeât pas. Mais si les réparations durent plus de quarante jours, alors la loi ne présumant plus que le locataire ait entendu subir une plus longue privation, et ne trouvant pas juste de l'y assujétir sans dédommagement, l'autorise à réclamer une diminution de loyer proportionnelle à la privation et à sa durée, et même à demander la résolution de son bail (mais sans dommages intérêts) si les réparations à faire sont telles, qu'elles rendent inhabitable ce qui est nécessaire au logement du preneur et de sa famille (1).

Par la même raison, si pendant la durée du bail la chose est entièrement détruite par un événement fortuit, le bail est de plein droit anéanti; si la chose n'est détruite qu'en partie, le preneur peut, selon les circonstances, demander, ou une diminution du loyer, ou la résiliation absolue du bail; mais, dans l'un et l'autre cas il n'y aura lieu à aucun dédommagement (2).

Quant à l'obligation du bailleur de garantir le preneur de l'éviction et du trouble, il faut distinguer:

______

(1) Code civil, tit. du louage, art. 1722.
(2) *Ibid.* art. 1719. *Leg.* 89. *ff. locati.*

Si le trouble est du fait direct ou indirect du bailleur, c'est à lui seul à faire cesser le trouble, et à garantir le preneur. Le preneur, en effet, par la tradition qui lui est faite de la chose, n'a reçu que la faculté d'en jouir ou d'en user; c'est le bailleur qui possède par lui: c'est donc contre le bailleur que doivent se diriger les actions de ceux qui prétendent avoir quelque droit, soit à la propriété, soit à la possession. Dans ce cas, ou si le preneur est lui-même judiciairement cité en délaissement de tout ou de partie de la chose louée, il doit appeler immédiatement le bailleur en garantie; il doit même être mis hors d'instance, s'il l'exige, en indiquant seulement aux auteurs du trouble celui pour qui il possède (1).

Mais le bailleur n'est pas tenu de garantir le preneur du trouble que des tiers apportent à sa jouissance par de simples voies de fait, sans prétendre d'ailleurs aucun droit sur la chose: le preneur doit alors se défendre en son nom: c'est lui seul qu'ils attaquent, c'est à sa jouissance personnelle qu'ils attentent, c'est à lui seul à les faire réprimer (2).

Une des principales obligations du preneur

____

(1) Code civil, du louage, art. 1727 et suiv.
(2) *Iid.* art. 1725,

est de payer le prix du bail aux termes convenus (1).

Le preneur est ensuite obligé d'user de la chose louée suivant la destination qui lui a été donnée par le bail, ou suivant celle présumée d'après les circonstances, à défaut de convention (2). Si le preneur faisait servir la chose louée à un autre usage que celui auquel elle était destinée, et s'il en pouvait résulter un dommage pour le bailleur, celui-ci pourrait, selon les circonstances, obtenir la résiliation du bail (3).

Par une conséquence de cette obligation, le preneur doit user de la chose louée en bon père de famille. Il ne doit dégrader ni les fonds ni les bâtimens ; il est tenu de faire les cultures nécessaires et en saison convenable. Il ne doit rien détourner des pailles et autres objets destinés à former des engrais.

Lorsque le bail est expiré, le preneur doit rendre les lieux en l'état où il les a pris. Si l'on a eu la précaution de faire contradictoirement un état ou description des lieux, c'est cette description qui règle son obligation : s'il n'y a pas eu de description, il est présumé avoir reçu les lieux en bon état, sauf la preuve du contraire (4).

____

(1) Code civil, tit. du louage, art. 1728.
(2) *Ibia. Leg.* 9. §. 4. *Leg.* 11. §. 1. 2. *ff. ,ocat.*
(3) *Ibid.* art. 1729.
(4) *Ibid.* art. 1731.

De toutes les dégradations arrivées pendant sa jouissance, il n'y a que celles qu'il peut prouver être survenues sans sa faute, par vétusté, cas fortuit ou force majeure, qu'il ne soit pas tenu de garantir (1).

Il n'est pas tenu seulement des dégradations qui arrivent par son fait, il l'est encore de celles arrivées par le fait des personnes de sa maison ou de ses sous-locataires (2). Il répond spécialement de l'incendie, s'il ne prouve pas qu'il soit arrivé par cas fortuit ou force majeure, ou par vice de construction, ou que le feu ait été communiqué par une maison voisine (3).

C'était autrefois une question fort importante de savoir qui devait répondre de l'incendie qui se déclarait dans une maison où il y avait plusieurs locataires indépendans les uns des autres, et dont on ignorait la cause et l'auteur. Les Jurisconsultes étaient partagés là-dessus; les uns prétendant qu'alors aucun des locataires n'était tenu de dédommager le propriétaire; d'autres pensant au contraire que tous les locataires étaient solidairement garans.

Le Code civil a adopté cette dernière opinion. Quand une fois il est constant que l'incendie a commencé dans la maison, il faut nécessairement qu'un des locataires en soit l'auteur; et quand il n'est pas connu, on a pensé

____

(1) Cod. civ. art. 1732.
(2) *Ibid.* art. 1735.
(3) *Ibid.* art. 1733. *Leg.* 11. *ff. locat. Leg.* 27. §. 9 *ff. ad leg. aquil.*

que la responsabilité devait porter sur tous. Par ce moyen ils se surveilleront mutuellement ; et si l'effet de cette surveillance n'est pas toujours de prévenir l'incendie, elle pourra en arrêter souvent les progrès. Au reste, le Code apporte à cette règle sévère les modifications que pouvaient désirer les locataires eux-mêmes pour la rendre presque toujours sans inconvénient ; car il ajoute, non seulement que s'ils prouvent que l'incendie a commencé dans l'habitation de l'un d'eux, celui-là seul sera tenu de la garantie ; mais encore qu'en tous cas ceux-là n'en seront pas tenus, qui prouveront du moins que l'incendie n'a pu commencer chez eux (1).

CHAPITRE IX.

Continuation du même sujet. — De la cessation du bail et de la tacite réconduction.

Après avoir vu comment le bail se contracte et quelles en sont les règles générales, il faut dire comment il cesse ou se dissout.

Si le bail a été fait sans écrit, sans terme fixe, ce bail cesse dès qu'il plaît à l'une des parties. Mais alors il faut que cette partie en prévienne l'autre à l'avance par un congé, qu'elle ne peut lui donner qu'avec les délais d'usage dans le lieu (2).

---

(1) Code civil, du louage, art. 1734 et suiv.
(2) Code civil, *ibid*, art. 1736.

On n'a pas voulu fixer à cet égard des délais uniformes. On a respecté des usages qui tiennent souvent aux localités ou à des habitudes qu'il n'est souvent ni sage, ni facile de rompre.

Lorsqu'il y a un terme fixé par écrit, le bail cesse de plein droit à ce terme, sans qu'il soit nécessaire de donner congé (1), il suffit que le preneur quitte à cette époque. S'il arrivait que le preneur ne sortît pas, et que le bailleur négligeât de l'expulser, alors on supposeroit à tous deux l'intention de continuer la location ; et il s'opérerait de droit entre-eux un nouvel engagement entièrement conforme au premier quant aux conditions ; c'est ce qu'on appelle en droit la *tacite réconduction.*

La loi du 28 septembre 1791 sur les usages ruraux, en avait prononcé l'abolition (2). Mais elle s'expliquait là-dessus d'une manière si obscure, que sa disposition devait rencontrer bien des difficultés dans l'exécution.

Le Code civil admet donc la tacite réconduction, comme un renouvellement présumé du premier bail. Mais il n'y a que les conditions qui subsistent ; il n'a pas la même durée, et il cesse quand il plaît à l'une des parties (3).

____

(1) Code civil, du louage, art. 1737. *Leg.* 13. §. 11. *ff. locat.*

(2) Tit. 1. sect. 1. art. 4.

(3) Code civil, art. 1738.

Les cautions obligées dans le premier bail, ne le sont point par la tacite réconduction (1).

Cette tacite réconduction n'aurait pas lieu, quoique le preneur eût joui au-delà du terme de son bail, si le bailleur, par un congé ou par une sommation de sortie, avait déclaré sa volonté (2).

Le contrat de louage ne cesse pas seulement par l'expiration du temps fixé pour sa durée, il cesse encore par la perte de la chose louée ; il cesse aussi par la résiliation que l'une ou l'autre des parties peut en demander, à défaut d'exécution des engagemens contractés (3).

Le bail passe aux héritiers du bailleur, comme à ceux du preneur, qui sont tenus d'en remplir les conditions. Mais suivant la loi romaine, l'acquéreur à titre singulier, l'acheteur, par exemple, n'était point obligé de garder le bail de la chose achetée ; il pouvait en expulser le fermier ou le locataire. C'était un axiome généralement reçu que, *la vente cassait la rente* (4).

La loi du 28 septembre 1791 apporta quelques modifications à la rigueur de cette règle (5). Mais le Code la supprime entièrement. L'acquéreur ne peut expulser le fer-

______

(1) Code civil, du louage, art. 1740.
(2) *Ibid.* art. 1739.
(3) *Ibid.* art. 1764.
(4) *Leg.* 25. 32. *ff. locati et Leg.* 9. *Cod. eod.*
(5) Tit. 1. sect. art. 2 et suiv.

mier

mier ou le locataire, qui a un bail authentique et dont la date est certaine, à moins que la réserve n'en ait été faite dans le contrat de bail (1).

On voit par là que la loi a cherché à mettre les acquéreurs à l'abri des baux supposés, en statuant que le locataire ne pourra se maintenir qu'en produisant un bail authentique, ou dont la date soit certaine; et que tout autre bail ne pourra ni le garantir de l'expulsion, ni l'autoriser à exiger aucune indemnité (2).

Elle prévoit ensuite le cas où le bail contiendrait la réserve du droit d'expulsion en faveur de celui qui pourrait acquérir la propriété louée : et elle assure alors au locataire un délai pour sortir des lieux, et une indemnité qui lui sera due par le bailleur, ou par le nouveau propriétaire, s'il est ainsi stipulé par le titre de transmission de propriété. La manière de fixer cette indemnité, s'il n'y a pas été pourvu par le bail même, est déterminée par la loi qui autorise d'ailleurs le locataire ou le fermier à rester en possession, jusqu'à ce qu'on l'ait entièrement désintéressé. Enfin, lorsque la vente est à faculté de rachat, la loi interdit à l'acquéreur le droit d'expulser le locataire, jusqu'à ce que, par l'expiration du délai fixé par

---

(1) Code civil, tit. du louage, art. 1743.
(2) *Ibid.* art. 1750.

le réméré, il soit devenu propriétaire incommutable (1).

Après ces régles communes aux baux de maisons et de biens ruraux, le code passe aux dispositions particulières aux baux de maisons ou à loyer.

Le locataire d'une maison doit la garnir de meubles suffisans pour répondre du loyer ; s'il ne le fait pas, il peut être expulsé, à moins qu'il ne donne d'autres sûretés (2).

Le Code ne détermine pas la proportion qui doit exister entre la valeur de ces meubles et les loyers tant échus qu'à échoir ; les usages varient à cet égard comme sur beaucoup d'autres points relatifs au contrat de louage : c'est à ces usages qu'il faut s'en rapporter.

Quand le locataire sous-loue, il faut que ce soit sans porter atteinte aux sûretés comme aux droits du propriétaire. Celui-ci doit donc trouver dans les sous-locataires une garantie équivalente à celle que lui présenterait l'occupation personnelle du locataire direct : ce sont les loyers à payer par les sous-locataires, et leurs meubles, qui doivent lui fournir cette garantie. Mais le sous-locataire ne doit être tenu envers le propriétaire que jusqu'à concurrence du prix de sa sous-location, et seulement pour ce qu'il

---

(1) Code civil, du louage, art. 1752.
(2) *Ibid.* art. 1749. *Leg.* 4. *ff. in quib. caus. pign. vel hypothec. Leg. 5. Cod. locat.*

en peut devoir à l'instant de la saisie faite entre ses mains ; on le tient même quitte relativement aux loyers qu'il peut avoir payés d'avance au principal locataire, pourvu qu'ils ne l'aient été que conformément à l'usage des lieux, et en vertu d'une stipulation suffisamment attestée par le bail (1).

Les réparations locatives ou de menu entretien, qui sont censées occasionnées par l'usage de la chose même ou par l'abus qu'on en fait, ou le défaut de soin, sont toujours à la charge du locataire. Le Code les désigne en détail (2). Mais si elles sont occasionnées par la vétusté du bâtiment ou par une force majeure, c'est le propriétaire qui les doit (3).

A l'égard de la *tacite réconduction* qui peut avoir lieu à l'expiration d'un bail de maison à terme fixe, elle est censée faite pour le terme fixé par l'usage des lieux. Le locataire ne peut être tenu de se retirer, qu'en suite d'un congé (4).

Le bail des meubles fournis au locataire pour garnir les lieux qu'il veut occuper, est censé fait pour le même temps que celui de ces lieux (5).

La location d'un appartement meublé est

---

(1) *Ibid.* art. 1753.
(2) *Ibid.* art. 1754.
(3) *Ibid.* art. 1755.
(4) *Ibid.* art. 1759.
(5) *Ibid.* art. 1757.

D 2

censée faite à l'année quand elle est faite à tant par an ; au mois, quand elle est faite à tant par mois ; au jour, si elle a été faite à tant par jour ; et si rien ne constate que la location ait été faite à tant par an, par mois ou par jour, elle est censée faite suivant l'usage local (1).

S'il y a lieu à la résiliation du bail, par le fait du locataire, dans l'une des circonstances indiquées par la loi, le locataire, indépendamment des dommages et intérêts dont il est tenu, doit encore payer le loyer pendant le temps ordinairement laissé au propriétaire pour s'assurer d'un nouveau locataire (2).

Tout propriétaire avait autrefois la faculté, s'il n'y avait pas formellement renoncé par le bail, d'expulser ses locataires, quand il voulait occuper sa maison en personne. Cette faculté prenait sa source dans la disposition des lois romaines, qui cependant exigeaient que le propriétaire prouvât préalablement, qu'il avait un besoin essentiel de sa maison. L'usage avait même prévalu parmi nous, d'admettre indistinctement tout propriétaire qui voulait personnellement occuper sa maison, soit en tout, soit en partie, à donner congé à son locataire : on s'était borné, pour prévenir la fraude d'un propriétaire qui n'aurait d'autre vue que de se procurer une location plus avantageu,

---

(1) *Ibid.* art. 1758.
(2) *Ibid.* art. 1760.

à exiger qu'il affirmât en justice vouloir réellement occuper, et qu'effectivement il occupât (1). Cette faculté du propriétaire, dont on fesait souvent un usage odieux, rendait illusoire un contrat, qui ne doit pas plus que tout autre dépendre de la volonté d'une seule des parties. Le Code civil la supprime, ou plutôt ne permet plus au propriétaire de l'exercer, que quand par le bail, il l'aura expréssement réservée (2). Tout locataire qui n'aura pas souscrit à cette condition sera donc, à l'avenir, assuré de jouir paisiblement jusqu'au terme, sans redouter une expulsion arbitraire, ni de la part de son propriétaire, ni de celle d'un acquéreur.

CHAPITRE X.

Continuation du même sujet. — Des règles particulières aux baux des biens ruraux.

Après avoir établi quelques règles particulières aux baux des maisons, le Code en donne aussi de relatives aux baux des biens ruraux.

Elles sont toujours l'application et le développement des règles générales du contrat de louage.

---

(1) *Leg.* 3. *Cod. de locat.* Louet et Brod. lett. L. som. 6.

(2) Code civil, tit. du louag. art. 1761.

Le colon qui cultive sous la condition d'un partage de fruits avec le bailleur, n'a pas toujours la faculté de sous-louer ou de céder son bail. Ce droit ne lui est attribué qu'autant qu'il lui a été expressément réservé ; à la différence du locataire ou du fermier, qui ne peuvent en être privés que par une clause formelle. Si le colon contrevient à cette prohibition, le bail peut être résilié avec dommages et intérêts (1). La raison de cette différence résulte de ce que le colon partiaire est une sorte d'associé, et qu'il est de principe en matière de société, que personne ne peut y être introduit sans le consentement de tous les associés.

La loi prévoit ensuite les indemnités que le propriétaire ou le fermier pourrait prétendre pour excès ou déficit dans la mesure assignée par le bail aux fonds affermés, et elle renvoie à cet égard à ce qui est établi entre le vendeur et l'acquéreur dans le titre du contrat de vente (2). Ainsi il ne peut y avoir lieu à aucun supplément de prix en faveur du bailleur pour excédant de mesure, ni à aucune diminution de prix en faveur du preneur pour déficit de mesure, qu'autant que la différence de la mesure réelle à celle exprimée au bail se

____

(1) Code civil, tit. du louage, art. 1763 et suiv.
(2) *Ibid.* 1765.

trouvera d'un vingtième en plus ou en moins, s'il n'y a stipulation contraire.

La loi dit ensuite que si le preneur d'un héritage rural ne le garnit pas des bestiaux et ustensiles nécessaires à son exploitation, s'il abandonne la culture, s'il ne cultive pas en bon père de famille, s'il emploie la chose louée à un autre usage que celui auquel elle a été destinée, ou, en général, s'il n'exécute pas les clauses du bail, et qu'il en résulte un dommage pour le bailleur, celui-ci peut, selon les circonstances, faire résilier le bail avec dommages et intérêts (1).

Quant aux sûretés du propriétaire pour la perception de ses fermages ou de sa part dans les produits de la métairie, elles sont principalement dans les fruits mêmes (2). C'est pour lui conserver ce gage, et pour le mettre à portée d'en prévenir la soustraction, qu'il est statué que tout preneur de bien rural est tenu d'engranger dans les lieux à ce destinés par le bail (2).

Enfin, comme le preneur, placé sur les lieux, est à portée de veiller pour le bailleur; que celui-ci possède pour le preneur; qu'il s'en rapporte à sa surveillance, et qu'il a doit d'y compter; il est enjoint expressément au

____

(1) Code civil, tit. du louage, art. 1766.
(2) *Ibid.* art. 1767.

preneur, sous peine de dommages et intérêts, d'avertir le bailleur, dans le délai réglé pour les assignations , des usurpations qui pourraient être commises sur les fonds (1).

Le Code entreprend ensuite de régler les indemnités que le fermier d'un bien rural peut avoir à prétendre pour perte de la récolte par cas fortuit. La loi romaine avait à cet égard des principes assez équitables (2).

Nous avons déjà dit que le louage est comme une vente de fruits futurs, laquelle ne se réalise qu'autant que ces fruits viennent à naître et qu'ils deviennent la propriété du fermier. Mais cette vente n'est pas celle particulière des fruits de chaque année du bail, mais celle de la masse des fruits de chacune des années qu'il comprend.

Le Code admet que le fermier peut être chargé des cas fortuits par une stipulation expresse. Mais d'abord il est déclaré qu'une telle stipulation ne s'entend que des cas fortuits ordinaires, tels que la grêle, le feu du ciel, la gelée et la coulure, à moins que le fermier n'ait été expressément chargé de tous les cas fortuits, prévus ou imprévus (3); ensuite

---

(1) Code civil, du louage, art. 1768.
(2) *Leg.* 9. §. 2. *ff. locat. Leg.* 8. *Cod. eod.*
(3) Code civil , *ibid.* art. 1769. 1773.

on reconnaît que s'il n'a pas été chargé des cas fortuits, il en doit être indemnisé.

Mais, à cet égard, on distingue.

Si le bail est fait pour plusieurs années, et que pendant la durée du bail la totalité ou la moitié au moins d'une récolte se trouve perdue pour le fermier, il peut demander une remise proportionnelle du prix de sa location, à moins qu'il ne soit indemnisé par le bénéfice des récoltes précédentes; il faut même subsidiairement faire entrer en considération le bénéfice des récoltes subséquentes. Si donc le fermier n'est pas indemnisé par les récoltes précédentes, la remise ne peut avoir lieu qu'à la fin du bail : c'est alors qu'il se fait une juste compensation de toutes les années de jouissance. Mais comme en attendant, il faut venir au secours du fermier, les juges peuvent provisoirement le dispenser de payer une partie de son prix (1).

Si le bail n'est que d'une année, le fermier sera déchargé d'une partie proportionnelle du prix de sa location, mais toujours pourvu que la perte soit au moins de la moitié des fruits (2).

Au reste, il ne peut en aucun cas obtenir de remise que quand la perte des fruits arrive avant qu'ils soient séparés de la terre, parce que c'est jusques-là seulement qu'ils

____

(1) *Ibid.*
(2) *Ibid,* art. 1770.

font partie du sol, et restent aux risques du propriétaire. Il est cependant un cas où la perte des fruits peut tomber, proportionnellement du moins, sur le bailleur même après qu'ils sont séparés du fonds : c'est lorsque le bail donne au propriétaire une quotité de la récolte en nature; et c'est le cas où se trouve toujours le propriétaire à l'égard du colon partiaire (1).

Enfin le fermier ne peut demander de remise lorsque la cause des dommages était existante et connue au moment où le bail a été passé (2).

Quant à l'expiration des baux à ferme dont la durée n'a pas été fixée par convention, le Code civil se détermine par les présomptions qui résultent de la nature des biens ruraux. En général, le bail est censé fait pour le temps qui est nécessaire au preneur pour recueillir les fruits de l'héritage affermé; et le bail finit de droit, sans qu'il soit besoin de congé, à cette époque présumée, comme à celle qui aurait été stipulée par écrit; et si, par une possession continuée au-delà du terme présumé, il s'opère une tacite réconduction, c'est un nouveau bail, en tout conforme au premier pour les conditions, le prix et la durée (3).

---

(1) Code civil. art. 1771.
(2) *Ibid.*
(3) *Ibid.* art. 1774 et suiv.

Enfin, comme il est de l'intérêt du propriétaire et même de l'intérêt public, que la culture des terres ne soit pas un seul instant en-
travée, deux obligations sont imposées au fermier qui est remplacé par à un autre. Il doit
d'abord lui donner les logemens et les facilités
nécessaires pour les travaux de l'année suivante,
selon l'usage des lieux ; mais, réciproquement,
le fermier entrant doit procurer à celui qui
sort les facilités et les logemens nécessaires pour
la consommation des fourrages, et pour les récoltes restant à faire. La seconde obligation du
fermier sortant, est de laisser les pailles et engrais de l'année, s'il les a reçus à son entrée en
jouissance, et même, quand il ne les aurait
pas reçus, le propriétaire est autorisé à les
retenir au prix de l'estimation (1).

Les fermiers pouvaient autrefois s'obliger
par corps au paiement du prix de leur ferme.
La Convention nationale avait aboli la contrainte par corps dans les matières civiles. La
loi du 15 germinal an 6, qui détermina le
mode d'exercer la contrainte par corps, réta-
blie par une loi du 23 ventôse an 5, porte :
« que les juges pourront prononcer cette con-
» trainte contre tous fermiers de biens ruraux,
» faute de représentation à la fin du bail du

______

(1) *Ibid.* art. 1777, 1778. Voyez encore les lois du 15
germinal an 5, sur les baux à cheptel, art. 10, et du
1er fructidor an 3.

» cheptel de bétail, des semences, des char-
» rues et outils aratoires qui leur auront été
» confiés pour l'exploitation des biens à eux
» affermés ; à moins qu'ils ne justifient que le
» déficit de ces objets ne procède pas de leur
» fait, et qu'ils n'ont rien détourné au préjudice
» du propriétaire. »

Le Code civil, en confirmant cette disposition, permet encore de stipuler la contrainte
par corps, pour le paiement des fermages des
biens ruraux (1).

CHAPITRE XI.

Du louage d'ouvrage.

Il reste à parler d'une autre espèce de louage
par lequel des domestiques, des ouvriers, des
voituriers, des entrepreneurs promettent l'emploi de leur travail et de leur industrie,
moyennant un salaire convenu (2). Celui qui
les emploie est obligé d'abord de fournir à
l'entrepreneur tout ce qui est du marché, et
de payer le salaire qu'il a promis, lorsque
le travail et l'ouvrage ont été faits, ou que
l'ouvrier s'est mis en devoir de le faire. S'il n'a
pas tenu à lui que l'ouvrage ne fût fait, ou qu'il
ne rendît le service qu'il avait promis pendant

---

(1) Code civil, tit. 16, art. 2062.
(2) Code civil, tit. du louage, art. 1779.

un certain tems, ou que celui qui l'a employé l'ait empêché, il lui doit toujours le salaire promis, pourvu qu'il n'ait pas travaillé pour d'autres pendant le tems qu'il devait employer pour celui qui l'avait loué.

L'ouvrier ou le mercenaire, de son côté, est responsable de toutes les fautes qu'il commet dans l'ouvrage qu'il a entrepris, soit par ignorance, soit par négligence. Il doit payer les frais de sa témérité ou de sa charlatanerie.

S'il s'est engagé d'achever son ouvrage sous une peine déterminée et dans un certain délai, il payera cette peine; à moins que le délai convenu ne fût si court, qu'un autre ouvrier n'eût pu achever un pareil ouvrage dans un tel espace de tems.

Dans presque tous les cas, ces peines ne sont réputées que comminatoires.

Lorsque la convention a été exécutée, s'il y a contestation sur le salaire ou sur son paiement, le maître dont on a suivi la foi est alors cru sur son affirmation, pour la quotité des gages, pour le paiement du salaire de l'année échue, et pour les à-comptes donnés sur l'année courante (1).

Le Code fournit quelques règles relatives au louage des voituriers par terre et par eau, et principalement à leur responsabilité.

En général, les voituriers par terre et par

---

(1) Code civil, art. 1781.

eau sont assujettis, pour la garde et la conservation des choses qui leur sont confiées, aux
mêmes obligations que les aubergistes dont il
est parlé au titre du dépôt, parce que c'est à
leur égard un dépôt tout aussi nécessaire et
aussi peu gratuit. Cette responsabilité comprend
non-seulement ce que les voituriers ont déjà
reçu dans leur bâtiment ou voiture, mais encore ce qui leur a été remis sur le port ou dans
l'entrepôt pour être placé dans leur bâtiment
ou voiture, parce que c'est de ce moment
qu'ils sont devenus dépositaires. Enfin cette
responsabilité ne cesse que lors qu'ils sont en
état de prouver que les choses qui leur ont
été confiées ne se sont perdues ou avariées que
par l'effet d'un cas fortuit (2).

Pour ajouter aux sûretés des voyageurs, il
est enjoint aux entrepreneurs des voitures publiques par terre et par eau, et à ceux des
roulages publics, de tenir registre de l'argent
et des effets dont ils se chargent (2).

Le Code s'étend davantage sur le louage
des entrepreneurs d'ouvrage par devis et marchés. Il s'applique surtout à régler les intérêts
de l'ouvrier et du propriétaire, relativement à
la perte et aux défauts de l'ouvrage.

Il commence par distinguer le cas où l'ouvrier ne doit fournir que son travail, de celui

---

(1) Code civil, art. 1782 et suiv.
(2) *Ibid.* art. 1785.

où il s'est engagé à fournir aussi la matière (1).

Lorsque l'ouvrier fournit la matière, le contrat se rapproche de la vente, puisque c'est la chose entière, matière et travail réunis, que l'ouvrier s'est engagé à fournir au prix convenu ; il demeure donc propriétaire jusqu'à la confection de l'ouvrage, et jusqu'au moment où il est en état d'en faire la livraison. La chose reste donc à ses risques jusques-là (2).

Si, au contraire, l'ouvrier ne fournit que son travail ou son industrie, comme lorsqu'un entrepreneur s'est engagé à bâtir une maison sur le terrain du maître, c'est un véritable bail d'ouvrage ; on distingue alors différens cas qui peuvent arriver.

Ou la chose vient à périr par cas fortuit, sans qu'il y ait de la faute, ni du maître, ni de l'entrepreneur, avant que l'ouvrage ait été reçu, et avant que le maître ait été mis en demeure de le vérifier et de le recevoir : alors la perte est supportée par tous les deux ; elle est à la charge du maître pour la chose, et de l'ouvrier pour le travail, parce qu'ils sont demeurés propriétaires à part, l'un du travail, et l'autre de la chose.

Ou bien l'ouvrage était fait et reçu (et quand il s'agit d'un ouvrage à plusieurs pièces

---

(1) Code civil, du louage, art. 1787.
(2) *Ibid.* art. 1785 et suiv.

ou à la mesure, la vérification peut s'en faire par parties, et elle est censée faite pour toutes les parties payées), ou le maître était en demeure de le vérifier et de le recevoir : alors toute la perte est pour le maître, et l'ouvrier doit être par lui payé de son salaire.

Ou bien encore l'ouvrage n'était pas reçu, et le maître n'était pas en demeure de le recevoir ; mais le tout a péri par le vice intrinsèque de la chose : alors encore la perte est à la charge du maître :

Ou bien, enfin, tout a péri par la faute de l'ouvrier : c'est alors sur lui seul que doit tomber toute la perte ; il faut qu'il indemnise le propriétaire.

Mais il est une disposition particulière à noter ici. S'il s'agit de la construction d'un édifice, et qu'il vienne à périr soit par le vice de la contruction, soit même par le vice du sol, l'entrepreneur en est responsable : c'était à lui à savoir sa profession, et à faire non-seulement une bonne et solide construction, mais encore à vérifier si le sol qu'on lui donnait pour y bâtir était propre à recevoir l'édifice et à résister. Au surplus, cette responsabilité de l'entrepreneur ne dure que dix ans après le travail fait, vérifié et payé (1).

Enfin l'entrepreneur répond non-seulement

______

(1) Code civil, du louage, art. 1789 et suiv.

de ses faits personnels, mais aussi des faits des ouvriers qu'il emploie (1).

Le Code prévient ensuite un abus très-commun en matière de contruction. C'est celui qui résulte des changemens que les entrepreneurs, après avoir fait leurs plans, devis et marchés, se permettent souvent, et dont ils se font un prétexte pour exiger un salaire plus fort que celui qu'on leur a promis. Le Code, pour y pourvoir, statue, d'une part, que lorsqu'un architecte ou entrepreneur se sera chargé de la construction à forfait d'un bâtiment, d'après un plan arrêté et convenu avec le propriétaire du sol, il ne pourra demander aucune augmentation de prix, ni sous le prétexte d'augmentation de la main-d'œuvre ou des matériaux, ni sous celui de changemens ou d'augmentations faits sur ce plan, si ces changemens ou augmentations n'ont pas été autorisés par écrit, et si le prix n'a été convenu avec le propriétaire (2).

D'autre part, le Code confirme au maître le droit de résilier par sa seule volonté le marché à forfait, quoique l'ouvrage soit déjà commencé; il l'oblige seulement de dédommager en ce cas l'architecte ou l'entrepreneur de toutes ses dépenses, de tous ses travaux, et

____

(1) Code civil, du louage, art. 1793.
(2) *Ibid.* art. 1790.

Tome IV.   E

de tout ce qu'il aurait pu gagner dans l'entre‑
prise (1).

Hors ce cas, le contrat de louage d'ouvrage
n'est dissous que par la mort de l'ouvrier, de
l'architecte ou de l'entrepreneur. On distin‑
guait autrefois entre le louage d'ouvrage où le
talent de l'artiste avait été spécialement considé‑
ré, et le louage d'ouvrage pour lequel l'entrepre‑
neur pouvait aisément se faire remplacer (2).
Mais il n'y a plus aujourd'hui à cet égard aucune
distinction; en cas de mort de l'entrepreneur,
le propriétaire ne profite pas gratuitement de ce
qui peut être fait de l'ouvrage : il est tenu de
payer aux héritiers de l'entrepreneur, en pro‑
portion du prix porté par la convention, la va‑
leur des ouvrages faits et celle des matériaux
préparés, lorsque ces ouvrages et ces matériaux
peuvent lui être utiles.

Quand c'est un entrepreneur qui a été chargé
de l'ouvrage, les maçons, charpentiers, et au‑
tres ouvriers qui y ont été employés, n'ont
d'action contre celui pour qui il a été fait, que
jusqu'à concurrence de ce dont il se trouve
débiteur envers l'entrepreneur au moment où
leur action est intentée (3).

Lorsqu'il n'y a pas d'entrepreneur en chef,
les maçons, charpentiers, et autres ouvriers

---

(1) Code civil, du louage, art. 1794.
(2) *Ibid.* art. 1796.
(3) *Ibid.* art. 1798.

qui font directement des marchés à forfait, sont soumis aux dispositions dont on vient de parler; chacun d'eux est considéré comme entrepreneur particulier dans la partie qu'il traite (1).

CHAPITRE XII.

Des baux à cheptel.

Les pays qui ont des productions particulières, connaissent certains genres de conventions qui sont peu usitées dans ceux où ces productions sont plus rares. Là où il y a beaucoup de pâturages, et par conséquent de bestiaux, il y a une espèce de bail à loyer, qu'on appelle *bail à cheptel* ou *chaptel*. Ce contrat participe à-la-fois du louage et de la société. Le propriétaire de troupeaux de moutons et de brebis, de bœufs ou de vaches, les donne à bail, après en avoir fait faire l'estimation. La propriété lui en demeure jusqu'à concurrence de cette estimation. Le profit qu'on appelle le *croît*, se partage entre le bailleur et le preneur, à l'exception des fumiers, des labours et du laitage, qui appartiennent en entier au preneur, chargé d'ailleurs de nourrir les bestiaux à ses dépens, et d'en avoir soin en père de famille.

La fraude de plusieurs preneurs à cheptel,

____

(1) Code civil, art. 1799.

qui, lors de la dégradation des assignats, voulaient rembourser en cette monnaie le prix des
bestiaux qu'ils avaient reçus, obligea la Convention nationale de faire une loi, le 15 germinal an 3, portant qu'à compter de ce jour tous
ceux à qui il aurait été donné des bestiaux à titre de cheptel ou à toute autre condition équivalente, seraient tenus de les rendre au propriétaire, ou à celui qui le représente, à la fin
du bail, en même nombre, espéce et qualité
qu'ils les auraient reçus (1). Le Code civil contient sur cette espèce de bail des règles bien
plus détaillées, et qui doivent être observées à
défaut de conventions particulières (2).

Il y a trois espèces principales de cheptels;
savoir, le cheptel simple et ordinaire, le cheptel
à moitié, et le cheptel donné au fermier ou au
colon partiaire (3).

Le bail *à cheptel simple* est un contrat par
lequel un propriétaire de bestiaux les donne à
un autre pour les garder, soigner et nourrir.
Le preneur a le profit entier des laitages, du
fumier et du travail des animaux. On lui donne
en outre la moitié de la laine, du croît et de
l'augmentation de valeur du troupeau, à la
charge de supporter proportionnellement la
perte, s'il en survient (4).

---

(1) Loi du 2 thermidor an 6.
(2) Code civil, tit. du louage, art. 1800 et suiv.
(3) *Ibid.* art. 1801 et suiv.
(4) *Ibid.* art. 1804.

Quoiqu'il se forme par là entre le bailleur et le preneur une espèce de société, le bailleur du troupeau en reste propriétaire.

Aucune forme déterminée n'est requise pour la validité de ce contrat; mais il faut du moins qu'au moment de la délivrance du cheptel il en soit fait une estimation, pour qu'on puisse, à l'expiration du bail, savoir s'il y a de l'augmentation ou du déchet dans la valeur. Cette estimation n'empêche pas que le bailleur ne conserve la propriété du troupeau (1).

Le preneur doit veiller en père de famille à la conservation du cheptel (2).

Il ne peut être tenu que des pertes qui surviendraient par sa faute. Ce sont celles-là seulement qu'il doit réparer par un remplacement en nature ou en valeur (3).

Lorsque la perte n'est que partielle, elle tombe à la charge commune, proportionnellement à la part assignée à chacun dans la perte et dans le gain : le preneur est seulement tenu de rendre compte des peaux des bêtes péries (4). Si la perte est totale, comme la chose appartient au bailleur seul, et comme l'extinction de la chose par cas fortuit ou par force majeure résout la convention, cette perte est à la charge du propriétaire seul (4).

____

(1) Code civil, du louage, art. 1802.
(2) *Ibid*, art. 1805.
(3) *Ibid.* art. 1806 et suiv.
(4) *Ibid.* 1810.

Toute convention contraire à cette disposition est déclarée nulle (1).

Le Code règle encore les obligations respectives du bailleur et du preneur.

Celle du bailleur est de délivrer le cheptel donné à bail et d'en faire jouir le preneur ; il ne peut, sans le consentement du preneur, disposer d'aucune des bêtes du troupeau (2).

Quant au preneur, l'obligation qui lui est imposée, de veiller en bon père de famille à la conservation du cheptel, ne lui permet pas aussi de disposer d'aucune des bêtes qui le composent, soit du fonds, soit du croît, sans le consentement du propriétaire (3).

Il est une autre obligation imposée au preneur ; c'est celle de ne pas tondre sans avoir prévenu le bailleur, qui partage avec lui ce genre de produit (4).

A défaut par le preneur de remplir ses obligations, le bailleur peut demander la résiliation du bail (5).

Si le bail est fait au fermier d'un autre propriétaire, le bailleur du cheptel doit, pour empêcher qu'il ne se confonde avec les gages de

---

(1) Code civil, du louage, art. 1810.
(2) *Ibid.* art. 1812.
(3) *Ibid.*
(4) *Ibid.* art. 1814.
(5) *Ibid.* art. 1816.

cet autre propriétaire, lui notifier son bail (1).

S'il n'y a pas de convention sur la durée de ce bail, il est censé fait pour trois ans (2).

Lorsque le bail est fini, pour pouvoir procéder au partage, il faut faire une nouvelle estimation du cheptel. Le bailleur ensuite peut prélever des bêtes de chaque espèce, jusqu'à concurrence de la première estimation; et l'excédant se partage. S'il n'existe pas assez de bêtes pour remplir cette première estimation, le bailleur prend ce qui reste, et les parties se font raison de la perte (3).

Telles sont les règles du bail à cheptel simple. On peut y rapporter la convention par laquelle une ou plusieurs vaches sont quelquefois données pour les loger et nourrir, le bailleur conservant la propriété, et le preneur profitant des veaux comme du laitage et du fumier (4).

Quant au *bail de cheptel à moitié*, c'est un contrat par lequel chacun des contractans fournit la moitié du cheptel. Ce n'est, à proprement parler, qu'une société; une modification du contrat de bail à cheptel et qui se régit par les mêmes règles, à une seule exception près. Lorsque le bailleur est propriétaire de la métairie dont le preneur est colon partiaire ou fermier

(1) Code civil, du louage, art. 1813.
(2) *Ibid.* art. 1815.
(3) *Ibid.* art. 1817.
(4) *Ibid.* art. 1831.

le bailleur peut, par la convention, s'attribuer dans le profit des laines et du croît une part plus forte que celle du preneur ; il peut même s'attribuer une portion dans les autres profits appartenant ordinairement au preneur seul ; parce qu'en ce cas le bailleur se trouve fournir le logement et la nourriture à la partie du troupeau qui appartient au preneur (1).

Il ne reste plus à parler que du cheptel donné par le propriétaire à son fermier ou à son colon partiaire.

Ce cheptel (aussi appelé *cheptel de fer*, parce qu'il est comme enchaîné à la ferme) est celui que le propriétaire d'une métairie, en l'affermant, donne à son fermier, à la charge qu'à l'expiration du bail celui-ci laissera sur la ferme des bestiaux d'une valeur égale au prix de l'estimation de ce cheptel (2).

Ici, comme dans le bail du cheptel simple, le troupeau entier est fourni par le bailleur ; et par une conséquence nécessaire, l'estimation du troupeau n'en transfère pas la propriété au preneur. Cependant cette estimation le met tout-à-fait à ses risques : en conséquence, la perte, même totale et par cas fortuit, est en entier à la charge du fermier, s'il n'y a convention contraire ; mais aussi tous les profits quelconques du troupeau appartiennent au fermier,

____

(1) Code civil, art. 1818 et suiv.
(2) *Ibid.* art. 1818 et suiv.

à moins qu'il n'en ait été autrement convenu (1). Ces conventions différentes sont licites, parce qu'elles sont censées faire partie du prix de la ferme du fonds.

Il n'y a que les fumiers qui n'entrent pas dans les profits du fermier ; ils appartiennent à la métairie, à laquelle tient le troupeau, et ils doivent être uniquement employés à l'exploitation de cette métairie (2).

Au reste, comme c'est un troupeau que le propriétaire a donné avec la ferme, c'est un troupeau de même valeur que le fermier doit rendre avec cette ferme à la fin du bail ; et il ne peut retenir le cheptel en payant l'estimation primitive. C'est du déficit, s'il y en a, qu'il doit payer la valeur au propriétaire ; l'excédant seulement, quand il s'en trouve, appartient au fermier (3).

A l'égard du cheptel remis par le propriétaire à son colon partiaire, le bailleur, non-seulement en restant propriétaire, mais partageant encore avec le colon les produits de la métairie à laquelle ce cheptel est attaché, la perte totale de ce cheptel tombe sur le bailleur si elle arrive sans la faute du colon, et l'on ne peut pas stipuler qu'elle portera en entier sur le colon (4).

---

(1) Code civil, art. 1820 et suiv.
(2) *Ibid.* art. 1824.
(3) *Ibid.* art. 1826.
(4) *Ibid.* art. 1827 et 1828.

Mais on peut convenir que le colon délaissera au bailleur, qui fournit le logement et la nourriture, sa part de la toison à un prix inférieur à la valeur ordinaire; qu'il aura même une plus grande part dans le profit; et même encore qu'il aura la moitié des laitages (1).

Ce bail de cheptel, qui finit avec le bail de la métairie, est d'ailleurs soumis à toutes les règles du bail de cheptel simple; ou plutôt, ce n'est qu'un véritable bail de cheptel simple, donné par le propriétaire du cheptel à son colon partiaire, et qui, par cette raison et en considération de ce que le bailleur fournit le logement et la nourriture, est susceptible des clauses interdites aux baux de ce genre qui sont donnés à d'autres (2).

CHAPITRE XIII.

De la société.

Les sociétés particulières sont, en quelque sorte, une image de la société générale, qui lie les hommes entre-eux, et dans laquelle ils forment les engagemens réciproques que leurs besoins exigent. La seule différence consiste en ce que ce sont les circonstances et le hasard qui, plus que leur volonté, les placent dans

---

(1) Code civil, du louage, art. 1828.
(2) *Ibib.* art. 1830.

la société générale, où ils doivent vivre, et aux lois de laquelle ils sont obligés de se soumettre ; tandis que c'est leur volonté seule qui crée les sociétés particulières et les lois qui doivent les diriger.

Dans ces sociétés particulières plusieurs personnes se réunissent pour mettre en commun leur travail, leur industrie, leurs soins, leur crédit, leur bien, leur argent, pour partager ensuite le gain ou la perte qui en résultera. Elles ont ordinairement pour objet les affaires pour lesquelles l'application, les soins où même la fortune d'une seule personne ne suffiraient pas.

La société est un contrat par lequel deux ou plusieurs personnes conviennent de mettre en commun tous leurs biens, ou une partie ou seulement une affaire commerciale, pour être également participantes du gain et de la perte (1).

La société se rapproche beaucoup du louage ; car les baux, sur-tout à demi-fruit ou à cheptel, sont de vraies sociétés. Celui qui ne donne que son industrie et son travail, dans l'espoir d'avoir une partie du profit, loue véritablement ce travail et cette industrie. Celui qui fournit de l'argent dans le même objet, le loue également. Les sociétés pour l'ordinaire sont bornées à de certaines espèces d'affaires et de

______

(1) Code civil, tit. de la société, art. 1832.

commerce ; il y en a d'autres où les associés mettent en commun tout ce qu'ils pourront acquérir par donation , par succession ou autrement. Il y en a enfin qui sont de tous les biens sans exception (1).

La société ne peut se contracter que par le consentement de tous les associés. Il faut en effet qu'ils se choisissent et s'agréent réciproquement, pour former entre eux une liaison, qui est une espèce de fraternité ; d'où l'on voit qu'on ne saurait appeler société les liaisons des personnes qui ont quelque chose ou quelqu'affaire commune, indépendamment de leur volonté, comme les co-héritiers , les légataires d'une même chose, etc (2).

De ce que les associés doivent se choisir et s'agréer réciproquement, il s'ensuit encore que l'un deux ne peut pas admettre un tiers dans la société , sans le consentement des autres. Il est permis de céder la moitié , le tiers ou une partie de la portion que l'on a dans une société, mais le cessionnaire n'est pas admis pour cela dans l'ancienne société. C'est une nouvelle société que le cédant contracte avec lui , et pour laquelle il s'oblige à lui rendre le même compte que ses premiers associés lui auront rendu. De-là est venu la maxime, que l'asso-

----

(1) Code civil, de la société , art. 1835.
(2) *Leg.* 1. §. 1 *et* 31. *ff. pro socia.*

cié de mon associé n'est pas mon associé (1).

Le choix des personnes est tellement de l'essence de la société, que les héritiers même des associés, ne succèdent pas à cette qualité, parce qu'ils peuvent n'y être pas propres, ou ne pas agréer les autres associés, ou n'en être pas agréés. On excepte le cas où il y aurait une stipulation contraire (2).

Le contrat de société est susceptible de toutes les conventions que les parties veulent y insérer; on peut en fixer la durée à un certain tems, ou pour toute la vie. Il n'y a point en cela, non plus qu'en la quotité de biens que l'on met en société, d'autres règles que la volonté des parties (3).

Le consentement, qui forme la société, peut se donner ou par écrit ou sans écrit, et même entre absens par lettres ou par procureurs ou autres médiateurs; il peut même se donner tacitement ou par actes qui en fassent preuve. Ces actes sont nécessaires pour les sociétés dont la valeur excède cent cinquante francs (4).

Une société où l'on serait simplement convenu de partager les gains et les profits que l'on ferait sans rien spécifier davantage, ne

---

(1) *Leg.* 20 *et seq. ff. eod.* Code civil, de la société, art. 1861.

(2) *Ibid.*

(3) *Leg.* 11 et 5. *ff. pro socio.*

(4) Code civil, tit. de la société, art. 1834.

s'entendrait que des profits que pourraient faire les associés par le commerce et affaires qu'ils feraient ensemble, et non des legs, donations, successions et autres biens, que les associés acquerraient autrement que par leur industrie, ou par les fonds qu'ils auraient mis en société. Par la même raison les dettes particulières que chacun des associés aura contractées, pour autre cause que pour la société, n'y entreront point (1).

La société universelle de tous les biens comprend tout ce qui peut appartenir ou pourra être acquis aux associés, par quelque cause que ce puisse être. Qui dit tous les biens n'en exclut aucun; mais ces sociétés sont moins communes que les autres (2).

Il n'est cependant pas permis de comprendre dans la société, même universelle, la propriété des biens qui pourraient échoir dans la suite par succession, donation ou legs.

Ensuite on ne permet de société universelle qu'entre personnes respectivement capables de se donner ou de recevoir, et qui ne sont frappées d'aucune prohibition de s'avantager entre-elles.

La loi a établi entre quelques personnes des incapacités de se donner au préjudice de quelques autres : or, ce qui est expressément défendu, ce qu'on ne peut faire directement,

____

(1) Code civil, tit. de la société, art. 1834 et suiv.
(2) *Ibid.* art. 1834.

il serait inconséquent et dérisoire de le tolérer indirectement ; il ne faut donc pas que , sous les fausses apparences d'une société , on puisse , en donnant en effet , éluder la prohibition de la loi qui a défendu de donner , et que ce qui est illicite devienne permis , en déguisant sous les qualités d'associés celles de donateur et de donataire.

Les motifs de la prohibition de comprendre dans la société la propriété des biens à venir, sont les mêmes que ceux qui ont fait prohiber les donations de cette espèce de biens (1).

L'objet d'une société doit être une chose honnête et permise ; elle serait autrement nulle de plein droit (2). Pour maintenir l'égalité qui doit en faire la base , comme de tous les autres contrats , il n'est pas nécessaire que les contributions des associés en argent , en industrie , en crédit soient égales. L'inégalité de ces différentes contributions se compense par l'égalité des avantages qu'elles produisent : l'industrie de l'un vaut l'argent de l'autre.

L'inégalité des contributions autorise d'ailleurs la convention entre plusieurs associés , que les portions de gain seront inégales ; que l'un aura plus de part au gain , qu'il n'aura de perte ; que l'un participera au gain , et qu'il ne sera pas tenu de la perte , s'il y en a , pourvu

---

(1) Code civil , tit. de la société. art. 1840 et les Motifs.
(2) *Leg. unic. Cod. de Monopol. Leg.* 53. 57. *ff. pro socio.* Code civil , tit de la société , art. 1833.

que l'on ne compte pour gain que le produit net, les pertes et les dépenses déduites. Ce serait la société qu'on appelle léonine, si l'on stipulait que l'un des associés aurait tout le gain, et l'autre toute la perte (1).

L'industrie d'un associé étant une espèce de fonds qu'il met dans la société, il en résulte qu'il ne peut compenser le profit qu'il a rapporté par son moyen à la société, avec le dommage qu'il lui aurait causé par sa faute ou sa négligence. Son industrie est une avance dont le produit appartient à la société, et l'emploi qu'en fait celui dont elle forme la mise, ne le dispense point des soins et de la diligence que tous les associés sont obligés de mettre dans l'administration de la partie de la société dont ils sont chargés (2).

A défaut de convention, la société commence à l'instant du contrat ; elle dure pendant la vie des associés, ou jusqu'à une renonciation valable de la part de l'un d'eux, ou jusqu'à ce que l'affaire particulière qui en est l'objet soit terminée (3).

L'associé doit apporter tout ce qu'il a promis ; il est garant de l'éviction de ce qu'il a apporté ; il doit les intérêts à compter du jour où il a dû faire son paiement ; il les doit aussi

(1) *Leg.* 29. 30. 52. *ff. eod.* Cod. civ. tit. de la société, art. 1853. 1855.

(2) Code civil, tit. de la société, art. 1847 et suiv.

des

des sommes appartenant à la société qu'il aurait employées à son usage personnel.

S'il a promis son industrie, il doit tous les gains qu'elle peut lui procurer.

S'il est créancier d'une somme exigible, et que son débiteur soit aussi le débiteur de la société, il doit faire de ce qu'il touche une juste imputation sur les deux créances; car la bonne foi ne permet pas qu'il s'occupe moins de celle de la société que de celle qui lui est personnelle (1).

S'il a causé des dommages par sa faute, il est tenu de les réparer; il ne peut offrir en compensation les profits que son industrie a pu d'ailleurs procurer; car ces profits ne sont pas à lui, ils appartiennent à la société.

Par le même motif, l'associé a le droit de réclamer les sommes qu'il a déboursées pour elle; on doit l'indemniser des obligations qu'il a aussi contractées de bonne foi.

Si l'acte de société n'a pas déterminé les portions dans les bénéfices ou les pertes, elles sont en proportion de la mise des fonds (2).

Si le mode d'administration n'est pas réglé, les associés sont censés s'être donné réciproquement le pouvoir d'administrer l'un pour l'autre : ils peuvent, sans le consentement de leurs co-associés, admettre un tiers à leur part

____

(1) Code civil, tit. de la société, art. 1848 et suiv.
(2) *Ibid.* art. 1853.

dans la société ; mais ils ne peuvent pas l'adjoindre à la société même ; la confiance personnelle est la base de ce contrat, et l'ami de notre associé peut n'avoir pas notre confiance.

Enfin si les associés sont convenus de s'en rapporter à un arbitre pour le réglement des parts, ce réglement doit être exécuté, à moins que quelque disposition évidemment contraire à l'équité, n'en sollicitât la réforme : on a cependant fixé un terme court à la partie lésée, pour faire sa réclamation (1).

Telles sont les règles des associés entre eux, quand ils n'ont pas fait de conventions différentes : car les conventions des associés sont leurs premières lois, si elles ne se trouvent empêchées par aucune prohibition.

C'est aussi dans l'acte même de société qu'il faut chercher la mesure des engagemens des associés envers des tiers.

Un associé ne peut engager la société qu'autant qu'il contracte en son nom, et qu'il a reçu le pouvoir de le faire. Celui qui traite avec l'associé peut demander, s'il a des doutes, la communication de l'acte de société. S'il n'a vu que l'engagement personnel de celui avec qui il traitait, il n'est certainement pas fondé à prétendre que les autres associés soient engagés avec lui : bien entendu toutefois que tout se

______

(1) Code civil, tit. de la société, art. 1854.

passe sans fraude , et que le tiers n'est pas en
état de prouver qu'il a été trompé par l'associé, ou que la chose a tourné au profit de la
société (1).

Les dettes de la société sont supportées également par tous ses membres ; ils ne sont point
solidaires entre eux lorsque l'acte qui les a
réunis ne présente rien de contraire : il ne faut
pas oublier qu'il ne s'agit pas ici des sociétés
de commerce , mais seulement des autres
sociétés qui peuvent se former entre les citoyens et pour tout autre objet (2).

Il reste à parler des différentes manières
dont finit la société (3).

C'est dans la nature même du contrat qu'il
faut rechercher les causes de sa dissolution (4).

Le contrat étant formé par le consentement,
peut se résoudre sans contredit par une volonté
contraire.

Le contrat peut avoir pour objet une affaire
déterminée ; la société expire donc naturellement lorsque l'affaire est finie.

Le contrat peut être formé pour un tems
limité ; la société cesse donc d'exister à l'expiration du terme convenu : elle ne doit pas

______

(1) Code civil , tit. de la société , art. 1862 et suiv.
(2) *Ibid.* et 1860.
(3) Code civil , *ibid.* art. 1865.
(4) *Ibid. Leg.* 77. §. 20. *ff. de legat,* 1. *Leg. ultim. Cod.
comm. divid.*

finir plus tôt, à moins, toutefois, que l'un des associés n'eût un juste motif d'en provoquer le terme, comme, par exemple, si le co-associé n'exécutait pas les conditions du contrat. La société repose sur la bonne foi, et celui qui viole ses engagemens ne peut pas retenir un autre sous des liens qu'il a brisés lui-même.

Si le contrat de société avait pour objet des affaires indéterminées, s'il était fait sans limitation de tems, il serait censé, comme on l'a déjà dit, devoir se prolonger pendant la vie des associés ; mais comme personne ne peut être perpétuellement retenu en société malgré lui, chaque associé conserve toujours le droit de faire sa renonciation ; et la société se termine.

La clause par laquelle les associés s'obligeraient de ne pas se départir de la société pendant un certain tems serait valable ; mais elle serait nulle si elle portait une renonciation absolue à la faculté de se départir de l'association (1).

Dans tous les cas la faculté de renoncer ne peut être exercée, ni de mauvaise foi, ni à contre-tems.

Si l'associé renonçait dans un moment où, par l'effet de cette déclaration, il s'approprierait les bénéfices que les associés s'étaient

---

(1) Code civil, tit. de la société, art. 1869.

proposé de faire en commun , sa renonciation serait évidemment de mauvaise foi.

Elle serait faite à contre-tems si , les choses n'étant plus entières , elle blessait l'intérêt commun de la société : la volonté particulière et l'intérêt privé de celui qui veut rompre le contrat, ne doivent pas seuls être consultés. S'il a le droit de renoncer , parce que sa volonté ou son intérêt ne sont plus les mêmes, il faut aussi qu'il ne compromette pas les intérêts d'autrui par la précipitation excessive qu'il mettrait à pourvoir aux siens (1).

La société se compose d'objets mis en commun ; s'ils viennent à périr, il est évident qu'il n'y a plus de société. Il n'est pas même nécessaire que tous ces objets périssent pour que la société soit rompue. Si de deux associés l'un se trouve dans l'impossibilité d'apporter la chose qu'il avait promise, parce qu'elle n'existe plus, il ne peut plus y avoir de société. Il en est de même lorsque deux associés n'ayant mis en commun que des jouissances, en conservant chacun sa propriété, la chose de l'un vient à périr : il n'y a plus de mise de sa part, et par conséquent plus de société.

Le contrat est aussi rompu par la mort naturelle ou civile de l'un des associés : on s'associe à la personne ; quand elle n'est plus, le con

------

(1) Code civil, tit. de la société, art. 1869 et suiv. *Leg.* 65. §. 6. *ff. pro socio.*

trat se dissout. Le droit romain interdisait aux associés de convenir que l'héritier de l'un deux prendrait la place du défunt ; nous avons déjà dit que le Code civil ne trouve rien qui blesse les convenances ni les bonnes mœurs dans la clause qui admettrait l'héritier de l'associé.

La faillite de l'un des associés opère aussi la dissolution de la société. Il ne peut plus y avoir ni confiance dans la personne, ni égalité dans le contrat, qui tombe aussitôt, parce qu'il reposait principalement sur ces deux bases (1).

Quand la société est finie, les associés procèdent à la liquidation et au partage : c'est dans leurs conventions primitives qu'ils trouvent les règles de la contribution de chacun aux charges, et de sa part dans les bénéfices. A défaut de convention, on a recours aux règles générales qu'on vient de rappeler.

Celles concernant le partage des successions, la forme de ce partage et les obligations qui en résultent entre co-héritiers, s'appliquent au partage entre associés (2).

Les dispositions qui concernent les sociétés ordinaires, n'ont d'application aux sociétés de commerce, que dans les points qui n'ont rien de contraire aux lois et aux usages du commerce (3).

---

(1) Cod. civ. de la société, art. 1865. *Leg.* 35. 59. *ff. pro socio.*

(2) Cod. civ. de la société, art. 1872.

(3) *Ibid.* art. 1873.

CHAPITRE XIV.

De quelques contrats particuliers et relatifs au commerce.

Nous avons vu par la disposition du Code civil rapportée à la fin du chapitre précédent, qu'il y a des contrats particuliers au commerce, qui portent le même nom que les contrats ordinaires, qui se font journellement entre les citoyens.

Le Code se réserve de donner les règles des contrats commerciaux dans un Code particulier pour le commerce.

Mais quoique les contrats commerciaux aient certaines règles qui leur sont propres, les bases en sont les mêmes que celles des contrats ordinaires. C'est toujours le consentement des parties qui en fait l'essence, et leurs conventions qui en règlent les conditions. Nous allons indiquer les principaux de ces contrats, et montrer comment ils se rapprochent des contrats ordinaires. La véritable science en toutes choses consiste à ramener les objets aux principes qui leur sont communs, et à saisir ensuite les différences qui les distinguent; c'est par là qu'on parvient à s'en faire des idées claires : il n'y a plus que confusion et obscurité, quand on distingue ce qui se ressemble, ou qu'on confond ce qui est distinct.

F 4

Il y a dans le commerce comme dans les communications ordinaires de la vie, des contrats de société, d'achats, de vente, de louage et d'autres qui tiennent quelque chose de tous ces contrats; nous nous contenterons de donner ici une notice des principaux contrats de commerce, dont les règles particulières se trouvent dans l'ordonnance de 1673, et dans les ouvrages des Jurisconsultes qui ont traité de ces matières : elles seront sans doute réunies dans le Code particulier que l'on prépare. Nous commencerons par le contrat de société, qui est le plus varié et le plus étendu.

L'extension du commerce et les progrès de l'industrie humaine, ont produit les divers genres de société qui se forment pour en développer toutes les branches.

Les sociétés de commerce sont des sociétés en noms collectifs; des sociétés en commandite; des sociétés en participation; des sociétés par action.

Les sociétés en noms collectifs se contractent par deux ou plusieurs personnes, pour faire le commerce sous un nom social.

Cette société a cela de particulier, que les associés sont solidaires pour toutes les dettes de la société; ce qui n'est point dans les sociétés ordinaires, et même dans les autres sociétés de commerce.

La société en *commandite* a lieu entre un ou plusieurs associés ordinaires, et un ou plusieurs associés simples bailleurs de fonds, que l'on nomme *commanditaires*.

L'associé *commanditaire* n'est tenu que de la perte des fonds qu'il a mis ou dû mettre dans la société.

Son nom ne peut faire partie du nom social.

La société en participation se contracte entre deux ou plusieurs personnes, pour faire une ou plusieurs opérations de commerce, dans les formes, proportions et conditions convenues entre les participans.

La société par actions est anonyme.

Elle n'est connue que par une qualification relative à son objet.

Son capital se forme par un nombre déterminé d'actions. Les grandes entreprises commerciales nécessitent une réunion de capitaux, qui surpassent les moyens des particuliers. On crée un nombre déterminé d'actions, les actionnaires prennent part à l'entreprise, dans la proportion qu'ils jugent convenable.

La société par action est régie par des administrateurs qui sont actionnaires ou salariés.

Les actionnaires ne sont tenus que de la perte du montant de leurs actions.

Ces sociétés doivent, à cause de leur importance et de l'influence bonne ou mauvaise qu'elles peuvent avoir sur le commerce en général ou sur le crédit public, être approuvées par le gouvernement.

Toutes les sociétés de commerce doivent être

enregistrées aux greffes des tribunaux de commerce, et affichées par extrait dans la salle d'audience.

Les procès entre associés doivent être décidés par des arbitres (1).

Les achats et les ventes qui ont lieu entre commerçans, sont fondées en général sur les mêmes principes que ceux qui se font entre les autres particuliers.

On les constate non-seulement par des actes publics ou sous seing-privé, mais aussi par les bordereaux ou arrêtés d'un agent de change ou courtier, ou par son livre authentique.

Les agens de change ou les courtiers de commerce sont des intermédiaires.

L'agent de change constate le cours du change ; le courtier constate le cours des marchandises.

Ils s'entremettent des négociations entre les commerçans pour ventes et achats de marchandises.

Quand il y a contestation sur le taux ou les conditions des ventes, leur témoignage décide.

Ils ne peuvent faire des opérations de commerce pour leur compte ; car ils doivent être désintéressés et impartiaux.

Les ventes et les achats se prouvent encore entre négocians par une facture acceptée et par leur correspondance.

____

(1) Ordonn. de 1673, tit. des sociétés.

Le contrat de change qui est plusparticuli er au commerce, est un composé de plusieurs autres contrats.

C'est par la voie des lettres de change que se forme ce contrat.

Ce contrat fut imaginé dans le moyen âge pour transporter plus facilement de l'argent d'un pays à l'autre. C'est une lettre par laquelle une personne en charge une autre de payer pour son compte une somme déterminée, à une tierce personne.

La lettre de change se tire d'un lieu sur un autre.

Un engagement en forme de lettre de change fait et payable dans le même lieu, est un simple mandat.

Une lettre de change doit être datée.

Il faut y énoncer la somme à payer, le nom de celui qui doit la payer, l'époque et le lieu où le paiement doit s'effectuer, la valeur pour laquelle elle est fournie.

Elle est à l'ordre d'un tiers ou à l'ordre du tireur lui-même.

Elle exprime si elle est première, seconde ou troisième.

Celui qui tire la lettre de change s'appelle le tireur ; celui au profit de qui elle est faite s'appelle le porteur.

Celui à l'ordre de qui on a tiré une lettre de change, peut transporter son droit à un autre ;

et cette faculté est en quelque sorte l'ame du commerce.

La lettre de change circulant ainsi de main en main, tient lieu de numéraire.

Ce transport se fait par un endossement, c'est-à-dire, en écrivant sur le dos de la lettre de change, le nom de la personne à qui elle sera payée.

Celle-là peut la transporter à une autre.

Le porteur de la lettre de change est tenu de la présenter à l'acceptation avant son échéance.

Lorsque celui sur qui elle est tirée l'accepte, il met au bas de la lettre *acceptée*, et signe.

C'est un engagement de sa part à payer.

S'il refuse d'accepter, le porteur est tenu de faire un acte qu'on appelle protêt faute d'acceptation.

Il a alors son recours contre son endosseur, et celui-ci contre les autres, jusqu'à ce qu'on arrive au tireur.

Mais ils doivent faire leur diligence dans un court délai fixé par la loi, et qui est de quinze jours lorsque les parties sont domiciliées dans la distance de dix lieues. On le prolonge à raison d'un jour par cinq lieues (1).

Il faut que les endosseurs et le tireur soient promptement avertis pour pouvoir faire leur diligence.

---

(1) Ordonn. de 1673, tit. V. des lettres et billets de change.

Après ce délai, l'action du porteur ou de l'endosseur est prescrite.

Il en est de même lorsque la lettre de change, après avoir été acceptée, n'est point acquittée. Il faut un nouveau protêt pour constater le défaut de paiement.

Le porteur peut poursuivre l'accepteur ou revenir contre l'endosseur. Les endosseurs sont tous solidaires.

On appelle *aval*, le cautionnement d'une lettre de change; il se fait ou sur la lettre ou par acte séparé.

Celui qui donne son aval, est soumis à la même responsabilité que les endosseurs.

Il y a encore les billets de change ou à ordre.

Les premiers sont faits pour lettres de change fournies ou à fournir.

Par les seconds on se soumet à payer une certaine somme à l'ordre de celui qui en sera porteur.

Ces billets sont négociables comme les lettres de change.

L'acceptation n'y est pas nécessaire; mais avant de recourir contre ceux qui les ont faits, il faut un acte de protêt, comme pour les lettres de change qu'on refuse d'accepter ou de payer.

Les lettres de change et les billets à ordre emportent la contrainte par corps; les unes entre toutes personnes indistinctement, les autres seulement quand ils sont souscrits par des négocians.

Le contrat de change, comme on l'a dit ailleurs, est un composé de plusieurs autres contrats. Pour l'ordinaire celui qui reçoit de l'argent et qui donne à quelqu'un une lettre de change, pour être payée dans un autre lieu, a des fonds entre les mains de celui à qui la lettre est adressée.

Dans ce cas la lettre de change n'est qu'un mandat sur la personne qui lui doit.

Si la personne ne devait rien, ce serait un emprunt; lorsque celui qui a donné l'argent et a reçu une lettre de change, l'endosse en faveur d'un autre, c'est un transport; s'il était son débiteur, il le met à sa place en lui cédant son droit. Ce n'est encore qu'un mandat si, n'étant pas son débiteur, il lui donne seulement pouvoir de retirer pour lui.

L'acceptation de celui sur qui la lettre est tirée, est un cautionnement. C'est une obligation ajoutée à une autre.

Il y a toujours échange de valeurs ou de jouissances, et par conséquent il doit y avoir égalité dans les mises réciproques.

LIVRE · XXIII.

DES ALIÉNATIONS PARTIELLES ET INDÉTERMINÉES DE LA PROPRIÉTÉ.

CHAPITRE PREMIER.

Des rentes foncières et constituées.

Nous avons vu comment l'industrie des hommes avait su s'emparer des choses mobiliaires, et les maîtriser au point d'en changer ou d'en varier les formes, pour en multiplier la jouissance, et la mettre en proportion des besoins et même des caprices des hommes. L'empire de cette industrie n'a pas été aussi étendu sur les choses immobiliaires, qui n'étoient pas de leur nature susceptibles de tant de transmutations. On varie les productions des immeubles par la diversité des produits que la culture en tire; les fonds restent toujours les mêmes. On parvint cependant à les multiplier en quelque sorte, en y imposant par convention ou autrement, en faveur de tout autre que du propriétaire, des droits utiles consistant ou en une somme d'argent, ou en une quotité plus ou moins grande des fruits qu'ils produisent, ou enfin en certaines modifications, qui, sans être extrêmement nuisibles aux fonds qui les supportent, sont très-utiles au propriétaire de ceux en faveur desquels elles sont établies.

Les droits utiles s'appellent *redevances*; les autres portent le nom de *servitudes*.

D'autres fois la chose que l'on donne en échange n'est point déterminée. Son existence ou sa quotité est subordonnée à des évènemens incertains; et c'est en quelque sorte le hasard qui la fixe. Dans tous ces cas, l'aliénation ou le transport qu'on fait de sa propriété n'est que partielle ou indéterminée. Commençons par les droits utiles imposés sur les fonds.

Les rentes ou redevances ainsi que les servitudes sont des droits incorporels, quant au titre sur lequel elles sont fondées;

Le résultat en est toujours quelque chose de réel.

Le mot *rente* signifie un retour ou une compensation que l'on donne en récompense de là jouissance qui est accordée pour la possession d'un immeuble quelconque.

Elle est censée être une partie du produit annuel de cet immeuble, et elle est fixée ordinairement en argent ou en grain.

Les Romains connaissaient cette espèce de contrat sous le nom d'*emphitéose*; c'est une convention par laquelle le propriétaire d'un fonds,

fonds, en cède la jouissance et le domaine à un autre, à condition qu'il l'améliorera, qu'il lui paiera une redevance annuelle, et qu'il en gardera la propriété, tant qu'il sera exact à payer cette redevance (1).

L'emphytéose des Romains était donc la rente foncière moderne. Ces mots sont synonimes chez un grand nombre de Jurisconsultes.

Les Romains regardaient l'emphythéose comme un contrat différent de la vente et du louage, ou même de l'usufruit, dont nous parlerons plus bas.

L'emphytéote n'est pas borné, comme le locataire et l'usufruitier, à faire les cultures usitées. Il peut les changer et les varier à volonté, comme le propriétaire; il peut d'une prairie en faire une terre labourable, convertir celle-ci en pré ou en faire un vignoble (2).

Il y a encore cette différence entre l'emphytéose et le simple louage, que le locataire n'est pas tenu des cas fortuits, tandis que l'emphithéote les supporte tous, et qu'il n'a pas le droit, comme l'autre, de demander à en être indemnisé.

La location d'ailleurs a un terme; l'emphy-

---

(1) *Instit. de locat.* §. 3. *Cod. de jure emphiteutic.*
La redevance que payait l'emphytéote s'appelait *canon*. On désignait par là toute redevance annuelle, soit en grains, soit en argent.
(2) *Leg.* 1. *Cod. de jur. emphyteut.*

Tome IV.   G

téose ne finit que lorsque le preneur détériore les fonds qu'il a en reçus, ou qu'il est en défaut de payer la redevance convenue.

Le bail emphytéotique fut très-usité dans le moyen âge, où il se reproduisit sous une infinité de noms différens, et avec des conditions plus ou moins dures qu'on imagina sous le régime féodal.

L'usage s'était sur-tout introduit de transmettre la propriété d'un fonds en y imposant à perpétuité une redevance qui le suivait partout, en quelques mains qu'il passât, et qu'on ne pouvait racheter que du consentement de celui à qui elle était due. Cette prohibition du rachat fut jugée incommode pour le propriétaire et nuisible à l'agriculture; elle assimilait, en quelque sorte, les rentes foncières à une partie des anciens droits féodaux.

L'assemblée constituante décréta à diverses reprises, que le territoire de la France, dans toute son étendue, était libre comme les personnes qui l'habitaient; et, par une suite de ce principe, elle déclara rachetables, dès le 11 août 1789, les droits féodaux qu'elle jugea à propos de laisser subsister, et les rentes foncières perpétuelles, soit en nature, soit en argent, de quelque espèce qu'elles fussent et à quelque personne qu'elles fussent dues. Toutes les conventions où il y a transmission d'un fonds moyennant une rente en nature ou en argent, soit qu'on l'appelle rente foncière, emphytéose, domaine congéable, étaient comprises dans cette loi.

Les lois postérieures n'ont fait que la confirmer; et si, dans l'abolition successive que l'on a faite des anciens droits féodaux, l'on a excepté les rentes ou prestations purement foncières et non tenant à la féodalité, c'est toujours soùs la condition du rachat (1).

Dans l'état actuel des rentes foncières, elles ne diffèrent presque pas des rentes constituées, qui s'établissent pour l'ordinaire en vendant un héritage à quelqu'un moyennant une certaine somme, à raison de laquelle il constitue une rente au vendeur. On appelle aussi rente constituée le prêt d'une somme d'argent, dont le sort principal est censé aliéné, et pour lequel l'acquéreur promet une rente annuelle, qui ne pouvait excéder autrefois l'intérêt fixé par la loi. Cette espèce de contrat, inconnue à l'antiquité, et qui n'est guère usitée qu'en France, doit son origine à la prohibition d'exiger l'intérêt d'un prêt à jour. On crut qu'il n'y aurait plus d'usure à prendre cet intérêt, lorsque le capital n'étant pas remboursable à la volonté du prêteur, serait en quelque sorte aliéné. Mais une somme d'argent prêtée sur un fonds qui y est hypothé-

----

(1) Décrets des 11 août 1787, 15 mars, 18 décembre 1790, des 28 septembre 1791, 25 août 1792, 17 juillet 1793, 28 brumaire, 29 floréal et 26 prairial an 2. Avis du conseil d'État du 10 pluviose an 11.

qué, était réellement moins aliénée qu'une somme prêtée sur un simple billet pour un certain tems. Ces rentes furent, pour ainsi dire, des propriétés nouvelles; car auparavant on ne connaissait d'autres biens que les terres et le commerce. Il se forma une nouvelle classe de propriétaires, qu'on appela *rentiers*, et qui ne vécurent plus du produit de leurs héritages ou de leur industrie, mais des intérêts de l'argent qu'ils avaient prêté. Les rentes constituées sont peu usitées, depuis qu'il est permis de stipuler un intérêt pour les prêts à jour.

La rente peut être constituée de deux manières, en perpétuel ou en viager (1).

La première est essentiellement rachetable comme la rente foncière; et tout ce que la loi permet à cet égard aux parties contractantes, c'est de convenir que le rachat ne sera pas fait avant un délai qui ne peut excèder dix ans, ou sans avoir averti le créancier au terme d'avance qu'elles auront déterminé (2).

Le débiteur de la rente ne peut être contraint au remboursement du capital qu'en deux cas; s'il cesse de remplir ses obligations pendant deux années; s'il manque à fournir au prêteur les sûretés stipulées par le contrat (3).

----

(1) Code civil, tit. du prêt, art. 1910.
(2) *Ibid.* art. 1911.
(3) *Ibid.* art. 1912.

Le capital de la rente constituée devient aussi exigible, en cas de faillite ou de déconfiture du débiteur (1).

Le bénéfice d'inventaire étant une espèce de déconfiture, rend exigible le capital de la rente constituée.

Mais l'aliénation du fonds soumis à une rente constituée, n'en rend point aujourd'hui le capital exigible comme autrefois.

L'hypothèque qu'ont les propriétaires d'une rente constituée, ne s'établit et ne se conserve qu'en se conformant aux règles que le Code civil a établies pour les hypothèques conventionnelles.

Le créancier de la rente foncière jouit du privilége qu'a le vendeur sur l'immeuble vendu, ainsi que nous le verrons en son lieu.

Les arrérages avaient autrefois le même privilége que le sort principal. Il n'y a aujourd'hui que les deux dernières années qui en jouissent (2).

Les rentes rachetables de leur nature sont encore, jusqu'à leur rachat, soumises, pour le principal, à la prescription que les lois et les coutumes ont établie pour ces sortes d'effets (3).

Le débiteur de la rente foncière s'en décharge en abandonnant le fonds qui la doit ; et cet abandon s'appelle *déguerpissement.*

Le déguerpissement, que quelques coutumes

---

(1) Cod. civ. art. 1913.
(2) Code civil, des hypothèques, art. 2151.
(3) Décret du 15 mars 1790.

appelaient *exponsion*, est une faculté accordée au possesseur d'un héritage chargé de rentes foncières, de pouvoir rendre l'héritage à celui à qui les charges sont dûes, afin d'en éviter le paiement à l'avenir (1).

Cette faculté est fondée sur ce qu'il n'est pas juste que celui qui n'est tenu de ce paiement qu'à cause d'un héritage, soit forcé à le garder malgré qu'il en ait, quoiqu'il lui soit onéreux.

Ce qu'il y a de singulier dans le déguerpissement, c'est que celui-là même qui a pris un héritage à la charge d'une rente, est reçu au déguerpissement en payant les arrérages du passé et le terme suivant, et en laissant l'héritage au même état et valeur qu'il l'était au tems qu'il l'a pris à rente. Cette faculté lui est accordée, quoiqu'il ait hypothéqué tous ses biens à la continuation de la rente, parce que cette promesse de payer la rente, ne s'entend que tant et si longuement qu'il sera propriétaire de l'héritage.

Cependant celui qui a pris l'héritage à la charge d'une rente, et qui a promis fournir et faire valoir la rente, et a par là obligé tous ses biens, ne peut plus déguerpir, parce qu'il s'est obligé personnellement à faire ensorte que la rente soit payable à toujours indépendamment de l'héritage qui en est chargé ; c'est ce

―――――――――

(1) Coutum. de Paris, art. 109. et suiv. Loiseau, du déguerpiss.

que signifient ces mots : *fournir et faire valoir.*

Le preneur qui a promis de faire quelques
améliorations à l'héritage chargé de la rente,
et qui n'y a pas satisfait, ne peut pas déguerpir,
parce qu'il est toujours réputé être en mauvaise
foi, jusqu'à ce qu'il ait exécuté toutes les clauses
et conditions portées par le bail à rente.

Celui qui a acquis l'héritage du preneur de
la rente peut déguerpir, quand même il aurait
acquis à la charge de la rente, et que son auteur serait tenu personnellement de la continuation de la rente, à moins qu'il n'ait promis
expressément de faire quelque amélioration,
de fournir et faire valoir, ou d'acquitter et
garantir son vendeur (1).

Le tiers acquéreur de l'héritage qui avait
ignoré la rente dont il était chargé, pouvait
autrefois déguerpir avant contestation en cause
sans payer les arrérages, pas même ceux de
son tems, et sans rendre les fruits qu'il avait
perçus ; mais après la contestation en cause,
il ne pouvait plus déguerpir qu'en payant les
arrérages de son tems, jusques à concurrence
des fruits par lui perçus, si mieux il n'aimait
rendre ces mêmes fruits.

Mais aujourd'hui le tiers-acquéreur qui ne
remplit pas les formalités prescrites au titre
des hypothèques pour purger sa propriété, de-

––––––––––––––––––––

(1) Coutum. de Paris, art. 110.

meure soumis comme détenteur à toutes les dettes hypothécaires, comme nous le verrons ailleurs.

Le tiers-acquéreur de l'héritage, qui n'a point acquis à la charge de la rente, n'est pas obligé, comme le preneur originaire, à laisser l'héritage au même état qu'il était lors du bail à rente, parce qu'il n'a rien fait contre la bonne-foi, en laissant dépérir un héritage qu'il croyait lui appartenir sans aucune charge, à moins qu'il n'ait empiré l'héritage depuis la poursuite qui est faite contre lui.

Il faut que le déguerpissement soit fait en jugement, si ce n'est que toutes les parties soient d'accord de le faire par un acte moins solennel.

Après que l'héritage chargé d'une rente foncière a été déguerpi, le propriétaire de la rente peut, si bon lui semble, s'en mettre en possession de plein droit ; il peut aussi faire créer un curateur à l'héritage déguerpi, et le faire vendre par adjudication, ce qui n'arrive presque jamais ; car comme le propriétaire de la rente est toujours le premier créancier, il n'a rien à craindre en reprenant l'héritage, et il évite les frais d'une adjudication, qui coûtent quelquefois plus que l'héritage ne vaut : s'il se trouve des créanciers qui prétendent que l'héritage est suffisant pour payer et la rente et leurs créances, ils ont la faculté de le faire vendre dans la forme dont il est question au titre des hypothèques, et dont nous parlerons plus bas.

Le tiers-acquéreur qui est poursuivi pour une rente foncière, et qui n'a point acquis à la charge de la rente, fait ordinairement assigner son vendeur en garantie dès le commencement du procès, et avant que de déguerpir, afin que le garant n'ait pas à se plaindre, et que le recours ne souffre aucune difficulté.

Comme le déguerpissement est une aliénation, celui qui ne peut aliéner ne peut déguerpir ; ainsi la femme en puissance de mari, l'interdit, le mineur et le tuteur ne peuvent déguerpir qu'après y avoir été autorisés de la manière et en la forme prescrites pour les autres aliénations.

Quoique la plupart des praticiens confondent le déguerpissement avec le délaissement par hypothèque, nous verrons ailleurs la différence qu'il y a entre eux.

CHAPITRE II.

Des rentes viagères et des contrats aléatoires.

Le Code civil, après avoir donné les règles relatives aux rentes constituées, porte que celles concernant les rentes viagères sont établies au titre des contrats *aléatoires* (1). Pour ne pas sé-

______

(1) Code civil, tit. du prêt, art. 1914.

parer ces deux espèces de rentes , qui ont entre elles de grands rapports , nous allons rappeler ici ce que le Code a jugé à propos de prescrire au sujet des contrats *aléatoires*.

Les contrats dont on a parlé jusques à présent , ont pour objets des valeurs positives et connues.

L'échange qu'on en fait est égal , ou à-peu près , de part et d'autre.

Il y a d'autres transactions où la valeur mutuelle des échanges ne peut pas être déterminée d'une manière positive , parce qu'elle dépend toujours du hasard.

Ces conventions ne sont pas pour cela illicites.

On cherche à y maintenir l'égalité , autant qu'il est possible de le faire, quand les résultats d'une convention sont soumis à des cas fortuits.

Il faut toujours qu'une des parties se charge d'un risque ou d'un péril qu'il y a à courir.

Mais aussi plus ce péril est grand , plus aussi les avantages qu'elle fait à l'autre diminuent.

C'est ainsi qu'on balance les choses, de manière que le dommage qui peut résulter du contrat , ne soit énorme de part ni d'autre.

Telle est la règle de tous les contrats qu'on nomme *aléatoires*, du mot *aleá* , qui signifie jeu ou hasard.

Les contrats aléatoires sont donc ceux où le hasard prédomine (1).

Il est de la nature de ces contrats qu'il y ait toujours un péril, un hasard dont l'une ou l'autre des parties contractantes peut souffrir du dommage; partout où ces circonstances se trouvent, le contrat est aléatoire.

Le Code civil indique quatre principaux contrats aléatoires, savoir le contrat d'assurance, le prêt à la grosse aventure, le jeu ou pari et la rente viagère.

Mais il n'établit pas les règles des deux premiers, qu'il dit appartenir au Code maritime, ou du commerce (1). Nous en indiquerons les principales règles après que nous aurons rappelé ce que le Code civil prescrit sur le jeu et principalement sur les rentes viagères, qui ne sont au fond qu'une espèce de jeu ou de pari.

La première question qui se présente est de savoir si le jeu ou le pari sont des causes licites d'obligation.

Le jeu de hasard qui n'exerce ni l'esprit, ni le corps, et qui dégénère la plupart du tems en une passion funeste, source des désordres les plus terribles, mélange effrayant de cupidité et de dissipation, fut proscrit chez toutes les nations où l'on avait conservé quelque respect pour les bonnes mœurs.

____

(1) *Leg. 8. §. 1. ff. de contrah. empt.*

Les lois romaines déployèrent à son égard toute leur sévérité.

La maison de celui qui donnait à jouer était confisquée. Il n'avait point d'action pour se plaindre des vols et des outrages qu'on lui aurait faits pendant qu'on jouait chez lui.

Il y avait aussi des peines contre ceux qui engageaient d'autres à jouer.

Non-seulement la loi romaine refusait toute action pour exiger ce qu'on avait gagné au jeu, mais elle permettait de le repéter, quand on l'avait payé.

Il n'y avait de permis que les jeux d'esprit ou d'exercice, tels que la lutte, etc. (1).

La passion du jeu fut de tous les tems très-vive chez les Français. On fut obligé de la contenir par la sévérité des lois, presque dès les premiers instants de l'existence de la monarchie.

Elle forme encore aujourd'hui, avec l'usure qui en est inséparable, un des plus terribles fléaux de la société.

Le Code civil n'a fait que confirmer à cet égard quelques-unes des règles établies par la loi romaine.

Il ne donne pas d'action pour le paiement d'une dette du jeu de hasard, ou même pour une dette trop considérable résultante d'un jeu licite (2). Mais si le joueur, plus sévère pour

____

(1) *Titul. ff. de aleator.*

(2) Code civil, tit. des contrats aléatoires, art. 1965 et suiv.

lui-même que la loi, s'est tenu obligé, s'il a acquitté ce qu'il avait perdu, la loi française ne lui permet pas, comme la loi romaine, de répéter ce qu'il a payé, à moins qu'il n'y ait eu de la part du gagnant vol ou escroquerie (1).

La gageure ou pari, qui a les mêmes vices et les mêmes dangers que le jeu, ne donne comme lui aucune action; comme lui aussi elle n'est tolérée que lorsqu'elle a un objet raisonnable ou plausible des actions, par exemple, de force ou d'adresse, et qu'elle n'est pas immodérée (2).

Le Code civil ne décide point une question très-controversée dans l'ancienne jurisprudence, et qui était de savoir non-seulement si une promesse faite pour argent gagné au jeu était nulle, mais encore si on pouvait être admis à prouver par témoins, que la promesse dont on voulait exiger le paiement, provenait d'argent gagné au jeu.

Il n'y avait pas de doute sur la première question. On se déterminait sur la seconde d'après les circonstances, qui faisaient plus ou moins présumer que l'obligatien avait pour cause un gain fait au jeu (3).

L'on ne peut pas dire aujourd'hui que le

______

(1) Code civil, tit. des contrats aléat., art. 1967.
(2) *Ibid.* art. 1966.
(1) Procès-verbal. de l'ordonn. de 1667, pag. 222. Journ. des Aud. tom. 4. liv. 8, chap. 23. Jour. du Pal. tom. 1, p. 121.

Code civil ne permettant point de répéter les sommes gagnées, l'obligation que l'on a faite en a changé la nature, et qu'on ne peut par conséquent en contester la validité sous ce prétexte. Mais autrefois, comme à présent, on ne pouvait répéter ce qu'on avait payé, et cela n'empêchait point qu'on ne pût alléguer la nullité des promesses pour argent gagné au jeu. Il y a de la différence entre promettre de payer et payer réellement.

Les loteries sont encore une espèce de jeu de hasard; mais il n'est pas permis d'en faire, même pour des objets particuliers, sans une autorisation du gouvernement (1).

Quant à la rente viagère ou à fonds perdu, elle se forme lorsqu'une personne prête à une autre une somme quelconque, à condition qu'elle lui en fera une rente annuelle tant qu'elle vivra.

Cette rente annuelle est une espèce de remboursement partiel, qu'on fait de la somme prêtée.

Il est évident que plus le prêteur vivra d'années, plus il recevra de remboursemens; et que si la durée de sa vie était assez longue pour que les remboursemens annuels absorbassent le montant de la somme prêtée, l'emprunteur se trouverait perdant de l'excédant qu'il serait obligé de payer.

---

(1) Lois des 9 vendémiaire et 3 frimaire an 6.

D'un autre côté, si le prêteur venait à mourir aussitôt après que le prêt a été consommé, ou une ou deux années après, l'emprunteur gagnerait la presque totalité de la somme, qui serait perdue pour les héritiers du prêteur.

C'est l'incertitude de la durée de la vie du prêteur, qui fait le hasard de ce contrat.

Il est impossible d'y établir des règles générales.

Pour fixer l'annuité de la rente, on observe l'âge du prêteur, sa constitution physique, sa conduite.

Plus il y a de probabilité d'une longue vie pour lui, moins la rente est forte, et *vice versâ*.

L'évènement peut tromper les calculs. Mais l'incertitude empêche qu'il n'y ait ni lésion, ni usure.

Lorsque la rente viagère est établie à titre gratuit, elle est une libéralité sujette aux formalités et aux règles des donations ou des testamens (1).

Lorsqu'elle a un prix, celui qui le reçoit vend pour ce prix une prestation annuelle dont la durée est incertaine, et dont la quotité est fixée entre lui et l'acquéreur, en raison de leurs convenances, de leurs calculs, de leurs espérances et de leurs volontés : le taux en est donc arbitraire (2).

---

(1) Code civil, tit. des contrats. aléat. art. 1968 et suiv,
(2) *Ibid.* art. 1976.

La rente viagère peut être constituée sur une ou plusieurs têtes ; sur celle du bailleur de fonds, ou sur celle d'un tiers qui ne fournit rien, dont on emprunte même la tête quelquefois à son insu, et qui n'aura aucun droit à la rente.

On peut aussi la constituer au profit de quelqu'un qui n'en fournit pas le capital : quoiqu'elle soit à son égard une libéralité, elle n'est pourtant pas assujétie aux formalités des donations (1). Il est essentiel de remarquer que cette disposition n'est point en contradiction avec celle qui assujétit la rente viagère à titre gratuit, aux formes des donations ou des legs.

Il s'agit, dans cette dernière, d'une rente que l'on crée sur soi ou sur ses héritiers, au profit de quelqu'un qui ne l'achète pas. On lui fait donation ou legs d'une rente viagère; il faut recourir aux formalités des donations ou des legs, parce qu'il n'y a pas d'autre contrat qu'une libéralité.

Au contraire, dans l'autre, la libéralité n'est qu'accessoire à un autre contrat, à l'achat que l'on fait de la rente au profit d'un tiers. Il se passe une véritable vente entre le bailleur de fonds et celui qui s'oblige à la rente. On jugera donc le contrat par les règles de la vente, et non par celle des donations.

La base du contrat de rente viagère étant

____

(1) Code civil, tit. des contrats aléat. art. 1973.

l'existence,

l'existence de celui sur la tête duquel on l'assied, il doit être vivant **au moment de la constitution**, sinon le contrat serait nul, puisqu'il n'y aurait pas matière à risque; et c'est le risque et l'incertitude de l'évènement qui forment l'essence des contrats aléatoires (1).

Par le même principe, si la personne sur la tête de laquelle la rente est constituée est atteinte, au moment du contrat, d'une maladie dont elle meurt dans les vingt jours, le contrat est annullé comme n'ayant pas eu une cause suffisante (2).

Telles sont les règles suivant lesquelles se forme le contrat de rente viagère.

Quant à ses effets, ils sont de donner droit au propriétaire de la rente de l'exiger, tant que celui sur la tête duquel on l'a constituée est existant.

Le débiteur ne peut s'en libérer en offrant la restitution du prix ou du capital; car il ne doit pas ce prix qui a cessé d'appartenir au créancier, et qui lui est devenu propre. Il s'est soumis à une prestation annuelle qui est irrachetable, dont la durée est incertaine, et qui n'a de terme que la mort de l'ndividu sur la tête de qui elle est établie (3).

---

(1) Code civil, tit. des contrats aléat., art. 1974.
(2) *Ibid.* art. 1975.
(3) *Ibid.* art. 1978.

Tome IV. H

Le remboursement dénatureroit le contrat, puisqu'il ferait cesser l'incertitude et le hasard qui en sont la base.

De-là il suit que ni le débiteur, fatigué de payer une rente qui ne s'éteint pas conformément aux calculs qu'il avait faits, ni le créancier qui se repent d'avoir perdu son fonds, ne peuvent, à moins d'un commun accord, offrir ou exiger le remboursement.

A défaut de paiement, le créancier n'a que le droit de saisir les biens du débiteur, et de les faire vendre pour obtenir, sur le produit de la vente, une somme suffisante au service des arrérages (1).

Ce principe ne reçoit d'exception que dans le cas où l'on ne donnerait pas au créancier de la rente viagère les sûretés qu'il a exigées.

Dans ce cas, le contrat n'est pas consommé; la restitution naît de la contravention à ses conditions : au contraire, lorsque le contrat a été accompli, la négligence dans la prestation de la rente n'est pas une cause de résiliement; elle ne donne qu'une action en contrainte pour l'exécution d'un contrat parfait, et qui ne peut être éteint que par l'évènement sur lequel on en a calculé les chances.

La rente viagère dépendant de l'existence de la tête sur laquelle elle est fondée, n'est due

____

(1) Code civil, art. 1977 et suiv.

aussi que sur la preuve de cette existence, et à proportion des jours qu'elle a duré; c'est-à-dire, que si l'individu sur la tête duquel la rente est constituée meurt au milieu d'un terme, on ne paiera au propriétaire que le nombre de jours que la personne a vécu, à moins qu'on n'eût stipulé que la rente sera payable d'avance; dans ce cas, le terme dans lequel on est entré sera gagné (1).

La jurisprudence était différente en certains lieux. Du principe que la rente viagère est attachée à la vie, on concluait qu'elle n'était due que jour par jour; que la mort la faisait cesser, même quand on aurait stipulé qu'elle serait payable d'avance. Cependant, si en exécution de ce pacte elle avoit été payée, on n'admettoit point la répétition; il en résultoit cet inconvénient, que le débiteur négligeant à remplir ses engagemens, gagnoit une partie du terme qu'il n'avoit pas payé d'avance, au lieu que le débiteur exact le perdoit. Il a paru plus équitable d'établir d'abord le principe que de droit commun la rente n'est due que jour par jour, et proportionnellement au tems qu'on a vécu; mais que l'on peut stipuler qu'elle sera payée d'avance. Dans ce cas, c'est une prime que le créancier gagne. Dès que l'individu sur la tête de qui porte la rente, a vécu un jour

---

(1) Code civil, art. 1975. 1980. 1983.

H 2

dans le trimestre ou le sémestre, que la rente ait été payée ou non, elle est acquise au créancier (1).

La mort civile n'éteint pas la rente viagère, parce qu'elle n'est pas entrée dans les calculs des contractans; ils n'ont pu ni dû les prévoir (2).

La rente viagère que l'on donne, peut être déclarée insaisissable par l'acte qui la constitue; c'est une condition qui ne nuit à personne : les créanciers du donataire de la rente n'ont pas dû compter sur une libéralité, qui leur profiterait malgré le donateur.

Mais la rente viagère que l'on achète ne saurait être insaisissable; ce serait un moyen de frauder ses créanciers, en plaçant sa fortune, qui est leur gage, à rente viagère (3).

CHAPITRE III.

Du contrat d'assurance.

Nous avons dit qu'il y avait deux autres contrats aléatoires, outre le jeu et la rente viagère, savoir, le contrat d'assurance et le prêt à grosse aventure : parlons d'abord du premier. Par ce contrat, l'un des contractans se charge du risque et des cas fortuits auxquels une chose est

______

(1) Code civil, art. 1980.
(2) *Ibid.* art. 1982.
(3) *Ibid.* art. 1981.

exposée, et s'oblige à indemniser l'autre contractant des dommages que pourraient lui causer ces cas fortuits, s'ils arrivaient.

Cette obligation est contractée moyennant une somme que l'autre contractant lui donne, pour le prix des risques, dont il se charge.

Il peut y avoir une infinité d'espèces de contrats d'assurance; car il est permis de faire assurer les choses que l'on possède, contre tous les dangers auxquels elles peuvent être exposées.

Le contrat d'assurance le plus commun est celui des assurances maritimes. Il a lieu lorsque l'une des parties se charge *des risques* et *fortunes de mer*, que doit courir un vaisseau, ou les marchandises qui y sont, ou qui y doivent être chargées, et promet d'en indemniser le propriétaire.

Celui-ci lui donne une certaine somme pour le prix du risque dont il se charge. L'on est *l'assureur* et l'autre *l'assuré*. Le prix de l'assurance s'appelle prime d'assurance; elle est calculée sur les dangers probables auxquels le vaisseau est exposé : l'acte qu'on dresse par écrit de ce contrat, s'appelle police d'assurance.

Si la marchandise se perd, l'assuré retire la somme qui lui a été promise.

Si au contraire la marchandise arrive saine et sauve, l'assureur gagne la prime.

C'est toujours un échange subordonné aux évènemens.

H 3

L'obligation de l'assureur n'est que conditionnelle. Le contrat est néanmoins parfait par le consentement respectif des parties à le conclure.

L'utilité de ce contrat est incontestable.

Il encourage et soutient le commerce maritime, dont il diminue les risques.

Voici quelles en sont les règles principales. Il faut d'abord qu'il y ait une chose assurée.

Si à l'époque du contrat la chose assurée était perdue et n'existait plus, et que l'assuré en eût ou pût en avoir connaissance, le contrat serait nul. C'est de la part de l'assuré une espèce de faux ou du moins une fraude très-criminelle. La loi l'oblige de restituer à l'assureur tout ce qu'il en a reçu, et de lui payer en outre une double prime (1).

Il en serait de même si l'assureur était averti de l'arrivée du vaisseau, ou avait pu en avoir connaissance.

Si toutefois l'assurance était faite sur de bonnes ou mauvaises nouvelles, qui se trouveraient ensuite fausses, elle n'en subsisterait pas moins.

Toutes les choses qui sont dans le commerce peuvent faire matière d'assurance. On peut faire assurer des maisons contre l'incendie, les fruits

____

(1) Ordonn. de la Marine de 1681, tit. des assurances, art. 38, 41. Pothier, du contrat d'assur. ch. 7.

d'un champ contre la grêle, le corps d'un vaisseau contre les dangers de la mer (1).

Mais il n'est pas permis de faire aucune assurance sur la vie des hommes (2) ; elle est inappréciable (3).

Cela ne s'entend que des personnes libres ; il en est autrement des esclaves, des nègres, qui sont, sous certains rapports, dans la classe des marchandises. Tout navigateur passager ou autre peut cependant faire assurer la liberté de sa personne, et stipuler une somme qui lui sera payée en cas qu'il vienne à être pris (4). Cette somme alors sert à payer sa rançon. On ne peut faire assurer que ce qu'on risque de perdre, mais non un profit certain ni celui que l'on peut faire (5). Il n'est pas permis aussi de faire assurer ce qui l'a déjà été.

Il est de l'essence du contrat d'assurance non-seulement qu'il y ait, lors du contrat, une chose qu'on fasse assurer et qui en soit la matière, mais encore que cette chose, lors du contrat, soit ou doive être par la suite exposée à des risques, dont l'assuré se charge.

Mais de même que le contrat subsiste lorsque la chose est déjà périe sans que les parties puissent en être instruites, il subsiste également-

---

(1) Odonn. de 1681, tit. des assur. art. 7.
(2) *Ibid.* art. 10.
(3) *Leg.* 3. *ff. si quadrup. paup.*
(4) *Ibid.* art. 9.
(5) *Ibid.* art. 17 et suiv.

ment si elle est déjà en sûreté lors du contrat et si les parties n'ont pu le savoir (1).

L'ordonnance règle les risques qui sont à la charge des assureurs (2).

Ce sont toutes pertes et dommages qui arrivent par tempêtes, naufrages, échouement, abordages, changement de route, de voyage ou de vaisseau forcé par le tems, jet, feu, prise, arrêt de prince, déclaration de guerre, représailles, et généralement toutes autres fortunes de mer (3).

Tous les frais extraordinaires qui sont une suite de ces évènemens, sont aussi à la charge des assureurs.

La responsabilité des assureurs dure tout le tems fixé par la police d'assurance.

Quand les parties ne s'en sont pas expliquées, la responsabilité dure depuis le départ du bâtiment jusques à ce qu'il soit arrivé et ancré au port de sa destination.

Les assureurs répondent des marchandises depuis le moment où elles sont transportées sur le navire, jusques à celui où elles sont déchargées.

Ils ne sont pas tenus des pertes et dommages arrivés par la faute des maîtres et mariniers,

---

(1) Ordonn. de 1681, art. 41.
(2) *Ibid.* art. 26.
(3) *Ibid.*

si par la police ils ne sont chargés de la baratterie du patron (1).

Baratterie signifie tromperie et malversation du maître, ainsi que les larcins, altérations et déguisemens causés par le maître et l'équipage. Elle comprend le dol, l'imprudence, l'impéritie, etc.; le défaut d'exécution de ce qui était convenu dans la police, à moins que les assureurs eussent consenti à y déroger.

Les déchets, diminutions et pertes arrivés par le vice de la chose, ne tombent pas sur les assureurs (2).

Nous avons vu qu'il était de l'essence du contrat d'assurance, qu'il y eût une somme que les assureurs s'obligent de payer, en cas de perte des choses assurées. Cette somme est fixée par la police d'assurance, ou bien elle est renvoyée à des experts.

La somme que promettent les assureurs, ne peut excéder la valeur de la marchandise assurée.

L'ordonnance prononce en cas de fraude, la nullité et la confiscation des marchandises.

Quand il n'y a pas de fraude, le prix est réduit à la valeur des marchandises (3).

____

(1) Il est bon d'observer que le *maître* sur les côtes de l'Océan, est celui qui commande le navire; on l'appelle patron sur la Méditerranée, quand il ne s'agit que d'un petit navire, et capitaine pour les bâtimens considérables, et qui font les voyages de long cours.

(2) Ordonn. de 1681. tit. des ass. art. 26 et suiv.

(3) *Ibid.* art. 22 et suiv.

La prime d'assurance est encore une des choses essentielles à ce contrat.

On appelle de ce nom, comme nous l'avons déjà dit, la somme ou la chose que l'assuré donne ou se charge de donner à l'assureur, pour le prix des risques dont il se charge.

Elle s'appelle *prime*, parce qu'elle se payait *primò*, c'est-à-dire, sur-le-champ même avant que le départ du vaisseau eût fait commencer les risques. L'ordonnance dit que la prime sera payée en son entier, lors de la signature de la police (1).

L'usage actuel est de ne la payer qu'en un billet, qu'on appelle *billet de prime.*

Cette somme est réglée par la convention des parties, à tant par voyage, ou à tant par mois tant que durera le voyage.

On sent que plus il y a de risques, plus la prime d'assurance doit être considérable. Elle est moindre en tems de paix qu'en tems de guerre, pour des voyages courts que pour des voyages lointains.

Quelquefois lorsque la guerre survient, on accorde une augmentation de prime. On la diminue dans le cas où c'est la paix qui arrive.

Tous ceux qui sont capables de faire le commerce sont capables de ce contrat, les mineurs, les femmes faisant un commerce à part.

____

(1) Ordonn. de 1681, art. 6.

On peut contracter à ce sujet avec des étrangers, des ennemis même.

On a vu quelquefois des Anglais, pendant la guerre, assurer des vaisseaux français.

La police d'assurance doit être rédigée par écrit, ou devant notaire ou sous signature privée : on ne doit y laisser aucun blanc.

A défaut d'acte, il n'y aurait que le serment de la partie à alléguer (1).

L'ordonnance indique encore tout ce que ce contrat doit renfermer ; ainsi on doit y trouver le nom et le domicile de celui qui fait assurer ; sa qualité de propriétaire ou de commissionnaire ; la nature des effets sur lesquels l'assurance est faite ; le nom du vaisseau, celui du maître ou capitaine.

Il faut encore y indiquer le nom du lieu où les marchandises auront été ou devront être chargées, celui des ports où le bâtiment devra charger ou décharger, et de tous ceux où il devra entrer.

Enfin on doit y désigner le tems auquel les risques commenceront ou finiront, les sommes qu'on entend assurer ; la prime ou le coût de l'assurance, en un mot, toutes les conditions dont les parties contractantes trouvent bon de convenir (2).

L'ordonnance indique les causes qui don-

---

(1) Ordonn. de 1681, art. 2 et 3. 68.
(2) *Ibid.* art. 3.

nent ouverture à l'obligation des assureurs, et à l'action de l'assuré pour exiger l'indemnité qu'ils se sont engagés de payer. Avant de l'intenter, l'assuré est obligé de faire aux assureurs un abandon ou un délaissement de tout ce qui reste de la chose assurée.

Mais cet abandon ne peut être fait qu'en cas de prise, de naufrage, bris, échouement, arrêt de prince, ou perte entière des effets assurés par quelqu'un de ces accidens. Tout autre dommage qui ne proviendrait d'aucune de ces causes, n'est réputée qu'*avarie*, qui est réglée entre les assureurs et les assurés, à proportion de leur intérêt (1).

On appelle *avarie* les dommages arrivés à un vaisseau ou aux marchandises de son chargement, ou les dépenses imprévues et extraordinaires qu'ils ont occasionnées.

Le délaissement doit être entier ; on ne peut abandonner une partie et retenir l'autre.

L'ordonnance règle, suivant les circonstances, les délais dans lesquels cet abandon doit être fait pour qu'il soit valable, et la manière dont on fixe la valeur et l'existence des marchandises assurées (2).

L'assuré est tenu, en faisant son délaissement, de déclarer toutes les assurances qu'il aura fait faire, et l'argent qu'il aura pris à la grosse sur

---

(1) Ordonn. de 1681 , art. 46.
(2) *Ibid.* art. 47 et suiv.

les effets assurés, sous peine d'être privé de l'effet des assurances (1).

On veut vérifier par-là si le montant des assurances ou des contrats à la grosse, dont nous parlerons tout-à-l'heure, n'excède point la valeur des effets assurés. Car dans ce cas le contrat d'assurance est nul nonobstant la perte ou prise du vaisseau (2).

Par suite du même principe, les assureurs sur le chargement ne peuvent être contraints au paiement des sommes par eux assurées, que jusques à concurrence de la valeur des effets dont l'assuré justifie le chargement et la perte (3).

Lorsque l'assuré ne reçoit aucune nouvelle de son navire, il peut, au bout d'un an pour les voyages ordinaires, et au bout de deux ans pour ceux de long cours, faire son délaissement aux assureurs, et leur demander paiement sans qu'il soit besoin d'aucune attestation de la perte du vaisseau (4).

Lorsque le délaissement a été signifié, les effets assurés appartiennent à l'assureur, qui ne peut, sous prétexte du retour du vaisseau, se dispenser de payer les sommes assurées. Il a le droit de contester les attestations produites par

---

(1) Ordonn. de 1681, art. 53.
(2) *Ibid.* art. 54.
(3) *Ibid.* art. 56.
(4) *Ibid.* art. 58. On entend par voyages de long cours, tous ceux qui se font au-delà des Tropiques. *Ibid.* art. 69.

les assurés, et de faire preuve contraire. Il est néanmoins obligé de payer provisoirement (1).

CHAPITRE IV.

Du prêt à la grosse aventure, ou à retour de voyage.

Il est un autre contrat maritime qui tient beaucoup de la nature de celui d'assurance, et qu'on appelle contrat de prêt à la *grosse aventure* ou à *retour de voyage.*

Ce nom vient de ce que le prêteur donne son argent ou sur le corps du bâtiment ou sur les marchandises qu'il contient, à condition que s'ils viennent à se perdre, il n'aura rien à réclamer; que si au contraire ils arrivent sains et saufs au lieu de leur destination, il aura outre le capital, un intérêt proportionné au danger auquel il se sera exposé (2).

Ce contrat était connu des Romains sous le titre d'usure maritime (3). Il avait lieu toutes les fois qu'il y avait transport d'argent au-delà des mers (4).

L'intérêt qu'on exige dans cette espèce de prêt, n'est soumis à d'autre règle qu'à celle des

______

(1) Ordonn. de 1681, art. 60, 61.
(2) *Ibid.* tit. 5, art. 7. 11.
(3) *Tit. ff. et cod. de nautic. fænor.*
(4) On appelait dans ce cas l'argent prêté *pecunia trajectitia. Leg.* 1. *ff. de nautic. fænor.*

circonstances dans lesquelles il est fait. Comme la grandeur du danger croît à raison de la longueur du voyage et de l'éloignement du lieu pour lequel le bâtiment est destiné, de la difficulté de la route, du nombre des Pirates qui l'infestent, l'intérêt croît ou baisse à proportion.

Le prêt à grosse aventure ressemble en ce point au contrat d'assurance, dont la prime est plus ou moins grande, suivant la probabilité des dangers qu'il y à courir.

Aussi l'intérêt de l'argent qui, dans les prêts ordinaires, n'excédait pas chez les Romains douze pour cent, allait, pour les contrats maritimes, jusques à la centésime et même souvent au-delà (1).

L'intérêt maritime diffère encore de l'intérêt ordinaire, en ce que celui-ci est à la charge et au risque du débiteur, tandis que l'autre est au risque du créancier.

La perte entière des effets annulle le contrat à la grosse, et le prêteur n'a plus rien à demander (2). Si la perte n'était que partielle, le contrat serait diminué à proportion (3).

Pour que la perte des effets puisse annuller le contrat, il faut qu'elle arrive par cas for-

----

(1) *Leg.* 4. §. 1. *de naut. fænor. Leg.* 26. *Cod. de usuris.* Ce sujet est traité avec beaucoup d'esprit dans la défense de l'Esprit des Lois, que Montesquieu opposa à la censure du gazetier ecclésiastique.

(2) Ordonn. 1681. tit. **V.** art. 11.

(3) *Ibid.* tit. 3. art. 17.

tuit, dans le tems déterminé par les conventions des parties, et dans les lieux où le vaisseau a dû aller (1).

Il en est ici comme du contrat d'assurance;
s'il y avait changement de route, de voyage
et de vaisseau, sans le consentement du prêteur, il serait déchargé des risques (2).

Il y a parité en tout à cet égard entre l'assureur et le prêteur. Là où l'un est déchargé des
risques, l'autre l'est également, et *vice versâ*.

L'emprunteur à la grosse n'est point libéré
par la perte entière du navire et de son chargement, s'il ne justifie qu'il y avait pour son
compte des effets jusques à concurrence de
la somme qu'il a reçue(3). C'est la même règle
que celle du contrat d'assurance (4).

Dans les deux cas encore, on répute cas
fortuit, ce qui arrive par le vice de la chose
ou par le fait des propriétaires, capitaines ou
marchands chargeurs, à moins qu'il n'y ait convention contraire (5).

Si le tems des risques n'est point réglé par
le contrat, il court, à l'égard du vaisseau, du
jour qu'il aura fait voile, jusques à ce qu'il soit
ancré et amarré au port de sa destination, et
quant aux marchandises, sitôt qu'elles auront

---

(1) Ordonn. de 1601. tit. V. art. 11 et suiv. 16. tit. 6.
art. 26 et suiv.

(2) *Ibid.* tit. 5. art. 3. 14. 15.

(3) *Ibid.* tit. 6. art. 56. 62.

(4) *Ibid.* tit. 5. art. 12. tit. 6. art. 28.

été

été chargées dans le vaisseau, ou dans des gabares, pour les y porter, jusques à ce qu'elles soient délivrées à terre (1).

Les contrats à grosse aventure peuvent être faits ou pardevant notaire ou sous signature privée (2).

On peut les faire ou pour un voyage entier ou pour un tems limité (3). Le navire et ses agrès, même le frêt, sont affectés par privilége au principal et intérêt de l'argent donné sur le corps du navire pour les nécessités du voyage, et le chargement au paiement des deniers pris pour le faire (4).

Il n'est pas nécessaire d'inscription hypothécaire pour le maintien et l'exercice de ce privilége; le Code civil contient une exception pour les contrats maritimes (5). Ce ne sont que des effets mobiliers, pour lesquels l'inscription n'est pas requise.

Il en serait autrement si l'on avait une action à exercer sur les immeubles de l'emprunteur, soit à cause de l'insuffisance des effets affectés au privilége, soit à raison des dommages et intérêts obtenus contre lui.

S'il y a contrat à la grosse et assurance sur un même chargement, le donneur est préféré

______

(1) Ordonn. de 1681, tit. 5. art. 13.
(2) *Ibid.* art. 1.
(3) *Ibid.* art. 2.
(4) *Ibid.* tit. V. art. 7.
(5) Code civil, art. 2120.

Tome IV. I

aux assureurs , sur les effets sauvés du naufrage, pour son capital seulement (1).

Parmi les contributions ou les avaries que les assureurs et les porteurs à la grosse sont tenus de supporter, on trouve celle du jet, qui mérite qu'on en fasse mention.

Les Rhodiens s'étaient très-distingués anciennement par leur habileté dans le commerce maritime et par leur puissance navale. Ils eurent long-temps l'empire de la mer, et ils établirent des lois sages pour en régler l'exercice (2).

Quand les Romains furent devenus négocians et navigateurs , ils ne crurent mieux faire que d'adopter les lois Rhodiennes sur le commerce, qu'ils n'avaient pu égaler, malgré leur habileté dans les autres parties de la législation.

On en trouve encore de précieux restes dans le Digeste , sur-tout relativement au jet.

Si par un accident quelconque et pour soulager le navire , on avait été obligé de jeter une partie des marchandises à la mer, la perte devait en être supportée par tous ceux au profit desquels elle avait tourné (3). Toutes les lois maritimes de l'Europe moderne, concernant le jet, ont été faites sur ce modèle.

Les règles qu'on trouve sur cette matière dans le Digeste , ont été insérées dans notre ordonnance de la marine de 1681 (4).

____

(1) Ordonn. de 1681. tit. V. art. 18.
(2) *Florus hist. rom.* II. 7. *Strabo , lib.* 14.
(3) *Leg.* 1. *ff. ad leg. rhod. de jact.*
(4) Voyez le titre 8.

LIVRE XXIV.

DES SERVITUDES.

CHAPITRE PREMIER.

Des servitudes en général.

Nous avons traité dans le Livre précédent, des contrats où l'on aliène sa propriété, en s'y réservant un droit foncier, ou bien dans lequel la portion de la chose qu'on s'engage à livrer en retour de celle qui nous a été donnée, est indéterminée et subordonnée au hasard.

Nous allons parler à présent de ceux où l'on assujétit un fonds à des droits onéreux pour l'avantage d'un autre. Ces droits s'appellent *servitudes.*

D'après ce que nous avons déjà dit plus haut, les *servitudes* sont des modifications ou des restrictions mises à la propriété d'un fonds, pour l'avantage et l'utilité d'un autre fonds : ou bien elles sont un droit sur le fonds d'autrui, qui en oblige le propriétaire à supporter une certaine charge pour l'utilité du fonds d'un autre, ou de s'abstenir de faire une chose qui pourrait y être dommageable (1).

Le caractère des servitudes consiste plutôt à supporter ou à s'abstenir, que dans l'obligation de faire (2). De-là on distingue le fonds dominant et le fonds servant. Le premier est celui pour lequel la servitude est établie ; le second est celui qui la supporte. La servitude étant établie pour l'utilité du fonds dominant, elle change de propriétaire avec ce fonds , et le suit dans quelques mains qu'il passe (3).

L'objet d'une servitude est toujours quelque chose d'utile pour le propriétaire du fonds dominant , et non une chose de pur agrément. Ce ne serait point une servitude que le droit de se promener dans le fonds d'autrui, d'aller y souper quand on le trouverait bon (4) ; ce serait tout au plus là le sujet d'une convention.

Nous ne diviserons point les servitudes comme font la plupart des Jurisconsultes, en réelles et en personnelles; savoir, celles établies en faveur d'un fonds, et celles qui le sont en faveur des personnes. Toutes les servitudes sont person-

---

(1) *Leg.* 15. §. 1. *ff. de servit.* Code civil, tit. des servit. art. 637.

(2) *Ibid.*

(3) *Leg.* 26. *ff. de servit. urb. præd. et Leg.* 5. *ff. si usuff. petat.*

(4) *Leg.* 8. *ff. de servit. Leg.* 6. §. 2. *ff. si servit. vin-dic.* Code civil, tit. des servit. art. 640.

nelles, en ce sens que les personnes seules en peuvent jouir ; sans les personnes la servitude serait inutile.

Il paraît plus convenable de les diviser d'abord en servitudes naturelles, légales et conventionnelles.

Les premières sont celles qui sont établies par la nature même des lieux, et qui sont un effet inévitable de leur position ; par exemple, le propriétaire d'un fonds inférieur ne peut mettre obstacle à l'écoulement des eaux qui viennent d'un fonds supérieur, et s'opposer ainsi à la marche naturelle de cet élément.

Le second exemple d'une servitude naturelle, est celle du chemin qu'on est obligé de prendre sur un des fonds voisins, pour aboutir à un autre qui s'y trouve enclavé (1). Quelqu'étendue qu'on veuille donner à la propriété des possesseurs de ces fonds, elle ne peut jamais être telle, qu'elle rende nulle celle du possesseur du fonds enclavé.

Je mettrai encore dans cette classe le droit de puiser de l'eau dans un puits ou une source voisine, celui d'y abreuver les troupeaux. Dans les lieux sur-tout où l'eau est rare, un seul ne peut s'arroger la propriété exclusive d'un élément d'absolue nécessité pour tous, et

---

(1) *Leg.* 12. *ff. de relig. et sumpt. funer.* Loysel, Instit. coutum. Liv. 2, tit. 3. art. 16. Regl. du Droit Franc. tit. 4. sect. 2. art. 12.

qui leur est commun de sa nature. On pourrait presque en dire autant du droit de creuser
du sable dans un fonds voisin, ou d'y faire
de la chaux pour bâtir. Du moins toutes ces
servitudes, bien loin d'être odieuses, sont, au
contraire, très-favorables.

Les servitudes légales et conventionnelles
sont celles qui doivent uniquement leur origine aux lois et aux conventions des hommes.

On divise encore les servitudes en urbaines
et en prédiales ou rurales (1). Les servitudes
urbaines sont établies en faveur des propriétaires des maisons, servant à l'habitation des
hommes, situées même à la campagne ; les
rurales sont celles qui sont dues au propriétaire d'un champ ou d'un bâtiment, qui ne
sert qu'à l'habitation des animaux ou à enfer-
mer les fruits.

On divise encore les servitudes en continues
et discontinues, en apparentes et non apparentes (2). Mais ce sont là des qualités extérieures
des servitudes, qui n'en changent pas la nature, et qui contribuent seulement à en constater l'existence et à en rendre la preuve plus
facile.

---

(1) Code civil, tit. des servitud. art. 687. *Tot. titul.*
ff. de servitut. prædior. urban. et rustic.

(1) Code civil, tit. des servitud. art. 689.

CHAPITRE II.

Des servitudes urbaines.

Les servitudes urbaines n'étaient pas nombreuses chez les anciens. L'énumération qu'en fait le droit romain est très-courte. La forme des maisons presque toujours isolées et qu'on appelait pour cela des *îles*, les rendait peu nécessaires (1). Cependant les servitudes urbaines dont parlent les lois romaines, supposent que les maisons étaient quelquefois attenantes les unes aux autres.

Telle est d'abord celle de supporter le poids de la maison de son voisin. Celui qui devait cette servitude était obligé de refaire son mur, toutes les fois qu'il devenait incapable de soutenir le poids qui lui était imposé (2).

Venait ensuite la servitude de pouvoir enchâsser ses propres poutres dans le mur de son voisin (3).

L'écoulement des eaux de dessus le toit des maisons, donnoit lieu à des servitudes dif-

---

(1) *Heinecc. antiquit. Roman. jurisprud. illustrant.* tom. 1. p. 458.

(2) *Oneris ferendi. Leg.* 33. *ff. de servit. præd. urban. Leg.* 242. *ff. de v. signif.*

(3) *Tigni immitendi. Leg.* 20. *ff. de servit. præd. urb.* Le mot *tignum* signifiait tout ce qui pouvait s'enchâsser dans un mur.

férentes, suivant que l'eau tombait simplement du toit, ou coulait dans un canal. On pouvait, suivant le besoin, forcer le voisin de détourner de notre fonds les eaux qui coulaient de son toit, ou l'obliger à les y laisser couler (1). Cette dernière servitude devait être précieuse dans les lieux arides.

La conservation des jours ou des vues des maisons était encore l'objet de plusieurs servitudes. Quiconque est propriétaire du sol ou de la superficie du fonds de terre sur lequel une maison est assise, a le dessus pour élever aussi haut et creuser aussi bas que bon lui semble, s'il n'y a titre au contraire (2).

On peut déroger à ce droit par l'établissement d'une servitude, qui empêche d'élever sa maison au-delà d'une hauteur déterminée (3). Il faut, pour créer une pareille servitude, un pacte exprès, ou une coutume qui ait fixé la hauteur qu'on peut donner aux maisons.

Il y a aussi la servitude opposée, celle qui oblige à élever sa maison plus haut qu'on ne voudrait. Cette servitude suppose une coutume qui ne permet pas d'élever sa maison

---

(1) *Stillicidium et flumen. Stillicidium avertendi aut non avertendi. Leg.* 2. *ff. de servit. urb. præd.*

(2) Régl. du Droit Français, tit. IV. sect. 2, art. 10.

(3) *Ne altius quis tollat ædes. Leg.* 4. *ff. de servit. urb. præd.*

au-delà d'une certaine hauteur, sans la permission du voisin (1).

Les servitudes qui interdisaient de ne rien faire qui pût nuire aux jours et aux vues d'une maison, se rapprochent de la première dont nous avons parlé, par laquelle on empêche le voisin d'élever sa maison au-delà d'un point convenu, mais elles renferment quelque chose de plus (2). On ne pouvait, par ces dernières, intercepter le jour et la vue, non-seulement par des édifices, mais encore par des arbres (3).

Il fallait laisser libre la vue des jardins, de la mer, etc. (4).

La servitude des jours est encore différente de celle dont nous venons de parler. Elle consiste dans le droit de faire une fenêtre ou de prendre des jours d'un côté où l'on n'en a pas, et où la coutume ne le permet point (5). Les règles établies sur cette matière par le droit romain, peuvent en une infinité de cas recevoir encore leur application chez nous.

Dans nos grandes communes, où les maisons sont en quelque sorte entassées les unes sur les autres, les servitudes urbaines doivent être très-

____

(1) *Leg. penult. Cod. de œdif. priv.*
(2) *Ne luminibus officiatur et prospectus. Leg.* 15. 17. *ff. de servit. urban. præd.*
(3) *Leg.* 3 *et* 4. *ff. de servit. præd. urb.*
(4) *Leg. penult. Cod. de œdif. priv.*
(5) *Leg.* 4. *ff. de servit. urb. præd.*

nombreuses. La coutume de Paris était aussi celle qui contenait le plus de règles à leur sujet, et ses dispositions tenoient lieu de droit commun, là où il n'y avait pas de coutume contraire (1). Le Code civil y a puisé les dispositions qu'il renferme sur cette matière.

A l'exemple de la coutume, il entre dans de grands détails sur ce qui concerne les vues des héritages, les murs mitoyens et non mitoyens. Il établit des règlemens pour la construction des murs de clôture, écuries, cheminées, fours, forges, puits, privés et cloaques, etc. Il donne encore des règles pour les visites et les rapports d'experts qui sont souvent nécessaires dans ces matières.

Tout mur servant de séparation entre bâtimens jusques à l'héberge ou entre cour et jardin, et même entre enclos dans les champs, est présumé mitoyen, s'il n'y a titre ou marque contraire (2). Le Code indique les marques de mitoyenneté.

Pour faciliter la construction des maisons, le Code permet de bâtir contre le mur du voisin, et de le rendre par là mitoyen, en payant la moitié de sa valeur et du terrain sur lequel il est assis. On peut même l'élever à volonté, en le faisant fortifier, au cas où il ne pourrait

---

(1) Régl. du Droit Français. tit. 4. sect. 2. art. 27. Code civil, tit. des servitudes, art. 653 et suiv.

supporter le nouveau fardeau qu'on y impo-
serait (1).

Des voisins peuvent se contraindre réciproquement à refaire le mur et l'édifice commun
entre eux, lorsqu'il menace ruine, et à y contribuer chacun pour sa part et portion.

Si une maison est divisée de telle manière
que les différens étages en appartiennent à divers propriétaires, les gros murs et le toit sont à
la charge de tous les propriétaires, chacun à
raison de la valeur de l'étage qui lui appartient.

Le propriétaire de chaque étage fait le plancher sur lequel il marche.

Le propriétaire du premier étage fait l'escalier qui y conduit; et chacun des autres continue l'escalier qui conduit chez lui (2).

Chaque propriétaire est tenu de faire écouler
les eaux pluviales de sa maison, sur son propre
terrain ou dans la rue. Il ne peut les détourner
sur le toit ou le fonds de son voisin, pas même
dans une allée commune, si ce n'est qu'il n'y
eût servitude établie pour cela (3).

On ne peut faire des fenêtres ou prendre
lumières et jours dans un mur mitoyen, même
à verre dormant, joignant sans moyen à l'hé-

---

(1) Code civil, tit. des servitudes, art. 660 et suiv.
(2) *Ibid.* art. 664.
(3) *Ibid.* art. 681.

ritage d'autrui, tels que ses maisons, places, cours, jardins. Il en est autrement dans un mur non mitoyen ; on peut y pratiquer des jours ou fenêtres à fer maillé et verre dormant (1).

Ces fenêtres ne peuvent d'ailleurs être établies qu'à huit pieds au-dessus du plancher ou du sol de la chambre qu'on veut éclairer, si c'est au rez-de-chaussée, et de six pieds pour les étages supérieurs (2).

On ne peut avoir des vues droites ou fenêtres d'aspect, ni balcons ou autres semblables saillies sur l'héritage clos on non clos du voisin, s'il n'y a six pieds de distance entre le mur où on les pratique et ledit héritage.

On n'exige que deux pieds de distance pour les vues obliques (3).

La distance se compte depuis le parement extérieur du mur où l'ouverture se fait, et pour les balcons ou autres saillies extérieures, depuis leur ligne extérieure jusqu'à celle de séparation des deux héritages (4).

L'un des voisins peut obliger l'autre de contribuer aux réparations du mur mitoyen, à proportion de son héberge, et pour la part

---

(1) Code civil, tit. des servitudes, art. 675. et suiv.
(2) *Ibid.* art. 677.
(3) *Ibid.* art. 678. 679.
(4) *Ibid.* art. 680.

qu'il a au mur mitoyen ; le voisin ne peut y appliquer ou appuyer aucun ouvrage sans le consentement de l'autre , ou sans avoir à son refus fait régler par experts les moyens nécessaires pour que le nouvel ouvrage ne soit pas nuisible aux droits de l'autre (1).

Dans tous les cas, on ne peut percer le mur mitoyen pour y placer les poutres de sa maison, que jusques à l'épaisseur de la moitié du mur, et l'on est obligé d'y faire mettre des jambes, parpaignes, ou chaînes et cordeaux suffisans de pierre de taille, pour porter les poutres ; mais pour les murs des champs cela n'est pas nécessaire, il faut seulement y mettre une matière suffisante pour porter le fardeau. Dans les villes et faubourgs , on peut contraindre les voisins de contribuer aux murs de clôture pour séparer les maisons, cours et jardins , jusques à la hauteur déterminée par les usages constans et reconnus (2).

A défaut d'usages et de réglemens, tout mur de séparation qui sera construit et rétabli, doit avoir au moins dix pieds d'élévation, compris le chaperon , dans les villes de cinquante mille ames et au-dessus, et de huit pieds dans les autres (3).

---

(1) Code civil, tit. des servitudes , art. 662. 663.
(2) *Ibid.*
(3) Code civil, art. 663.

Hors des villes et faubourgs, on ne peut pas contraindre le voisin de faire un nouveau mur de séparation, mais on peut l'obliger, comme dans les villes et faubourgs, de contribuer aux réparations des anciens murs, si mieux il n'aime quitter le droit qu'il a sur le mur et sur la terre sur laquelle il est assis : et néanmoins il peut rentrer en son premier droit, en remboursant la moitié du mur et du fonds. Si celui qui a place, jardin, ou autre lieu vuide, qui tient immédiatement au mur d'autrui ou au mur mitoyen, veut faire labourer ou fumer auprès du mur, il doit faire un contre-mur de demi-pied d'épaisseur, et s'il y veut jeter des terres, que l'on appelle terres jectisses, le contre-mur doit être d'un pied d'épaisseur. Quand on veut faire creuser un puits ou une fosse d'aisance près d'un mur mitoyen ou non, ou y construire une cheminée ou âtre, forge, four ou fourneau, ou y adosser une étable, ou enfin établir contre ce mur un magasin de sel ou autres matières corrosives, il faut laisser la distance établie par les usages ou les réglémens particuliers, ou faire les ouvrage prescrits par les mêmes usages ou réglemens pour éviter de nuire au voisin (2).

Suivant la coutume de Paris, pour faire un étable contre un mur mitoyen, on doit faire un contre-mur de huit pouces d'épaisseur, et

____

(1) Code civil. art. 674.

de hauteur jusques au niveau de la mangeoire.
Pour faire cheminées et âtres contre le mur
mitoyen, on doit faire un contre-mur de tui-
lots, ou autre chose suffisante, de demi-pied
d'épaisseur. Pour établir forge, four et fourneau contre le mur mitoyen, il faut laisser
demi-pied de vuide entre le mur mitoyen et
celui du four ou forge. Le mur du four ou de
la forge doit être de demi-pied d'épaisseur.
Enfin, pour faire aisances de privés, ou puits
contre un mur mitoyen, on doit faire contre-
mur d'un pied d'épaisseur; s'il y a puits d'un
côté et aisances de l'autre, il suffit qu'il y ait en
tout quatre pieds d'épaisseur de maçonnerie
entre deux; mais entre deux puits, il suffit de
trois pieds. Nul ne peut faire fossés à eaux, ou
cloaques, s'il n'y a six pieds de distance en
tout sens, des murs appartenans au voisin, ou
des murs mitoyens (1).

CHAPITRE III.

Continuation du même sujet. Des servitudes
prédiales ou rustiques.

Les principales servitudes prédiales dont
parle la loi romaine, sont les droits de passer
sur le fonds d'autrui, d'y puiser de l'eau, d'y

____

(1) Coutum. de Paris, art. 189 et suiv.

abreuver ses troupeaux et de les y faire paître, d'y creuser un canal pour la conduite des eaux, d'y prendre du sable pour bâtir, d'y faire de la chaux.

Quelques-unes de ces servitudes sont pour ainsi dire forcées par la nature et la disposition des lieux, comme nous l'avons déjà remarqué plus haut.

Ainsi, par exemple, lorsqu'un héritage se trouve enclavé dans d'autres, et qu'il n'existe pas de chemin pour y aboutir, les voisins sont obligés de donner un passage dans le lieu le moins incommode de leur propriété, en leur payant l'estimation du dommage que leur cause l'établissement de ce passage, à dire d'experts (1).

L'action en indemnité est prescriptible, et lors même qu'elle a cessé le droit de passage n'en subsiste pas moins (2).

----

(1) *Leg.* 1. *de relig. et sumpt. funer.* Code civil, tit. des servitudes, art. 682 et suiv.

Le droit romain distingue trois espèces de chemins, *iter*, *actus* et *via.* La largeur n'en était pas la même. Un homme seul pouvait passer dans le premier ; un cheval, un chariot, un troupeau pouvaient passer dans le second et le troisième. *Leg.* 7. *ff. de servit. præd. rustic. Leg.* 38. §. 4. *ff. de ædilit. edict.* Cette distinction, peu claire dans la loi romaine, n'est d'aucun usage parmi nous. Ce sont les conventions ou les coutumes locales, qui règlent la largeur des chemins et l'usage qu'on a droit d'en faire.

(2) Code civil, art. 685.

Cette

Cette obligation des voisins de fournir un passage n'a pas lieu, s'il en existe un, quoique difficile.

Lorsqu'un testateur lègue à deux personnes deux champs voisins, et qu'on est obligé de passer dans l'un pour aboutir à l'autre, le passage est dû sans indemnité. Il en est de même quand cela arrive dans le partage des biens d'une succession (1).

C'est encore une servitude forcée, que la nécessité où est le propriétaire d'un héritage inférieur, de recevoir les eaux qui coulent de l'héritage supérieur.

Ce propriétaire ne peut pas faire des ouvrages et chaussées, qui puissent déranger le cours des eaux et les faire remonter.

Le propriétaire de l'héritage supérieur ne peut pas aussi, de son côté, changer le cours naturel des eaux ; ni le rendre plus fort et plus rapide, de manière à porter préjudice à celui qui est au-dessous (2).

Le propriétaire d'un héritage où se trouve une fontaine ou une source peut disposer à son gré de l'eau qui en provient ; et le propriétaire inférieur ne peut en réclamer la jouissance qu'autant qu'il aurait acquis sur cette

____

(1) *Lég.* 15. §. 1. *ff. de usu et usufr. Lég.* 23. *ff.* §. 3. *de servit. prœd. rustic.*

(2) *Tot. tit. ff. de aquâ et aquâ pluv. arcend.* Code civil, des servitudes, art. 640 et suiv.

Tome IV. K

eau quelque droit par titre ou par prescription (1).

C'était là la disposition de la loi romaine, et
on ne saurait disconvenir qu'elle ne soit conforme aux premiers principes de la raison et
de la justice. Cependant, quand il a fallu statuer sur cet objet dans le Code civil, on s'est
débattu long-tems avant de s'accorder, et il
n'était rien moins que question d'ôter au propriétaire dans le fonds duquel il se trouve une
source, la faculté d'en disposer à sa volonté.

On prétextait l'utilité publique, qui naît des
irrigations, et qui ne permet pas qu'on prive
le propriétaire du fonds inférieur de la jouissance d'une eau qu'il a eue de tous les tems.

Mais il est bien évident que cette jouissance
n'a été pour lui qu'une suite nécessaire et inévitable de la position de son fonds, qui lui amenait
les eaux de l'héritage supérieur, dont le propriétaire ne pouvait rétrograder le cours.

Mais si ce propriétaire a le moyen d'employer à son usage, l'eau née dans son fonds et
qui se perdait auparavant d'une manière inutile pour lui, en sera-t-il privé, sous le prétexte
de la jouissance du propriétaire inférieur ?

Le droit romain décidait que non, et sa décision à cet égard, comme nous l'avons déjà dit,

____

(1) *Leg.* 6. *Cod. de servit. et aquá.* Henrys, tom. 2
liv. 4, quest. 75. Cod. civ. tit. des servitud. art. 641.

(2) Procès-verbal du Conseil d'État, pag. 142 et suiv.

était fondée sur les principes les plus évidens de l'équité naturelle.

Il peut arriver, en effet, qu'un propriétaire dont l'héritage ne peut pas absorber toute l'eau qui y naît, en achète un autre où il pourra dériver cette eau et la faire servir à son profit.

L'utilité publique n'est ici d'aucune considération ; car, que l'eau arrose le fonds de l'un ou celui d'un autre, peu importe au bien général. Un propriétaire ne peut retenir une eau, sans qu'il la fasse servir à un usage quelconque.

Le Code civil a déclaré, en conformité de la loi romaine, que celui qui a une source dans son fonds peut en user à sa volonté, sauf le droit que le propriétaire inférieur aurait acquis par titre ou par prescription (1).

Mais dans ce cas la prescription ne peut s'acquérir que par une jouissance non interrompue pendant l'espace de trente années, à compter du moment où le propriétaire du fonds inférieur a fait et terminé des ouvrages apparens destinés à faciliter la chute et le cours de l'eau dans sa propriété (2).

Cette exception rentre dans la question de la prescription des servitudes, dont on parlera ailleurs.

On verra que lorsqu'on n'a aucun titre pour

____

(1) Code-civil, tit. des servitud. art. 641.
(2) *Ibid.* art. 642.

l'établir, et qu'on la fonde uniquement sur des ouvrages extérieurs, contre lesquels le propriétaire du fonds sur lequel on prétend la servitude n'a pas réclamé, il faut que ces ouvrages extérieurs aient existé sur les héritages de ce propriétaire, et qu'il ait par conséquent pu les empêcher; car des ouvrages extérieurs faits dans une propriété sur laquelle il n'avait aucun droit, ne peuvent jamais former un titre contre lui, puisque la souffrance en pareil cas a été forcée.

L'exception du Code, dont on vient de parler, doit s'entendre dans ce sens.

Au reste, le Code ajoute que lorsqu'il s'élevera des contestations entre les propriétaires auxquels ces eaux peuvent être utiles, on devra concilier l'intérêt de l'agriculture avec le respect dû à la propriété, et se conformer aux réglemens particuliers et locaux sur le cours des eaux (1).

On laisse subsister par là tous les réglemens locaux sur la dérivation des eaux et la répartition qui doit en être faite entre ceux qui ont le droit de s'en servir. Cela ne peut guères être autrement. Car la plupart de ces règlemens étant relatifs à des localités particulières et dépendant de la position des eaux et de leur quantité plus ou moins grande, ils ne peuvent être partout les mêmes.

____

(1) Code civil, tit. des servitudes, art. 645.

Quant à ce qu'ajoute le Code, que les tribunaux, en prononçant sur les questions que font naître le cours des eaux , doivent concilier l'intérêt de l'agriculture avec le respect dû à la propriété, cela n'est pas trop aisé à entendre.

Quand il s'agit d'une répartition d'eaux, comme de toute autre chose, on doit considérer les droits de chacun. L'intérêt de l'agriculture n'y est pour rien ; car celui qui retient l'eau ne le fait que pour s'en servir à bonifier son champ ou à faire mouvoir quelque usine. Il ne saurait l'employer à aucun autre usage : l'intérêt privé peut en être blessé, mais l'intérêt public n'y perd rien.

On doit, d'après cela, respecter les réglemens locaux, qui fixent les époques et le tems pendant lesquels les propriétaires riverains pourront dériver les eaux courantes, et ceux où ils seront obligés de les laisser pour le service des moulins et autres usines d'une utilité indispensable.

Le Code ne permet point encore au propriétaire d'une source d'en changer le cours lorsqu'il fournit aux habitans d'une commune, village ou hameau, l'eau qui leur est nécessaire. Mais si les habitans n'en ont pas acquis ou prescrit l'usage, le propriétaire a droit de demander une indemnité, qui est réglée par des experts (1).

Tout propriétaire a droit en outre de se ser

---

(1) Code civil, des servitudes, art. 643.

vir d'une eau courante qui borde ses fonds, pour les arroser, pourvu que cette eau ne soit pas du nombre de celle qui est déclarée dépendance du domaine public (1). L'usage de celle-ci ne peut avoir lieu qu'en vertu d'une concession du gouvernement.

Il est encore permis à un propriétaire de se servir d'une eau courante qui traverse son fonds, mais à la charge de la rendre à sa destination, lorsqu'elle en sort (2).

On a eu l'air de vouloir, par cette disposition, établir une différence entre l'usage que l'on doit avoir de l'eau qui naît dans notre fonds, et de celle qui ne fait qu'y passer ; mais on s'aperçoit bientôt que cette différence est plus spécieuse que réelle. Car que l'eau naisse dans un fonds ou qu'elle ne fasse qu'y passer, le propriétaire ne peut jamais s'en servir qu'à proportion de ses besoins ; et quand ils sont remplis, il est bien forcé de la laisser aller.

Ainsi, lors même que l'eau ne fait que traverser son héritage, s'il l'absorbe en entier par des irrigations, le propriétaire inférieur n'en a pas davantage que si elle provenait d'une source qui y fût née.

Il n'y aurait d'exception que pour le cas où il existerait des réglemens locaux, qui distribueraient l'usage de l'eau courante entre les pro-

---

(1) Code civil, tit. des servitudes, art. 644.
(2) *Ibid.* art. 645.

priétaires riverains. Chacun n'en pourrait faire usage que de la manière et pour le tems que le réglement lui assignerait; mais ce n'est pas là le cas de la disposition du Code que nous examinons.

CHAPITRE IV.

De l'autorité qui a droit de prononcer sur les contestations relatives aux cours des eaux.

Il existe dans la jurisprudence actuelle des difficultés relatives au cours des eaux, qui étaient inconnues dans l'ancienne jurisprudence. Elles sont relatives à l'autorité compétente pour prononcer sur les contestations auxquelles il donne lieu.

Il m'a paru qu'il ne serait pas hors de propos d'en dire ici quelque chose.

Les entreprises sur le cours d'eau servant à l'arrosement des prés, sont de la compétence du juge de paix. Le Code civil le suppose ainsi (1).

D'un autre côté, la loi du 20 août 1790, en forme d'instruction, « charge les administra-« tions de rechercher et indiquer les moyens « de procurer le libre cours des eaux, d'em-« pêcher que les prairies ne soient submergées « par la trop grande élévation des écluses, des

____

(1) Loi du 24 août 1790, art. 10. Cod. civ. art. 645.

« moulins, et par les autres ouvrages d'art éta-
« blis sur les rivières. »

Celle du 6 octobre 1791, concernant la police rurale, après avoir dit « que les proprié-
« taires des moulins et usines construits et à
« construire, seront garans de tous dommages
« que les eaux pourront causer aux chemins
« ou aux propriétés voisines, par la trop grande
« élévation du déversoir ou autrement, ajoute
« qu'ils seront forcés de tenir les eaux à une
« hauteur qui ne nuise à personne, et qui sera
« fixée par l'autorité administrative. La peine,
« en cas de contravention, est une amende qui
« ne peut excéder la somme du dédommage-
« ment (1). »

D'après cela c'est à l'autorité administrative,
qui est chargée de la conservation des rivières,
canaux et de la direction des travaux les concernant, à donner les autorisations pour les cons-
tructions nouvelles des moulins, usines, et
d'empêcher même que ceux qui sont construits
ne nuisent, par l'élévation de leurs déversoirs
ou autrement, tant aux propriétés publiques,
qu'à celles des particuliers.

La loi du 29 floréal an 10, attribue encore à
l'autorité administrative les contestations qui
peuvent s'élever à l'occasion de la perception

---

(1) Loi du 6 octobre 1791, concernant la police rurale,
tit. 2, art. 16.

des droits de navigation intérieure sur les fleuves et rivières navigables (1).

Un avis du Conseil d'État, du vingt-quatre
ventôse an 12, a rejeté un projet présenté par le
ministère de l'intérieur tendant à rendre communes à la police des rivières non navigables, la
disposition de la loi dont nous venons de parler,
et a décidé que les contraventions aux réglemens
de police sur les rivières non navigables, canaux
et autres petits cours d'eau, doivent, suivant les
dispositions du Code civil et les lois existantes,
être portées, suivant leur nature, devant les tribunaux de police municipale ou correctionnelle.

Il a été rendu différentes décisions sur des cas
particuliers à l'occasion des conflits élevés entre
les autorités administratives et judiciaires, qui
semblent toutes confirmer la distinction dont
on vient de parler.

Ainsi on a renvoyé devant l'autorité administrative toutes les fois qu'il n'était question
que de la conservation des rivières, des ouvrages à construire, ou de déterminer la hauteur
des déversoirs ou des chaussées. Tels sont les
motifs de deux arrêtés, l'un du 28 pluviôse an
10, rendu sur un conflit entre le préfet du Var
et le tribunal de Draguignan, et l'autre du 8
brumaire an 11, sur un conflit entre le préfet
de la Dordogne et le tribunal de Ribeirac.

---

(1) Art. 4.

Mais dans un autre conflit entre le préfet du Rhône et le tribunal de Villefranche, où il ne s'agissait que de la dérivation d'une eau courant dans un chemin, qui était contestée entre deux particuliers, un arrêté du 24 vendémiaire an 11, délaissa l'affaire aux tribunaux.

Une décision semblable a été rendue par un arrêté du 15 floréal an 12, sur un conflit entre le Préfet des Bouches-du-Rhône, et un des Juges-de-paix de Marseille. Il s'agissait d'une usurpation de terrain et d'une entreprise sur le cours d'un ruisseau. L'arrêté renvoie l'affaire à l'autorité judiciaire, d'après le motif que la loi du 29 floréal an 10, n'attribue à l'autorité administrative que les détériorations commises sur les grandes routes, sur les canaux, fleuves et rivières navigables; cependant un autre arrêté, rendu le 8 floréal, huit jours avant le précédent, sur un conflit élevé par le préfet de la Dyle, renvoie l'affaire devant l'autorité administrative.

Il s'agissait de savoir si un débordement qui avait endommagé les terres d'un particulier, avait été occasionné par des ouvrages faits à un moulin, ou de la négligence des riverains à tenir libre le cours des eaux d'un ruisseau.

Les motifs de l'arrêté sont qu'à l'administration seule appartient le droit de fixer la hauteur des eaux et de surveiller le curage des ruisseaux et rivières, même non navigables.

Il semble que ces motifs ne s'accordent pas trop avec l'avis du 24 ventôse an 12, dont nous avons parlé plus haut. Il faut du moins convenir que les limites qui séparent sur ce point les attributions des autorités administrative et judiciaire ne sont pas déterminées d'une manière trop claire.

La première devrait se borner à ce qui est purement de police sur les rivières navigables ou flottables conformément à la loi du 29 floréal an 10, et à empêcher la dégradation des voies publiques. Mais toutes les fois qu'il y aurait une contestation pour des intérêts privés, elle devrait être décidée par les tribunaux; et c'est ce qu'on paraît avoir voulu établir. Mais l'obscurité des réglemens et des décisions fait qu'on s'en écarte souvent.

CHAPITRE V.

Du droit de parcours et de vaine pâture.

Parmi les servitudes rurales ou prédiales, une des plus remarquables, est celle de parcours et de vaine pâture, qui consiste à pouvoir faire paître les troupeaux sur les grands chemins, les prés après la dépouille, les guérets et terres en friche, et généralement sur tous les héritages où il n'y a ni fruits, ni semence. Ce droit est quelquefois établi entre plusieurs communes voisines : le plus souvent il est borné aux habitans d'une seule commune, dans l'étendue de leur propre territoire.

Le droit de commune pâture fut accordé aux tenanciers, lorsque les grands propriétaires leur concédèrent les fonds à cultiver sous certaines redevances. Ils n'auraient pu cultiver sans bestiaux, ni avoir des bestiaux sans pâturage. Le droit de parcours était une concession nécessaire de celle de la terre.

L'origine du droit d'usage dans les forêts, a dû avoir lieu de la même manière.

Dans la plupart des forêts de la France, soit qu'elles appartiennent à l'État ou à des particuliers, il y a quantité de communautés et d'habitans des villages voisins de ces forêts, qu'on appelle vulgairement riverains, qui ont des droits d'usage dans ces forêts ; ces usages sont réglés par leurs titres particuliers, et consistent ou à mener paître leurs porcs et bêtes aux mailles dans les forêts, dans les tems de la paisson et glandée, ce qu'on appelle *droit de pâturage*, et *panage*, ou à prendre du bois pour leur chauffage, et même pour bâtir et réparer les maisons (1). Il est vrai que dans les forêts nationales, on ne donne plus de chauffage en espèce ; il a été réduit en argent, ou entièrement supprimé.

____

(1) Ordonn. des eaux et forêts de 1669, tit. des pâturages, etc. et titre des chauffages et autres usages.

On ne peut rien dire de certain touchant les usages dans les bois et forêts qui appartiennent aux particuliers ; cela dépend des titres et des usages, qui sont presque aussi différens qu'il y a de divers usagers ; il faut seulement savoir que le propriétaire d'une forêt ne peut pas la faire abattre sans indemniser les usagers, et cette indemnité est réglée par proportion à leurs droits.

Mais les habitans voisins des bois taillis peuvent, par une espèce de droit commun, y mener paître leurs bestiaux en vaine pâture, tant que les bois ne sont pas en défenses, c'est-à-dire, trois, quatre ou cinq ans après la coupe, ce qui est réglé diversement par les coutumes.

Quant à la vaine pâture, les avantages et les inconvéniens de ce droit, auxquels les petits propriétaires attachent un grand intérêt, et dont les riches abusent quelquefois, ont été long-tems débattus. L'assemblée constituante crut devoir le restreindre en abolissant le parcours et la vaine pâture qui ne seraient pas fondés sur un titre ou sur une possession autorisée par les lois et les coutumes. Cela était bien vague ; car quel est le droit qui n'ait pas quelqu'une de ces bases? Cette assemblée fournit un moyen aux propriétaires de se mettre à couvert de la vaine pâture, en donnant la liberté à tous de clore leurs héritages, et en déclarant que ceux qui seraient clos n'y seraient plus assujettis. La loi détermine même la forme de la clôture (1). Entre particuliers, le droit de vaine pâture fut déclaré rachetable. Elle fut prohibée sur les prairies artificielles ou sur une terre ensemencée ou couverte de quelque production que ce soit, jusqu'après la récolte; et elle ne fut maintenue sur les prairies naturelles, que provisoirement et dans les tems autorisés par les lois et les coutumes, et jamais tant que la première herbe ne serait pas récoltée (2).

Le Code civil confirme aux propriétaires le droit de se clore, que leur avait accordé l'assemblée constituante; mais il ajoute que celui qui veut se clore perd son droit au parcours et vaine pâture, en proportion du terrain qu'il y soustrait (3) : disposition qui n'est pas aisée à comprendre, encore moins à exécuter.

CHAPITRE VI.

Du bornage et de la clôture des champs.

Dans le titre des servitudes du Code civil, on trouve quelques dispositions relatives au bornage des champs, aux fossés et aux haies qui les entourent, quoique ces choses là ne

______

(1) Décret du 28 septembre 1791, sect. **IV**, art. 2 et suiv.

(2) *Ibid.* art. 9 et suiv.

(3) Code civil, art. 647 et suiv.

soient pas du nombre des servitudes. Nous allons cependant en traiter ici.

Il y a eu de tout tems des bornes pour fixer les limites des champs. Lorsqu'il n'en existe pas, ou qu'elles ont été détruites ou dérangées, tout propriétaire peut obliger son voisin à en poser où à les rétablir (1).

Ce bornage se fait à frais commun (2).

L'action en bornage appartient spécialement au propriétaire (3). L'usufruitier et les créanciers du propriétaire peuvent aussi l'exercer quand ils y ont intérêt (4).

Pour découvrir les limites des champs, et fixer l'endroit où les bornes doivent être posées, on visite soigneusement les lieux, pour voir s'il ne reste pas quelques vestiges des anciennes bornes ; on a recours aux titres des parties, aux registres publics et au témoignage des hommes (5).

Lors que l'usurpation est prouvée, celui qui s'en est rendu coupable, doit les fruits de la partie du champ qu'il a usurpée, et les dommages et intérêts du propriétaire (6).

---

(1) *Leg.* 2. 4. §. 10. *ff. finium regund.* Cod. civil, art. 646.

(2) *Ibid.*

(3) *Leg.* 4. §. 5. *ff. et Leg.* 12. *ff. finium regund.*

(4) *Leg.* 4. §. 9. *ff. finium regund. Leg.* 4. *Cod. eod.*

(5) *Leg.* 2. §. 1. *Leg.* 12. *ff. finium regund. Leg.* 28. *ff. de probat. Leg.* 2. §. 8. *ff. de aquâ et aquâ pluv. arcend.*

(6) *Leg.* 4. §. 1. 2. *ff. finium regund.*

Il y a lieu à l'action en bornage lorsqu'un propriétaire, en empiétant sur la voie publique, l'a réjetée sur le fonds du voisin (1).

L'action pour demander le bornage est imprescriptible, mais on peut prescrire au-delà des limites fixées (2).

Les fossés et les haies qui séparent deux héritages en forment, pour ainsi dire, la limite.

Ainsi les fossés entre deux héritages sont censés mitoyens, s'il n'y a titre ou marque contraire (3).

Le Code civil regarde comme une marque de non-mitoyenneté, lorsque la levée ou le rejet de la terre se trouve d'un côté seulement du fossé; et le fossé est censé alors appartenir à celui du côté duquel le rejet se trouve (4).

Cet indice peut n'être pas toujours bien certain ; il peut quelquefois prouver le contraire. Les lois des plus anciens peuples, comme presque toutes les coutumes modernes, obligeaient le propriétaire qui voulait faire creuser un fossé sur l'extrémité de son fonds, de laisser un certain espace entre ce fossé et le fonds du voisin (5).

------

(1) *Leg. ultim. ff. de via public.*
(2) *Leg. ultim. Cod. finium regund. Leg.* 1. §. 1. *Cod. de annal. excep.*
(3) Code civil, art. 666.
(4) *Ibid.* art. 667 et suiv.
(5) *Plutarch. in vit. Solon. Leg.* 13. *ff. finium regund.* Gazette des tribun. tom. 6, pag. 40, 156, 166.

H

Il est à présumer en ce cas que le rejet de la terre a été fait sur l'espace de terrain abandonné.

Il faut encore, ce semble, distinguer entre les fossés destinés uniquement à servir de limites et de clôture à des héritages, et ceux qui servent à conduire des eaux pour l'usage d'un des propriétaires. Le fossé est censé alors appartenir à celui qui en retire quelque avantage ; et quoique le rejet se trouve du côté du voisin, cela ne prouve autre chose ; sinon qu'en creusant le fossé, on a laissé un espace de terrain entre le fossé et le fonds du voisin.

Le fossé mitoyen doit être entretenu à frais communs (1).

Les règles concernant les fossés qui se trouvent placés entre deux héritages, s'appliquent aux arbres et aux haies plantés sur leurs limites.

Toute haie qui sépare des héritages est réputée mitoyenne, à moins qu'il n'y ait qu'un seul des héritages en état de clôture, ou s'il n'y a possession ou titre contraire. Il en est de même des arbres (2).

Il faut suivre les réglemens et les statuts locaux, qui fixent la distance du fonds voisin

____

(1) Code civil, art. 669.
(2) *Ibid.* art. 670, 673. *Leg.* 19. 83. *ff. commun. divid. Leg.* 7. §. *ultim. Leg.* 8. *de acquir. rer. domin. Leg.* 1. §. 3. *ff. de arbor. cœd. et ibi Gotofr.*

Tome IV.   L

à laquelle les arbres et les haies vives doivent être plantés, et à défaut, on doit observer celle prescrite par le Code civil (1).

Le voisin peut exiger que les arbres et les haies plantés à la distance prohibée, soient arrachés (2). Mais si l'arbre a existé plus de trente ans, l'action est prescrite.

Le voisin peut cependant obliger à couper les branches d'un arbre qui avancent sur son fonds, et l'arbre entier lorsque le vent l'y a incliné ; et il peut lui-même détruire les racines qui s'étendent sur son héritage (3).

La loi romaine permet au propriétaire d'un arbre dont les fruits sont tombés dans le fonds du voisin, d'aller les y cueillir (4).

CHAPITRE VII.

Des règles communes à toutes les espèces de servitudes.

Les servitudes en général s'acquièrent par titre, par la destination du père de famille et par la prescription. La coutume de Paris n'admettait point de servitude sans titre ; quelque long-temps qu'elle eût duré, elle

---

(1) Code civil, art. 671.
(2) *Ibid.* art. 672.
(3) *Ibid.* art. 672. *Leg.* 2. *ff. de arbor. cæd.*
(4) *Leg. unic. ff. de gland. legend.*

devait cesser, si l'on n'exhibait le titre sur lequel elle était fondée. ans les pays de droit écrit on y admettait la prescription avec quelque modification. Le Code civil a adopté ces dernières maximes, qui sont en effet les plus raisonnables (1). Nous en parlerons en traitant de la prescription des droits incorporels.

La destination du père de famille a lieu, lorsque quelqu'un, possédant deux héritages, établit une servitude sur l'un en faveur de l'autre. Si ces héritages viennent à être séparés, la servitude existe, à moins qu'il n'y ait stipulation contraire (2). Dans les servitudes qui ne peuvent s'établir par la prescription, il faut produire ou le titre primitif ou un acte récognitif émané du propriétaire du fonds asservi (3).

Une servitude suppose toujours ce qui est nécessaire pour en user ; ainsi la servitude de puiser de l'eau à une fontaine, entraîne toujours celle de passage pour y arriver (4).

Le propriétaire du fonds asservi est obligé de souffrir l'usage de la servitude, et il ne peut rien faire qui tende à en diminuer l'usage ou à la rendre plus incommode ; s'il proposait un changement qui ne rendît pas l'exercice

______

(1) Code civil, art. 690 et suiv.
(2) *Ibid.* art. 693.
(3) *Ibid.* art. 695.
(4) *Ibid.* art. 696.

de la servitude plus difficile, il devrait être adopté (1).

Les frais pour l'entretien des lieux sujets à la servitude, doivent être supportés par le propriétaire du fonds auquel elle est due, à moins qu'il n'y eût stipulation contraire (2).

Lorsque c'est le propriétaire du fonds soumis à la servitude qui est obligé aux frais d'entretien, il peut s'en décharger en abandonnant sa propriété (3).

Une servitude est une chose indivisible de sa nature. Si le fonds auquel elle est due vient à être partagé, la servitude reste due pour chaque portion, sans néanmoins que la condition du fonds assujetti puisse être aggravée (4).

Les servitudes sont éteintes par la confusion, lorsque le propriétaire de l'héritage à qui la servitude appartient, acquiert l'héritage qui la doit; et s'il aliène ensuite l'un des deux héritages, les servitudes éteintes ne sont pas rétablies, à moins qu'il n'y en ait une stipulation expresse (5).

---

(1) *Ibid.* art. 701. *Leg.* 1. *Cod. de servit. Leg.* 11. *ff. de servit. præd. urb.*

(2) *Ibid.* art. 698. *Leg.* 6. §. 2. *ff. si servit. vindic.*

(3) *Ibid.* art. 699.

(4) Code civil, des servitudes, art. 700. *Leg.* 23. §. *ultim. ff. de servit. prædior. rustic.*

(5) *Leg.* 1. *ff. quemad. servit. amitt. Leg.* 50. *ff. de servit. præd. urb.* Code civil, des servitudes, art. 705 et suiv.

Elles cessent aussi par la perte du fonds ou de la chose qui la doit; par la prescription , (nous en parlerons ailleurs) ; enfin par la renonciation de celui à qui elles sont dues. Mais les servitudes étant individuelles, c'est-à-dire, n'étant pas susceptibles de division, quand il y a plusieurs propriétaires , la renonciation d'un seul ne suffit pas pour la perdre, comme le consentement d'un seul des propriétaire du fonds servant, ne suffirait pas pour l'établir.

La vente par décret purgeait autrefois les servitudes cachées, comme le droit de chemin; mais elle ne purgeait point celles qui sont visibles, comme le droit d'égoût ; l'état des lieux et la science de l'adjudicataire, valaient en ce cas une opposition (1).

CHAPITRE VIII.

De l'usufruit, de l'usage et de l'habitation.

Dans les transmissions partielles qui se font des propriétés, on n'aliène quelquefois que les fruits qui en proviennent, en totalité ou en partie, pour un certain tems, qui est ordinairement celui de la vie de la personne à qui cette transmission est faite : de-là l'usufruit, l'usage, le droit d'habitation.

---

(1) Louet et Brod. Lett. 5. somm. 1. *Leg.* 23. §. **2.** *ff. de servit. præd. rustic.*

L 3

L'usufruit est le droit de jouir d'une chose appartenant à autrui, et d'en tirer tout le profit et toute l'utilité qu'elle peut produire, sans en consumer la substance (1).

D'après cela l'on voit que la différence entre le propriétaire et l'usufruitier consiste en ce que le propriétaire jouit et dispose ; tandis que l'usufruitier ne fait que jouir. Le propriétaire dissipe ou change à son gré la substance de la chose ; l'usufruitier doit la conserver : il ne peut dénaturer, même pour améliorer.

L'usufruitier, comme le propriétaire, recueille tous les profits et tous les avantages que la chose peut produire. Mais il est tenu de jouir en bon père de famille, c'est-à-dire, de tenir les lieux en bon état, et d'y faire toutes les réparations viagères. Il ne peut pas cependant changer la superficie, comme on vient de le dire, sans le consentement du propriétaire, même de bien en mieux (2). Ce droit est refusé aussi au propriétaire tant que l'usufruit dure, à moins que l'usufruitier n'y consente.

L'usufruit s'établit par la loi ou par la volonté de l'homme : par la loi, comme lorsque le Code civil accorde au père durant le ma-

---

(1) *Instit. Titul. de usufruct.* §. 1. Cod. civ. art. 578 et suiv.

(2) Code civil, de l'usufruit, art. 582. *Leg.* 7. §. 2. 3. *Leg.* 3. *ff. de usufr.*

riage, et, après la dissolution du mariage, au survivant des père et mère, la jouissance des biens de leurs enfans, jusqu'à l'âge de dix-huit ans, ou jusqu'à l'émancipation (1); il s'établit par la volonté de l'homme, lorsque le propriétaire d'une chose en a transmis la jouissance à un autre dans un acte entre-vifs, ou, dans un acte de dernière volonté.

L'usufruit s'établit ou purement, ou à certain jour, ou sous condition (2).

Il peut être créé sur toute espéce de biens, meubles ou immeubles (3). En effet, tout ce qui est susceptible de jouissance, l'est également d'usufruit.

Les fruits quelconques, soit naturels, industriels ou civils qu'une chose peut produire, appartiennent à celui qui en a la jouissance ou l'usufruit.

Nous avons déjà expliqué plus haut la différence qu'il y a entre ces diverses espèces de fruits; nous n'y reviendrons pas (4).

La loi établit une différence entre les fruits naturels ou industriels et les fruits civils, quant à l'instant auquel commencent ou se terminent

____

(1) Code civil, tit. de la puissance paternelle, art. 384.
(2) *Ibid.* tit. de l'usufruit, art. 579. *Leg. 3. ff. de usufr.*
(3) Code civil, tit. de l'usufruit, art. 581. *Leg. 1. ff. de usufruct.*
(4) *Ibid.* art. 583 et suiv.. Ci-dessus, liv. XIII, ch. 7.

les droits de l'usufruitier, sur ces divers genres de fruits.

Tous les fruits naturels et industriels pendans par branches ou par racines, quoique non cueillis quand l'usufruit commence, appartiennent à l'usufruitier, tandis qu'il n'a aucun droit sur les fruits civils échus avant l'ouverture de l'usufruit.

D'après la même règle, lorsque l'usufruit finit, tous les fruits naturels et industriels alors pendans par branches ou par racines, appartiennent au propriétaire, sans récompense de part ni d'autre des labours et des semences; tandis que les fruits civils sont dus jour par jour à l'usufruitier ou à ses héritiers, pour tout le temps qu'a duré l'usufruit. Cela s'applique aux prix des baux à ferme, comme aux loyers des maisons et autres fruits civils (1).

Le droit romain voulait, à la vérité, que tous les fruits pendans lors de la cessation de l'usufruit appartinsent au propriétaire; mais il accordait à l'usufruitier ou à ses héritiers la répétition des frais de semence et de culture. Le Code civil exclut cette répétition. Mais d'un autre côté, il accorde à l'usufruitier tous les fruits non récoltés à l'époque de l'ouverture de l'usufruit, sans qu'il doive concourir aux

____

(1) Code civil, tit. de l'usufruit, art. 585.

frais des travaux; d'après cela, il faut, pour que la chance soit égale, que les fruits non recueillis lorsque l'usufruit s'éteint, appartiennent au propriétaire affranchis de la même charge.

La loi romaine disposait à l'égard du prix du bail comme pour les fruits qu'il représente; et de même que ceux-ci appartenaient à l'usufruitier s'ils avaient été perçus pendant la durée de l'usufruit, de même aussi le prix du bail lui était acquis, quoique l'usufruit eût cessé dans l'intervalle de la perception, et de l'échéance des termes de paiement. Le Code civil en décide autrement. On a pensé que l'usufruitier ayant converti son droit de percevoir les fruits en une rente, il fallait que cette rente subît le sort des loyers de maison et des autres fruits civils qui s'acquièrent jour par jour, et appartiennent à l'usufruitier à proportion de la durée de l'usufruit (1).

L'usufruitier d'une rente viagère a droit d'en percevoir les arrérages échus pendant la durée de son usufruit, sans être tenu à aucune restitution (2).

L'usufruitier est en outre autorisé à retirer tous les émolumens que la chose sujette à l'usufruit avait accoutumé de produire au propriétaire.

____

(1) Code civil, de l'usufruit; art. 586 et suiv. *Leg.* 58. *ff. de usufruct.*

(2) *Ibid.* art. 588.

S'il est question de maisons et de fonds de terre, l'usufruitier jouit des droits de servitude et de passage établis en leur faveur comme le propriétaire lui-même,

L'usufruitier jouit encore de l'augmentation survenue par alluvion à l'héritage; il doit en effet pouvoir gagner par la même cause qui peut le faire perdre (1).

L'usufruitier doit non-seulement jouir en bon père de famille; il faut encore qu'il suive dans sa jouissance la destination de père de famille. Celui qui a constitué l'usufruit est censé, à moins de stipulation contraire, avoir voulu que l'usufruitier jouisse comme lui et ses auteurs ont joui.

Ainsi l'usufruitier, dans la coupe des bois taillis, observera l'ordre et la quotité établis par l'aménagement et l'usage constant des propriétaires; ni lui ni ses héritiers n'auront cependant aucune indemnité à prétendre pour les coupes qu'ils n'auront pas faites (2).

L'usufruitier se conformera encore à l'usage quant aux parties des bois de haute futaie mises en coupes réglées.

Il se conformera aux usages des lieux pour le remplacement des arbres d'une pépinière.

----

(1) Code civil, tit. de l'usufruit, art. 596.
(2) *Ibid.* art. 590 et suiv.

Il ne touchera point aux arbres épars de haute futaie, sauf le droit de se servir de ceux qui auraient été arrachés ou brisés par accident, pour les réparations dont il est tenu, et pour l'avantage même de la propriété.

Il prendra dans les bois, si tel est l'usage, des échalas pour les vignes.

Les arbres fruitiers, et tous ceux qui sont utiles par leurs branches ou leur écorce, peuvent lui fournir encore des produits annuels ou périodiques (1).

A l'égard des carrières, la loi romaine accordait à l'usufruitier le droit d'en ouvrir, pourvu que ce ne fût pas dans une partie du terrain qui fût utile, et pourvu d'ailleurs que la culture n'en souffrît pas. D'après le Code, si les mines ou carrières sont ouvertes, ou l'exploitation des tourbières commencée au moment de l'ouverture de l'usufruit, l'usufruitier continuera d'en jouir; mais il n'est point autorisé à en ouvrir quand le propriétaire ne l'a pas fait, parce qu'il ne doit jouir que comme le propriétaire jouissait, et sans pouvoir dénaturer la susbtance de l'héritage soumis à l'usufruit (2).

Les choses dont on vient de parler sont sus-

______

(1) Code civil, tit. de l'usufr. *Leg.* 10. 12. 19. *ff. de usufruct.*

(2) *Ibid.* art. 598.

ceptibles d'un produit quelconque; elles ne se détruisent pas par l'usage que l'on en fait. Il y en a d'autres dont la substance est changée par l'usage, comme le blé, le vin, l'huile, etc. Elles seraient inutiles à ceux qui les posséderaient, s'ils ne pouvaient les consumer. Si elles ne sont pas susceptibles de produit, elles le sont d'une jouissance, et cela a suffi pour y faire admettre une espèce d'usufruit. Celui a qui il est accordé, peut les vendre ou s'en servir à tel usage que bon lui semble, à la charge d'en rendre une quantité pareille ou la valeur estimative, après que l'usufruit sera fini (1).

Si l'usufruit était établi sur des animaux, il faudrait distinguer s'il l'est sur un animal seul, ou s'il l'est sur plusieurs, sur un troupeau, par exemple; dans le premier cas, l'animal venant à périr sans la faute de l'usufruitier, il n'est pas tenu d'en rendre un autre, ou d'en payer l'estimation.

Dans le second, si le troupeau périt en entier par accident, ou par maladie sans la faute de l'usufruitier, celui-ci ne doit compte au propriétaire que des cuirs ou de leur valeur.

Mais si le troupeau ne périt pas entièrement, l'usufruitier doit remplacer, jusques à concur-

---

(1) *Ibid.* art. 589. *Leg.* 1. 3. *ff. de usufruct. Leg.* 15. §. 4. 5. *eod.*

rence du croît, les têtes d'animaux qui ont péri (1).

L'usufruitier peut jouir par lui-même ou céder et transmettre son droit à titre gratuit ou onéreux. On exige seulement, s'il passe des baux à ferme, qu'il se conforme aux règles établies pour le mari jouissant des biens de sa femme, afin que, par des baux passés à trop long terme, il n'annulle ou n'atténue pas les droits du propriétaire (2).

L'usufruitier ou ses héritiers ne peuvent, à la cessation de l'usufruit, réclamer aucune indemnité pour les améliorations qu'ils prétendraient avoir été faites, encore que la valeur de la chose fût augmentée.

Il leur est cependant permis d'enlever les glaces, tableaux et autres ornemens qu'on peut ôter sans dégradation, à la charge de rétablir les choses dans leur premier état (3).

---

(1) Code civil, de l'usufruit, art. 615. 616. *Leg.* 12. §. 3. 4. *ff. de usufruct.*

(2) Code civil, de l'usufruit, art. 595.

(3) Code civil, de l'usufruit, art. 599. *Leg.* 15. *ff. de usufruct.*

CHAPITRE IX.

Continuation du méme sujet. — Des obliga-
tions de l'usufruitier.

L'usufruitier prend les choses en l'état où elles se trouvent; mais avant d'entrer en jouissance, il doit faire dresser un inventaire des meubles et effets, parce que, devant rendre les choses dans l'état où il les trouve, il lui importe, ainsi qu'au propriétaire, que cet état soit constaté (1).

Pour que le propriétaire ait une garantie que l'usufruitier n'excédera pas les limites qui lui sont prescrites, on oblige ce dernier à donner caution qu'il jouira en bon père de famille (2).

Il y a cependant plusieurs exceptions à cette règle : la première, quand celui qui a constitué l'usufruit, en a dispensé l'usufruitier; la seconde, lorsqu'une chose a été vendue ou donnée sous réserve d'usufruit; c'est alors une convention dont on ne saurait aggraver les conditions. La troisième enfin, quand il s'agit de l'usufruit légal accordé aux pères et mères sur les biens de leurs enfans.

Le Code prévoit cependant le cas où l'usu-

----

(1) Cod. civ. de l'usufruit, art. 601.
(2) *Ibid.* art. 601. *Leg.* 1. *ff. usufruct. quemad. cav.*

fruitier, tenu de donner caution, ne trouverait personne qui voulût lui en servir; pour ménager également, dans cette hypothèse, les intérêts du propriétaire et de l'usufruitier, il veut que les immeubles soient donnés à ferme, ou mis en séquestre; que les sommes en argent soient placées; que les denrées ou meubles soient vendus, et que le prix des baux à ferme ou les intérêts appartiennent à l'usufruitier; il y a même des cas où on lui laisse, sous sa simple caution juratoire, une partie des meubles nécessaires pour son usage (1).

L'usufruitier est tenu des réparations d'entretien. Les héritages sont en effet susceptibles de trois sortes de réparations: les menues ou locatives, qui sont à la charge du locataire ou du fermier; celles d'entretien ou les viagères, qui sont supportées par l'usufruitier; et les grosses réparations, qui sont à la charge du propriétaire. Le Code indique ici ce qu'on doit entendre par grosses réparations. Ce sont celles des gros murs et des voûtes; le rétablissement des poutres et des couvertures entières.

Il met encore dans cette classe le rétablissement des digues et des murs de clôture aussi en entier.

Toutes les autres réparations sont d'entretien (2).

---

(1) Code civil, art. 603.
(2) Code civil, tit. de l'usufruit, art 605. 606. *Leg.* 15. §. 1. *ff. de usufruct.*

L'usufruitier doit aussi contribuer aux charges imposées sur la chose dont il jouit.

On distingue à cet égard les charges ordinaires et annuelles, telles que les contributions,
les rentes dues par le fonds soumis à l'usufruit.
L'usufruitier seul en est tenu, comme charges
de sa jouissance; si ce sont des charges acci-
dentelles et extraordinaires, le propriétaire
est tenu d'en faire les avances, et l'usufruitier
lui tient compte de l'intérêt (1).

L'usufruitier est tenu des frais des procès
qui concernent la jouissance, et des condam-
nations qui y sont relatives (2).

Il est obligé de dénoncer au propriétaire
toutes les usurpations commises sur le fonds,
ou les entreprises sur la propriété; faute de
quoi, il en est responsable (3).

Après avoir déterminé les obligations de l'u-
sufruitier, soit lorsqu'il entre en jouissance,
soit pendant la durée de l'usufruit, il n'est
plus question que de savoir si l'usufruitier est
tenu de contribuer aux dettes dont le fonds
soumis à l'usufruit est grevé.

Le Code rappelle ici la distinction qu'il a
établie au titre des successions, entre les diverses espèces d'héritiers ou de légataires, qui sont

---

(1) Code civil, art. 608 et suiv. *Leg.* 27. 28. *ff. de
usufruct.*
(2) *Ibid.* art. 613.
(3) *Ibid.* art. 614.

ou universels, ou à titre universel ou à titre particulier (1).

L'usufruitier à titre particulier n'est tenu d'aucune des dettes de la propriété, sauf néanmoins les droits du créancier hypothécaire, et le recours de l'usufruitier en cas de paiement contre le propriétaire.

Il n'y a que l'usufruitier universel et l'usufruitier à titre universel qui contribuent aux dettes : l'un pour la totalité, l'autre dans la proportion de sa jouissance, et sans contribution de la part du propriétaire, s'il s'agit de dettes viagères ou pensions qui soient par leur nature des charges des fruits. Mais si les dettes affectent la propriété, le propriétaire y contribue pour la somme principale, et l'usufruitier pour les intérêts. Ainsi, si l'usufruitier veut avancer la somme due, le capital lui en sera restitué à la fin de l'usufruit ; si c'est le propriétaire, les intérêts lui en seront dus par l'usufruitier pendant la durée de l'usufruit, ou bien enfin l'on vendra jusqu'à due concurrence une portion des biens soumis à l'usufruit (2).

Nous venons de parcourir les droits et les obligations de l'usufruitier. Nous allons examiner comment l'usufruit finit.

____

(1) Ci-dessus, liv. 18, chap. 1.

(2) Code civil, tit. de l'usufruit, art. 612. *Leg.* 3. §. *ult. ff. quib. mod. usufruct. amit.*

Tome IV.   M

CHAPITRE X.

Comment l'usufruit prend fin.

L'usufruit s'éteint ou cesse par différentes causes.

Il s'éteint, 1°. par la mort naturelle ou civile de l'usufruitier : c'est un droit personnel que la mort anéantit ;

2°. Par l'expiration du tems pour lequel il a été accordé : ainsi l'exige l'autorité de la loi, ou la volonté des parties ;

Par la réunion de l'usufruit à la propriété, dans la même personne qu'on appelle en droit *consolidation* (1);

4.° Par le non usage du droit pendant trente ans : c'est une suite de la loi de la prescription introduite pour le repos de la société;

5°. Par la perte totale de la chose sur laquelle l'usufruit est établi : on ne peut pas conserver de droit sur une chose qui n'existe plus (2).

L'usufruitier a la faculté de renoncer à l'usufruit dont il jouit; mais les créanciers peuvent faire annuller cette renonciation, quand elle est faite à leur préjudice (3).

---

(1) *Leg.* 34. §. 2. *ff. de usuf. et Leg.* 1. 17. *ff. quib. mod. usufr. amitt.*

(2) Code civil, tit. de l'usufruit, art. 617.

(3) *Ibid.* art. 622.

L'usufruit peut cesser sur la demande du propriétaire par l'abus que l'usufruitier fait de sa jouissance, soit en commettant des dégradations sur le fonds, soit en le laissant dépérir faute d'entretien. Il est juste d'ôter la jouissance d'une chose à celui qui en abuse. S'il en était autrement, il aurait le pouvoir d'anéantir la propriété. Dans ce cas les juges statueront suivant la gravité des circonstances : ou ils prononceront l'extinction absolue de l'usufruit, ou ils accorderont une somme annuelle à l'usufruitier. On s'occupe encore ici des créanciers; ils peuvent faire conserver l'usufruit à leur débiteur en offrant la réparation des dégradations commises et des garanties pour l'avenir (1).

L'usufruit qui n'est pas accordé à des particuliers, mais à des communes ou à des établissemens publics qui ne meurent jamais, ne peut durer que trente ans. La loi romaine et les usages anciens qui s'y étaient conformés donnaient à cet usufruit une bien plus longue durée (2).

Celui qui est accordé à quelqu'un, jusques à ce qu'une personne désignée ait atteint un certain âge, dure jusques à cette époque, bien que le tiers soit mort avant l'âge fixé (3).

Enfin le Code décide que la vente de la chose

______

(1) Code civil, tit. de l'usufruit, art. 618.
(2) *Ibid.* art. 619.
(3) *Ibid.* art. 620.

M 2

sujette à l'usufruit ne fait aucun changement dans le droit de l'usufruitier : sa renonciation à l'usufruit ne peut s'induire d'aucune circonstance ; il faut qu'elle soit expresse (1).

Quant à l'extinction de l'usufruit qui s'opère par la perte de la chose qui y est soumise, si une partie seulement est détruite, l'usufruit se conserve sur ce qui reste.

Mais si c'était un bâtiment qui fût détruit par un incendie ou par tout autre accident ou qui s'écroulât de vétusté, l'usufruitier ne pourrait jouir ni du sol ni des matériaux.

Il en serait autrement si ce bâtiment faisait partie d'un domaine sur lequel l'usufruit serait établi.

CHAPITRE XI.

De l'usage et de l'habitation.

Il y a cette différence entre l'usufruit et l'usage, que l'usufruit, ainsi que nous l'avons dit, est le droit de jouir de tous les fruits que produit la chose qui en est l'objet ; tandis que l'usage ne donne de droit que sur la portion de ces fruits nécessaire aux besoins de l'usager.

Ces besoins se règlent d'ailleurs sur sa fortune

______

(1) Code civil, tit. de l'usufruit, art. 621.

et sur ses habitudes; et comme il est impossible de séparer des besoins d'un individu, de ceux de sa femme et de ses enfans, il est autorisé à prendre tout ce qui est nécessaire à la subsistance de sa famille, lors même qu'il n'aurait été ni époux, ni père, à l'époque où le droit a été établi en sa faveur (1).

L'habitation n'est autre chose que l'usage d'une maison. Les règles relatives à l'usage sont donc applicables à l'habitation.

Il y a des règles communes à l'usufruit et à l'usage; il en est aussi qui sont particulières au droit d'usage.

Ces droits s'établissent ou se perdent de la même manière, mais dans chacun d'eux on trouve l'obligation de donner préalablement caution et de faire des états et inventaires, celle de jouir en bon père de famille (2).

Mais deux dispositions sont particulières à l'usage et à l'habitation.

L'une ne permet de céder ni de louer son droit à un autre. En effet, l'étendue ou les bornes de ce droit se réglant sur les besoins et les convenances personnelles de l'usager, il n'y aurait plus de règle certaine, si on pouvait substituer un individu à un autre (3).

____

(1) Code civil, tit. de l'usufruit, art. 625 et suiv. *Titul. ff. et instit. de usuf. et habit.*

(2) *Ibid.* art. 626.

(3) *Ibid.* art. 634.

M 3

La seconde disposition est relative aux charges de la chose soumise à l'usage. Si les besoins de l'usager absorbent tous les fruits, ou s'il occupe la totalité de la maison, il est assujetti aux mêmes charges que l'usufruitier. S'il ne prend qu'une partie de la maison, il contribue dans la proportion de sa jouissance (1).

Ce sont là les règles de l'usage et de l'habitation, s'il n'y a été dérogé par des stipulations contraires.

---

(1) Code civil, tit. de l'usufruit, art. 635.

LIVRE XXV.

DES QUASI-CONTRATS OU DES ENGAGE-
MENS QUI RÉSULTENT D'UN CONSENTE-
MENT PRÉSUMÉ.

CHAPITRE PREMIER.

*Des présomptions et de l'usage qu'on en fait
dans les matières civiles*

LES hommes ne mettent pas toujours leurs
conventions par écrit; car tous ne savent pas
écrire, ou n'en ont pas toujours les moyens.
Dans les rédactions les plus soignées, il se glisse
souvent des doutes et des obscurités. D'autres
fois on agit plutôt qu'on ne parle, et de ces actions naissent quelquefois des obligations. Pour
connaître l'étendue de ces obligations ou pour
éclaircir celles qui sont obscures, on est réduit
aux présomptions, qui sont des conséquences
qu'on tire ou des jugemens qu'on forme d'a-
près un fait certain, sur un autre fait qui ne l'est
point, et dont on cherche la vérité.

Les présomptions sont de deux espèces. Les
premières sont celles qui sont une conséquence

nécessaire d'un fait certain ; et quand elles sont
si fortes, qu'on peut en conclure la vérité du
fait qu'on veut prouver, on peut y donner le
nom de preuves. Mais cette espèce de présomption se rencontre rarement ; le plus grand nombre est de celles qui ne forment que des conjectures sans certitude ; soit qu'on ne les tire
que d'un fondement incertain, ou que la conséquence qu'on tire d'un fait certain ne soit
pas bien sûre. Telle est la condition des hommes. Malgré leur orgueil, ils marchent presque
toujours dans l'obscurité : les ténèbres les en-
veloppent de toutes parts. A peine quelques
faibles lueurs viennent par intervalle leur faire
entrevoir la route qu'ils doivent suivre (1).

Cependant, comme il faut que les affaires
marchent, et que l'incertitude et le doute aient
un terme, les lois ont été forcées d'ériger de
simples présomptions en preuves ; et c'est de-
là qu'est née cette distinction si connue, des
présomptions légales, que les Jurisconsultes
appellent *juris et jure*, et des présomptions
simplement de droit.

Les premières sont fondées sur des faits que
la loi suppose vrais, et au sujet desquels elle
statue d'après cette supposition. Elle ne permet
pas même qu'on la révoque en doute en offrant
d'en prouver la fausseté. Ainsi, par exemple,
la loi suppose qu'un jugement rendu par des

---

(1) *Tit. ff. de probat. et præsumpt.*

tribunaux, contre lequel il n'y a plus de recours, est juste et équitable; et quoique cette
supposition puisse être quelquefois dénuée de
fondement, le bien de la société n'exige pas
moins qu'on la soutienne comme vraie.

Voici un autre exemple de ce genre de
présomption. Le Code civil déclare certaines
personnes incapables de legs ou de donation;
et il suppose ensuite que si au lieu de donner à l'incapable, on donnait à ses père et
mère ou à ses enfans ou à son conjoint, ce ne
serait que dans le dessein d'éluder la loi et de
lui faire passer la libéralité par une personne
interposée. Il déclare également nulles les donations faites à ces personnes (1).

Cependant il serait possible que telle n'eût
pas été l'intention du donateur. La présomption de la loi doit, malgré cela, l'emporter sur
la vérité, et en prendre la place. Nulle preuve
contraire ne peut lui être opposée (2).

Cela n'a pourtant lieu qu'en matière civile;
car en matière criminelle où il s'agit d'intérêts
plus précieux, jamais la présomption ne peut
tenir lieu de preuve. On trouve à la vérité dans
l'ancienne jurisprudence criminelle, un cas où
une simple présomption était érigée en preuve;
c'est dans cet édit de Henri II, qui prononçait la
peine de mort contre une fille enceinte qui,

---

(1) Code civil, art. 911. 1099.
(2) *Ibid.* art. 1352.

n'ayant point déclaré sa grossesse, accouchait d'un enfant mort, d'après la présomption qu'elle l'avait tué elle-même. Mais cette loi, de l'aveu de tout le monde, était une loi atroce.

Les simples présomptions de droit n'ont ni la même force, ni la même autorité que les présomptions légales. Ce ne sont que des indices, des conjectures plus ou moins probables, auxquelles la loi s'arrête, jusques à ce que le contraire soit prouvé. C'est à la prudence des juges à les apprécier (1).

Toute la force de ces présomptions vient de ce qu'il y a de certains faits qui sont toujours réputés vrais, jusqu'à ce que le contraire ait été prouvé, comme il y en a d'autres qui sont toujours réputés faux, si on ne les prouve. Tout ce qui arrive naturellement et communément, est tenu pour vrai; comme, au contraire, ce qui n'est ni ordinaire ni naturel, ne passera pas pour vrai, s'il n'est pas prouvé. Les présomptions que les lois ont érigées en preuves, dérivent ou d'une de ces règles générales, dont nous venons de parler, ou bien d'un fait qui s'est passé entre certaines personnes. Dans ce dernier cas, les obligations qui résultent de ce fait forment ce qu'on appelle un *quasi-contrat*. Voici des exemples des unes et des autres.

____

(1) Code civil, art. 1353.

Les lois reconnaissent pour le vrai père d'un enfant, celui que le mariage désigne, jusqu'à ce que l'on ait apporté la preuve du contraire (1).

Celui qui prétend avoir fait à un autre le paiement d'une somme qu'il ne devait pas, est obligé de prouver qu'il ne la devait pas réellement. Car on ne présume pas que quelqu'un paie ce qu'il ne doit pas. Si l'héritier d'une personne qui, ayant plusieurs affaires à régler avec une autre, avait à diverses reprises arrêté des comptes avec elle, demande une somme prétendue fournie avant ces comptes, il ne sera point écouté. On présume que cette somme, ou doit avoir été passée dans ses comptes, ou doit avoir été acquittée par le débiteur, ou remise par le créancier (2).

Celui qui rend à son débiteur le billet qu'il avait à lui, est censé lui avoir remis la dette ou en avoir reçu le paiement (3).

Il n'est pas ordinaire de faire cette remise en d'autres circonstances. Cependant il est possible qu'on l'ait faite de bonne-foi et sans avoir été payé, dans l'espérance seule de l'être par la suite.

Toute la doctrine concernant les absens dont on a parlé ci-dessus, n'est fondée que sur des présomptions.

---

(1) Code civil, art. 312. Ci-dessus, liv. **VI**, ch. **I**.
(2) *Leg.* 26. *ff. de probat. et præsumpt.*
(3) *Leg.* 2. *Cod. de pact.* Cod. civ. art. 1282.

Nous verrons encore plus bas que la quittante du capital d'une rente donnée sans réserve des intérêts, en fait présumer le paiement (1).

CHAPITRE II.

Des engagemens qui se forment sans convention expresse.

Nous avons vu dans le chapitre précédent quelques-unes des règles que la loi a établies d'après de simples conjectures. Voyons à présent les cas où, d'une certaine action, il naît une obligation de la part de celui qui l'a faite (2).

Il y a dans ces cas quelque chose de plus qu'une simple conjecture et une présomption même légale; il existe déjà un consentement exprès sur un fait principal, dont l'engagement présumé n'est qu'une conséquence. On en conclut avec fondement que celui qui veut une chose a voulu aussi ce qu'il a dû savoir en être une suite inévitable. Celui qui se charge d'une tutelle, contracte des obligations très-importantes envers le pupille ou le mineur, bien qu'il n'y ait aucune convention expresse entr'eux. Ces obligations dérivent du seul fait

____

(1) Code civil, art. 1908.
(2) *Instit. de tit. de obligat. quæ ex quas. contract.*

de l'acceptation de la tutelle. Il en est de même pour la curatelle et les autres administrations de ce genre.

C'est une présomption légale que celui qui se charge d'un emploi, s'engage à le remplir avec l'exactitude et la bonne foi qu'il exige.

Si, par sa faute, il en arrive du dommage à quelqu'un, il est obligé à l'indemniser.

D'autres fois, du principe qu'une personne est censée approuver ce qui lui est avantageux, on conclut que celui dont on a administré les affaires à son insu, et dans des circonstances où il ne pouvait les administrer lui-même, est obligé envers la personne qui a pris ce soin, à tout ce dont il serait tenu envers celle à qui il l'aurait expressément confié, comme de l'indemniser des pertes et des dépenses extraordinaires qu'elle aurait faites pour cela (1).

L'acceptation ou l'addition d'une hérédité, investit d'un côté par le seul fait l'héritier de tous les droits réels et personnels d'un défunt, et de l'autre, le soumet à toutes les obligations dont le défunt était chargé.

Les jugemens rendus contre nous forment une autre espèce de quasi-contrat, en vertu duquel nous sommes obligés de les exécuter, quand même nous ne devrions pas la somme au paiement de laquelle ils nous condamnent.

----

(1) Code civil, art. 1372 et suiv. Ci-dessus, liv. XX, chap. XI.

On peut encore mettre au rang des quasi-contrats les engagemens qui se forment entre un hôtelier et un voyageur, par lequel le premier s'oblige envers l'autre de le loger et de garder ses hardes, chevaux et autres équipages, et le voyageur de sa part s'oblige de payer sa dépense. Ce quasi contrat, qui tient tout-à-la-fois de la nature du dépôt et du louage, se fait d'ordinaire sans convention expresse, par la seule entrée du voyageur dans l'hôtellerie, et par le dépôt des hardes et autres choses mises entre les mains de l'hôtelier, ou de ceux qu'il charge du soin de son hôtellerie.

On peut mettre encore au rang des obligations qui résultent d'un consentement présumé, celles par lesquelles nous sommes tenus de réparer le dommage que nous avons causé par notre faute et sans dessein de nuire.

Parmi les obligations qui se contractent sans convention expresse, on doit ranger principalement celle où l'on est de restituer ce qui a été payé induement et par erreur de fait. L'action qui en résulte s'appelle *condiction* dans le droit romain (1).

Elle a été introduite par un effet de l'équité naturelle, qui ne permet pas que celui qui a reçu une chose qui ne lui était pas due, en conserve la jouissance.

____

(1) *Tit. ff. de condict. indebit. Instit. de oblig. quæ ex quas. contr.* §. 1. Code civil, art. 1376. 1235.

Le paiement de ce que l'on ne doit pas forme une espèce de prêt, et l'on répète ce que l'on a ainsi donné, comme si l'on n'avait fait que le prêter (1).

Celui qui a reçu ce qui ne lui était pas dû, doit restituer la chose qu'il a reçue avec tous ses accessoires. Si c'est une somme d'argent, il en doit les intérêts, sur-tout s'il y avait mauvaise foi de sa part (2).

La répétition de la chose induement payée n'a lieu cependant que lorsqu'il y a erreur de fait, c'est-à-dire, qu'on a payé en se croyant mal-à-propos débiteur. Mais elle cesse lorsqu'il y a une simple erreur de droit et quand on a payé, en ignorant qu'on avait une exception légale pour se dispenser du paiement (3). Personne n'est excusable d'ignorer les lois sous lesquelles il vit (4).

Cela a lieu surtout dans les obligations purement naturelles, qui ne donnent pas d'action civile pour exiger ce qui est dû de cette manière. L'obligation naturelle, qui ne vaut rien pour l'action, c'est-à-dire, qui n'autorise pas à poursuivre ce qui est dû, est utile pour l'exception, c'est-à-dire, pour refuser de rendre ce qu'on a reçu (5).

---

(1) *Leg.* 66. *ff. de condict. indeb.*
(2) Code civil, art. 1378.
(3) *Leg.* 9. 13. 60. *ff. de condict. indeb. Leg.* 6. 7. 10. *Cod. eod. Leg.* 9. *ff. de jur. et fact. ignor.*
(4) *Leg.* 12. *Cod. de jur. et fact. ignor.*
(5) Cod. civ. art. 1235.

Ce que nous avons dit du défaut de répétition dans le cas où il y a obligation naturelle, s'applique même à celui où la cause de cette obligation a quelque chose d'illicite et de honteux, comme dans celles qui dérivent du jeu. Nous avons vu en effet plus haut, que les promesses pour argent perdu au jeu n'engageaient point, mais qu'on ne pouvait répéter ce qu'on avait payé (1).

Ainsi une femme qui se serait obligée sans le consentement de son mari, peut faire valoir la nullité de son obligation pour se dispenser de payer ; mais si elle paie, elle ne peut plus redemander la somme qu'elle a comptée.

Il en est de même de celui qui a payé une dette prescrite. Il aurait pu alléguer la prescription pour se dispenser de payer ; mais le paiement fait, il ne peut le répéter.

La répétition a lieu cependant quelquefois dans le cas inverse, quand il y a obligation civile et qu'il n'y a pas obligation naturelle ; comme si l'on a acquitté une obligation contractée par dol, fraude ou violence (2).

On peut répéter ce qu'on a payé par erreur avant l'existence de la condition, mais non ce qu'on a payé avant l'échéance du terme (3).

____

(1) *Tit. ff. de condict. ob turp. caus.*
(2) *Leg.* 66. *ff. de condict. indeb.*
(3) *Leg.* 16. 17. 18. *ff. ibid. Leg.* 16. *ff. de verb. signif.*

CHAPITRE

CHAPITRE III.

Des engagemens qui naissent d'un quasi-délit.

On entend par *quasi-délit*, toute action qui porte préjudice à autrui, lorsqu'elle a été faite par imprudence et non dans le dessein de nuire; car c'est l'intention de nuire, qui caractérise le délit proprement dit (1).

Quand on vit en société, on est censé s'être soumis à respecter les droits d'autrui, comme il est obligé de respecter les nôtres. Par une suite de cette obligation présumée, toutes les fois que par notre faute ou par notre imprudence, nous causons du dommage à quelqu'un, nous sommes tenus de le réparer, quand même il n'y aurait aucune malice de notre part.

Ainsi, si on laisse tomber de sa fenêtre quelque chose qui blesse un passant ou qui lui cause du dommage, on est tenu de l'indemniser du mal qu'on lui a fait et des pertes qu'on lui a occasionnées (2).

On est responsable, non-seulement du dommage que l'on a causé par son propre fait,

____

(1) *Tit. instit. de obligat. quæ ex quas. delict. nascunt.* Code civil, art. 1382 et suiv.

(2) *Instit. de oblig. quæ ex quas. delict. §. 1.*

mais encore de celui qui a été causé par le fait des personnes dont on doit répondre, ou des choses que l'on a sous sa garde.

Le père et la mère, après le décès du mari, sont responsables du dommage causé par leurs enfans mineurs habitant avec eux ;

Les maîtres et les commettans, du dommage causé par leurs domestiques et préposés dans les fonctions auxquelles ils les ont employés ;

Les instituteurs et les artisans, du dommage causé par leurs élèves et apprentis pendant le tems qu'ils sont sous leur surveillance.

Cette responsabilité a lieu, à moins que les pères et mères, instituteurs et artisans ne prouvent qu'ils n'ont pu empêcher le fait qui y donne occasion.

Le propriétaire d'un animal, ou celui qui s'en sert, pendant qu'il est à son usage, est responsable du dommage que l'animal a causé, soit que l'animal fût sous sa garde, ou qu'il fût égaré ou échappé (1).

Le propriétaire d'un bâtiment est responsable du dommage causé par sa ruine, lorsqu'elle est arrivée par suite du défaut d'entretien ou par le vice de sa construction (2).

___

(1) Code civil, art. 1384.
(2) *Ibid.* art. 1385. *Instit. de obligat. quæ ex quas. delict.*

CHAPITRE IV.

De la prescription.

La matière des prescriptions est une de celles où l'on remarque sur-tout les effets du consentement présumé, qui est la base des contrats dont nous traitons en ce moment.

Nous avons déjà parlé plusieurs fois de la différence qu'il y a dans le droit entre la simple possession et la propriété. L'une, avons-nous dit, est une simple détention que la loi n'avoue point, et l'autre, la possession que la loi protège (1).

La possession, quelle qu'elle soit, qui a été la manière primitive d'acquérir la propriété, et sans laquelle la propriété ne serait qu'un vain nom, conserve encore le même pouvoir lorsqu'elle est ouverte et paisible, et qu'elle se prolonge pendant un certain espace de tems. Toute sorte de choses et de droits s'acquièrent et se perdent par l'effet du tems, qui a le pouvoir d'ajouter la propriété à la longue possession, et de dépouiller l'ancien propriétaire. Il n'y a d'excepté de l'empire de la prescription, que ce que les lois y ont nommément soustrait.

Une des qualités remarquables de la pres-

____

(1) Ci-dessus, liv. III. chap. XIII.

cription , c'est de produire deux effets opposés, de servir tout à la fois à investir et à dépouiller.

La prescription est fondée sur cette présomption, que celui qu'on laisse jouir tran-
quillement doit avoir quelque espèce de titre;
que celui qui cesse d'exercer un droit en a été
dépouillé ou a voulu s'en dépouiller lui-même
pour une juste cause.

Aussi, de toutes les règles de la prescription, il n'y a guère que celles qui fixent l'espace de tems par lequel elle est acquise, qui
ait quelque chose d'arbitraire ; encore ce
tems doit-il être déterminé par les circonstances et la plus ou moins grande facilité
que l'on a eu de faire valoir ses justes réclamations.

Quoique l'effet de la prescription soit d'enrichir l'un aux dépens d'un autre, c'est un motif de bien public qui l'a fait introduire, afin
que la propriété des biens ne fût pas long-tems
et presque toujours en suspens; que les possesseurs fussent en sûreté et à couvert des inquié-
tudes et des craintes des procès (1).

On distinguait dans l'ancien droit romain
l'*usucapion* de la prescription.

On entendait par l'usucapion, l'acquisition que
l'on faisait d'une chose, par la possession que
l'on en avait eue; et la prescription était l'ex-

______

(1) *Leg.* 18. *et seq. ff. ex quib. caus. maj.*

ception que l'on opposait au maître de la chose que l'on avait acquise de cette manière, s'il la revendiquait.

Mais Justinien ôta la différence qu'il y avait entre l'usucapion et la prescription, et n'en fit qu'une seule et même chose (1). On les a confondues depuis lors dans la jurisprudence (2).

Tout est soumis à l'empire de la prescription; il n'y a d'excepté que ce qui n'est point dans le commerce des hommes, et dont nous avons parlé ailleurs (3).

Tout ce qui tient aux fonctions publiques, les impôts, les tributs, au moins quant au fond, ne sont pas soumis à la prescription (4).

On ne peut renoncer d'avance aux droits qui pourraient résulter de la prescription; mais il est libre de ne pas user de celle qu'on a acquise. Les juges ne peuvent suppléer au silence de celui qui, pouvant alléguer la prescription, ne le fait point (5).

La renonciation à la prescription est expresse ou tacite. Celle-ci se présume d'un fait qui suppose l'abandon du droit acquis (6).

---

(1) *Lég. unic. cod. de usucap. transferend.* Code civil, art. 2219.

(2) *Leg. 9. 45. ff. de usurp. et usucap.* Ci-dessus, liv. I. chap. XIII.

(3) *Leg. 4. §. 6. 12. Leg. 33. §. 2. ff. de usurp. et usucap. Leg. 8. 4. ff. de furt.* Code civil, art. 2226.

(4) *Leg. 6. Cod. de præscript.* 30 *vel* 40 *ann.*

(5) Code civil, art. 2220, 2223.

(6) *Ibid.* art. 2221.

Quand il n'y a pas de renonciation expresse ou tacite, on peut l'alléguer en tout état de cause et jusques à ce qu'il y ait un jugement définitif (1).

Tous ceux qui peuvent acquérir peuvent aussi prescrire; mais la renonciation à la prescription étant une véritable aliénation, il n'y a que ceux qui ont la capacité nécessaire pour aliéner, qui puissent renoncer aux droits qui leur sont acquis par la prescription (2).

Un débiteur ne peut pas faire une telle renonciation au préjudice de ses créanciers; et ceux-ci ont droit de l'opposer en cas de silence de sa part à ce sujet (3).

Il y a même plus, c'est que lorsque le débiteur reconnaît une dette prescrite, le titre du créancier ne date que de cette nouvelle reconnaissance.

La prescription une fois acquise a un effet rétroactif; elle confirme tous les actes qui ont été faits pendant le tems qui a couru pour la former.

---

(1) Code civil , art. 2224.
(2) *Ibid.* art. 2222.
(3) *Ibid.* art. 2225.

CHAPITRE V.

Des diverses espèces de prescriptions.

Pour bien discerner les effets de la prescription et connaître ce qui est nécessaire pour l'opérer, il faut en rappeler auparavant les diverses espèces.

La loi romaine distinguait trois espèces principales de prescriptions; la prescription ordinaire, la prescription par le long tems (1), et la prescription par le très-long tems (2).

La prescription ordinaire était dans le principe d'un an pour les meubles et de deux ans pour les immeubles. Elle ne s'appliquait qu'aux biens situés en Italie; elle fut ensuite abrogée et elle ne subsista que pour les meubles, qu'elle prescrivait par le laps de trois ans (3).

La prescription du long-tems était de dix ans entre présens et de vingt ans entre absens.

En traitant ci-dessus des absens, nous avons dit qu'on appelait quelquefois de ce nom, ceux qui n'habitaient pas une même résidence.

Mais par le droit romain on n'était réputé absent sous ce rapport que quand on ne

---

(1) *Præscriptio longi temporis.*
(2) *Præscriptio longissimi temporis.*
(3) *Leg. unic. Cod. de usucap. transfer.*

N 4

résidait pas dans la même province (1); dans notre ancienne jurisprudence, on regardait comme absens ceux qui n'habitaient point dans le même bailliage ou sénéchaussée, qui répondaient à nos tribunaux actuels d'arrondissement.

D'après le Code civil, pour être censé absent, il faut que le véritable propriétaire ne réside point dans le ressort du tribunal d'appel, dans l'étendue duquel les biens sont situés (2).

Si le véritable propriétaire a changé plusieurs fois de domicile, et qu'il ait habité tantôt dans le ressort, tantôt hors du ressort ; pour completter la prescription, on ajoute à ce qui manque aux dix ans de présence, un nombre d'années d'absence double de celui qui manque pour completter les dix ans de présence (3).

On suivait à cet égard une règle semblable dans le droit romain (4).

La prescription du très-long tems était la prescription de trente ans (5). Ses effets étaient bien plus étendus que ceux de la prescription du long tems, comme nous le verrons plus

______

(1) *Leg.* 7. *Cod. quib. non objic. Leg. ultim. Cod. de præscript. long. temp.*
(2) Code civil, art. 2265.
(3) *Ibid.* art. 2266.
(4) *Authentic. quod si. Cod. de præscript. long. tempor. Novell.* 119, *cap.* 8.

bas (1). Cette prescription fut introduite par Justinien : elle était inconnue dans le droit antérieur à lui.

Il y avait en outre une prescription de quarante ans pour les choses du fisc, ou du domaine du prince, pour les biens de l'église et des communes, et pour les actions hypothécaires (2).

En certain cas il y avait la prescription immémoriale, fondée sur une possession dont on ignorait l'origine (3).

Toutes ces diverses prescriptions avaient été réduites en plusieurs coutumes, et dans des provinces mêmes, qui se régissaient par le droit romain, à une seule prescription de trente ans. Dans d'autres on observait ces différentes prescriptions de dix, vingt, trente, quarante ans ; il y en avait qui y avaient apporté quelques changemens, et qui n'avaient reçu la prescription de trente ans que pour les actions personnelles et mobiliaires, et qui avaient étendu les autres prescriptions à quarante ans.

Il n'y avait point de règle uniforme à ce sujet ; et nulle matière ne présentait une variété plus grande dans la jurisprudence.

---

(1) *Leg. unic. Cod. de usucap. transferend.*

(2) *Leg. 4. Cod. de præscript.* 30 *vel* 40 *ann. Leg. ultim. Cod. de fund patrimon. Authent. quas action. Cod. de sacro sant. eccles. Novell.* 21, *cap* 6.

(3) *Leg.* 2. §. 1. 7. *Leg.* 23. §. 2. *ff. de aquá et aquá pluv.*

Outre ces diverses sortes de prescriptions du droit romain, qui s'appliquaient aux actions en général, il y en avait encore de particulières à certaines actions, qui avaient été établies par les anciennes ordonnances et qui étaient suivies dans toute la France. Elles avaient été introduites pour les affaires du commerce journalier, dans lesquelles des prescriptions trop longues causeraient des embarras et des incertitudes pénibles, et favoriseraient même la mauvaise foi, ces affaires se traitant presque toujours sans écrit.

Il nous sera plus aisé après ces détails de faire connaître les prescriptions que le Code civil a conservées et les règles auxquelles il les a assujéties. Ces règles prises presque toutes dans le droit romain, sont les unes communes à toutes les espèces de prescriptions, les autres sont particulières à quelques-unes.

Le Code civil admet la prescription par dix ans entre présens et par vingt ans entre absens (1).

Mais pour pouvoir prescrire par cet intervalle de tems, il faut avoir possédé de bonne-foi et par titre (2).

Nous avons expliqué ailleurs ce que c'était que le possesseur de bonne-foi (3). Nous dirons

______

(1) Code civil, art. 2265.
(2) *Ibid.*
(3) Ci-dessus, liv. III. chap. XIII.

seulement ici que celui-là est réputé possesseur de bonne-foi, qui ne possède ni par force, ni clandestinement, ni précairement. Cette possession lui suffit à l'égard de celui par qui il est recherché, quand'même il posséderait injustement à l'égard d'un tiers (1). Sans ces qualités, la possession ne pourroit servir de base à la prescription. Elle est clandestine quand elle est ignorée de celui qui aurait intérêt de l'empêcher(2); elle est précaire, quand on possède à un autre titre qu'à celui de propriétaire.

Les actes de violence ne peuvent fonder non plus une possession capable d'opérer la prescription; et la possession utile ne commence que lorsque la violence a cessé (3). Il en est de même lorsque l'on a possédé par dol ou fraude. Le tems de la prescription ne court que du jour où le dol ou la fraude a été découvert (4).

La bonne-foi est toujours présumée; et c'est à celui qui allègue la mauvaise foi à en justifier. Il sufffit que la bonne-foi ait existé au moment de l'acquisition; la mauvaise foi survenant dans le cours de la possession n'interrompt pas la prescription (5). C'était là une

---

(1) *Leg.* 1. §. 5. *et ultim.* *Leg.* 2. *ff. uti possidet.* Code civ. art 2229.

(2) *Leg.* 6. *ff. de acquir. vel amit. possess.*

(3) Code civil, art. 2233.

(4) Cochin, tom. 1, pag. 400.

(5) Code civil, art. 2268. *Leg. unic. Cod. de usucap. transf. Leg.* 10. *ff. de usurp. et usucap. capit. ult. extra. de præscript.*

grande question long tems agitée parmi les Jurisconsultes ; le droit canonique que quelques-
uns suivaient exigeait une bonne-foi continue.

Ce qui constitue principalement la bonne-foi
dans le possesseur, c'est qu'il ignore que la
chose appartient à autrui, et qu'il soit fondé à
croire que celui de qui il la tient, avait le droit
de la lui transmettre (1).

Cette transmission de la part de celui qui en
était réputé le vrai propriétaire, forme le juste
titre, qui est encore nécessaire pour servir de
fondement à la prescription de dix ans entre
présens et de vingt ans entre absens (2).

Le titre nul par défaut de forme, ne peut
servir de base à la prescription de dix ou vingt
ans (3). Ainsi celui qui posséderait en vertu
d'un testament nul, ne pourrait pas prescrire.

Le titre ne doit pas être non plus feint et
simulé (4).

Le juste titre est donc celui qui est capable
de transmettre la propriété; il ne suffit pas
qu'on ait pu le présumer tel, il faut qu'il l'ait
été. L'erreur de droit ne légitime pas la possession injuste (5).

---

(1) *Leg.* 109. *ff. de verb. signif.*
(2) Code civil, art. 2265.
(3) *Ibid.* art. 2267.
(4) *Leg.* 1. *Cod. plus valet quod agit.*
(5) *Leg.* 27. *ff.* 31. *de usurpat. et usucap. et ibi Gotofr.*
Leg. 2. §. 5. *Leg.* 11. 14. *ff. pro emptor.*

Telles sont les qualités requises pour la prescription de dix ou vingt ans.

Outre cette prescription, le Code admet encore la prescription de trente ans, que les Romains appelaient du très-long tems. Elle met à couvert de toutes les actions tant réelles que personnelles ; celui qui l'allègue n'a que la possession à prouver : il n'est pas obligé d'en rapporter le titre. On ne peut lui opposer l'exception tirée de la mauvaise foi; sa propriété est parfaite et incontestable (1). Après un si long intervalle de tems on n'écoute plus les réclamations de celui qui a négligé d'exercer ses droits. Il est censé en avoir fait l'abandon.

Il n'y a pas aujourd'hui de prescription plus longue dans notre jurisprudence.

CHAPITRE VI.

Continuation du même sujet. De quelques prescriptions particulières.

Outre les prescriptions dont nous venons de parler dans le chapitre précédent, et qui sont les principales, il en est une quantité d'autres, dont il est fait mention dans divers articles du Code civil, qui fixent le tems par lequel elles sont acquises (2).

---

(1) Code civil. art. 2262. *Leg.* 3. 4. *Cod. de præscript. 30 vel 40 ann.*

(2) *Ibid.* art. 2264.

Il en est aussi dont nous avons déjà parlé; et que la nécessité du commerce journalier avait fait introduire par nos anciennes ordonnances. Elles étaient assez généralement suivies en France, à quelques variétés près. Elles ont été adoptées en entier par le Code civil, qui y a mis plus d'uniformité. En voici le détail.

Une ordonnance de Louis XII portait : » Que les drapiers, apothicaires, boulangers, » pâtissiers, serruriers, chausseliers, taver- » niers, couturiers, cordonniers, selliers, bou- » chers ou distribuant leurs marchandises en » détail, seraient tenus de demander leur » paiement dans six mois pour ce qui aurait » été livré dans les six mois précédens, » lors même que les livraisons auraient con- » tinué (1). »

Cette prescription fut établie sur les présomptions de paiement, qui résultent du besoin que les créanciers de cette classe ont d'être promptement payés, de l'habitude dans laquelle on est d'acquitter ces dettes sans un long retard, et même sans exiger de quittance, et enfin sur les exemples trop souvent répétés de débiteurs, et sur-tout de leurs héritiers contraints en pareil cas à payer plusieurs fois (2).

____

(1) Ordonn. de 1510, art. 67, 68; de 1535, chap. 8, art. 30.

(2) *Molinæus tractat. de usur. quæst.* 22.

La coutume de Paris se réglant d'après ces principes, avait fait des distinctions. Elle ne donnait que six mois aux marchands, gens de métiers et autres vendeurs de marchandises et denrées en detail, comme boulangers, pâtissiers, couturiers, passementiers, maréchaux, rôtisseurs, cuisiniers et autres semblables.

Mais elle donnait un an aux médecins, chirurgiens et apothicaires, ainsi qu'aux drapiers, merciers, épiciers, orfèvres et autres marchands grossiers, maçons, charpentiers, couvreurs, barbiers, serviteurs, laboureurs et autres mercenaires (1).

Cette distinction fut adoptée sans presque aucune différence dans l'ordonnance du commerce de 1673.

Sur ces dispositions de la coutume de Paris et de l'ordonnance de 1673, on a pensé dans le Code, qu'il n'y avait pas de motifs suffisans pour ne pas mettre dans la même classe tous les marchands, à raison des marchandises qu'ils vendent à des particuliers non marchands (2).

D'après cela, on s'est déterminé à soumettre également à la prescription d'une année tous

----

(1) Coutum. de Paris, art. 126 et suiv.
(2) Motifs de la loi du 14 ventôse an 12, sur la prescription.

les marchands pour les marchandises qu'ils vendent aux particuliers non marchands (1).

On a seulement excepté les hôteliers et traiteurs à raison du logement et de la nourriture qu'ils fournissent, parce qu'il est notoire que ce sont des objets dont le paiement est rarement différé.

On a limité leur action à six mois, et par des considérations semblables, on a fixé au même tems l'action des maîtres et instituteurs des sciences et arts pour les leçons qu'ils donnent au mois; celle des ouvriers et gens de travail pour le paiement de leurs journées, fournitures et salaires (2).

Mais on a maintenu la prescription d'un an contre les médecins, chirurgiens et apothicaires, pour leurs visites, opérations et médicamens, ainsi qu'à l'égard des maîtres de pension pour le prix de la pension, et des autres maîtres pour le prix de l'apprentissage.

On a aussi conservé à l'égard des domestiques l'usage le plus général, suivant lequel l'action pour le paiement de leur salaire est prescrite par un an, s'ils se sont loués à l'année. Les autres sont dans la classe des gens de travail dont l'action se prescrit par six mois (3).

____

(1) Code civil, art. 2271 et suiv.
(2) *Ibid.*
(3) *Ibid.* art. 2272.

Quant

Quant aux officiers ministériels, le tems pen‑ dant lequel l'action doit durer, soit à leur profit, soit contre eux, dépend de la nature de leurs fonctions.

Il y avait autrefois sur la durée de l'action des procureurs contre leurs cliens, pour le paiement de leurs frais et salaires, une grande variété de jurisprudence.

Un arrêt du parlement de Paris, du 28 mars 1692, avait réglé que les procureurs ne pourraient demander le paiement de leurs frais, salaires et vacations, deux ans après qu'ils auraient été révoqués, ou que les parties seraient décédées, quoiqu'ils eussent continué d'occuper pour les mêmes parties ou pour leurs héritiers en d'autres affaires.

Il portait encore que les procureurs ne pour‑ raient, dans les affaires non jugées, demander leurs frais, salaires et vacations pour les procé‑ dures faites au‑delà des six années précédentes immédiatement, quoiqu'ils eussent toujours continué d'y occuper, à moins qu'ils ne les eussent fait arrêter ou reconnaître par leurs cliens.

Dans d'autres pays l'action était plus ou moins longue.

On a cru concilier l'intérêt des parties et celui de leurs avoués, en maintenant la pres‑ cription de deux ans, à compter du tems, soit du jugement, soit de la conciliation des parties, soit de la révocation des avoués,

Tome IV.   O

et la prescription de cinq ans à l'égard des affaires non terminées; l'évènement de la mort du client n'a point paru un motif suffisant pour réduire à deux ans l'action de l'avoué, à raison des affaires non finies (1).

Le tems de la prescription à l'égard des huissiers ne doit pas être aussi long.

Leur ministère n'est point employé pour des actes multipliés et qui se prolongent autant que ceux des avoués; il est d'usage de les payer plus promptement : leur action sera prescrite par une année (2).

Les prescriptions de six mois, d'un, de deux et de cinq ans, dont on vient de parler, étant fondées sur la présomption de paiement, il en résulte plusieurs conséquences déjà reconnues par l'ordonnance de 1673.

La première est que la continuation des fournitures, livraisons, services ou travaux pouvant avoir eu lieu, soit que le paiement ait été fait, soit qu'il ne l'ait pas été, ne saurait détruire la présomption de paiement; ainsi la prescription ne doit cesser de courir que lorsqu'il y a eu compte arrêté, cédule ou obligation, ou citation en justice non périmée.

La seconde, que le serment peut être déféré à ceux qui opposeront ces prescriptions, sur

____

(1) Code civil, art. 2273.
(2) *Ibid.* art. 1272, et les motifs.

le fait de savoir si la chose a été payée, ou à leurs héritiers, pour qu'ils déclarent s'ils ne savent pas que la chose soit due (1).

La prescription établie contre les avoués et les huissiers étant fondée sur la présomption qu'ils ont été payés, il s'ensuit qu'on doit présumer aussi que les parties ont retiré leurs pièces, après le jugement de leurs affaires.

On a donc aussi fixé un délai après lequel ni les huissiers, ni les avoués, ni les juges eux-mêmes ne peuvent être inquiétés à cet égard.

Il y avait encore sur ce point une grande variété de jurisprudence.

Quelques parlemens rejetaient l'action en remise de pièces après trois ans depuis que les affaires étaient terminées; mais dans le plus grand nombre, les procureurs ne pouvaient plus être recherchés pour cela après cinq ans pour les procès jugés, et après dix ans pour les procès indécis; et cette prescription était, en faveur de leurs héritiers, de cinq ans, soit que les procès fussent jugés, soit qu'ils ne le fussent pas.

Le Code conserve la prescription de cinq ans après le jugement des procès (2).

Il est une autre prescription établie dans le droit français concernant les arrérages de ren-

---

(1) Code civil, art. 2274.
(2) *Ibid.* art. 2276.

tes. Elle n'est pas seulement fondée sur la présomption de paiement, mais encore sur une considération d'ordre public énoncée dans l'ordonnance de Louis XII en 1510; on a voulu empêcher que les débiteurs ne fussent réduits à la pauvreté par des arrérages accumulés : l'action pour demander ces arrérages au-delà de cinq années a été interdite.

Il ne fut question dans cette loi que des rentes constituées, qui étaient alors d'un grand usage.

Une loi du 20 août 1792 étendit cette prescription aux arrérages des cens, redevances et rentes foncières.

La ruine du débiteur serait encore plus rapide, si la prescription ne s'étendait pas aux arrérages de rentes viagères; et les auteurs, ni les tribunaux n'ont pas toujours été d'accord sur le point de savoir si ces arrérages étaient prescriptibles par un tems moindre de trente années.

La crainte de la ruine des débiteurs étant le motif qu'on a eu d'abréger le tems ordinaire de la prescription, on ne doit excepter aucun des cas auxquels ce motif s'applique.

On a, d'après cela, étendu la prescription de cinq ans aux loyers des maisons, au prix des fermes des biens ruraux, et généralement à tout ce qui est payable par année, ou à des termes périodiques plus courts (1).

----

(1) Code civil, art. 2277.

La faveur due aux mineurs et aux interdits ne saurait les garantir de ces prescriptions (1).

Si un mineur exerce quelqu'un des états pour lesquels l'action est limitée, soit à six mois, soit à un an, soit à cinq ans, il est assujéti aux règles générales de la profession qu'il exerce.

Après dix ans, l'architecte et les entrepreneurs sont déchargés de la garantie des gros ouvrages qu'ils ont faits ou dirigés (2).

Pour ce qui concerne les meubles, on regarde comme une règle générale, qu'à leur égard la possession vaut titre.

Cependant ce titre n'est pas tel qu'en cas de vol ou de perte d'une chose mobilière, celui auquel on l'aurait volée ou qui l'aurait perdue, n'ait aucune action contre celui qui la possède.

La durée de cette action a été fixée à trois ans : c'est le même tems qui avait été réglé à Rome par Justinien; c'est celui qui était le plus généralement exigé en France.

Si le droit de l'ancien propriétaire est reconnu, la chose perdue ou volée doit lui être rendue : le possesseur a son recours contre celui duquel il la tient; mais si ce possesseur prouvait l'avoir achetée sur la foi publique, soit dans une foire ou dans un marché, soit

____

(1) Code civil, art. 2278.
(2) *Ibid.* art. 2270.

O 3

dans une vente publique, soit d'un marchand vendant des choses de l'espèce de celle dont il s'agit, l'intérêt du commerce exige que celui qui possède à ce titre, ne puisse être évincé sans indemnité : ainsi l'ancien propriétaire ne peut, dans ces cas, se faire rendre la chose volée ou perdue, qu'en remboursant au possesseur le prix qu'elle lui a coûté (1).

S'il s'agissait d'une universalité de meubles, telle qu'elle échoit à un héritier, le titre universel se conserve par les actions qui lui sont propres (2).

CHAPITRE VII.

Des règles communes aux diverses prescriptions.

C'est le tems qui, en s'écoulant, opère la prescription de quelque espèce qu'elle soit. Il faut donc, pour qu'elle soit acquise, que le tems que la loi a fixé soit expiré, que toutes les heures et les momens soient passés, en un mot que le dernier jour du terme soit accompli (3).

______

(1) Cod. civ. art. 2279. *Leg.* 2280 *unic. Cod. de usu-cap. transfer.*

(2) Motifs.

(3) *Leg.* 134. *ff. de verb. signific. Leg.* 6. *de oblig. et act. Leg.* 6. *ff. de usurpat. et præscript.* Code civil, art. 2260.

Dans les prescriptions qui s'accomplissent par un certain nombre de jours, les jours complémentaires sont comptés. Dans celles qui s'accomplissent par mois, celui de fructidor comprend les jours complémentaires (1).

La possession est avec le tems la principale qualité requise pour produire la prescription. Elle doit être fondée sur un juste titre et accompagnée de bonne foi, dans la prescription de dix ou vingt ans. Elle suffit seule dans celle de trente ans. Mais il faut dans toutes les deux qu'elle soit continue et non interrompue, paisible et publique, non équivoque et à titre de propriétaire (2).

Plusieurs causes interrompent ou suspendent la prescription.

Les Jurisconsultes distinguent l'interruption en naturelle et en civile.

L'interruption est naturelle, lorsque le fait même de la possession cesse, et que celui qui l'avait, en est dépouillé réellement.

Mais pour que l'occupation d'un fonds puisse interrompre la possession de celui à qui on l'ôte, il faut qu'elle ait été prolongée au moins pendant une année.

C'est le tems que la loi romaine exigeait, pour qu'on pût se prévaloir des avantages de la possession récente de toutes choses mobi-

______

(1) Code civil, art. 2261.
(2) *Ibid.*

O 4

lières ou immobilières contre un précédent possesseur (1).

La règle de la possession annale a toujours été suivie en France à l'égard des immeubles; pendant cet intervalle, la possession publique et continue prend un caractère qui empêche de la confondre avec une simple occupation (2).

Ainsi nul ne peut être dépouillé du titre de possesseur que par la possession d'une autre personne pendant un an, et, par la même raison, la possession qui n'a point été d'un an, n'a point l'effet d'interrompre la prescription (3).

L'interruption civile est celle qui se forme par une citation en justice, un commandement ou une saisie, signifiés à celui que l'on veut empêcher de prescrire (4).

La citation en justice interrompt la prescription lors même qu'elle est intentée devant un juge incompétent, mais non lorsque les formalités exigées pour la validité de l'assignation n'ont pas été remplies; il n'y a pas, en ce cas, réellement de citation, et l'exploit de signification ne saurait produire aucun effet.

---

(1) *Leg.* 15. §. 3. *ff. quod vi aut clam.*
(2) Ordonn. de 1667.
(3) Code civil, art. 2243.
(4) *Ibid.* art. 2244. *Leg. pennlt. et ultim. ff.* de ann. except. *Leg.* 10. *Cod. de acquir. poss.*

Au surplus, la citation n'interrompt pas la prescription d'une manière absolue, mais conditionnellement au cas où la demande est poursuivie et adjugée. Ainsi l'interruption n'a pas lieu si le demandeur se désiste de son action, s'il laisse périmer l'instance, ou si la demande est rejetée (1).

En adoptant la règle que la prescription est interrompue par une citation juridique donnée même devant un juge incompétent, le Code ajoute que la citation en conciliation devant le bureau de paix, interrompt la prescription du jour de sa date, lorsqu'elle est suivie d'une assignation en justice donnée dans les délais de droit (2).

Mais toute action en général doit être précédée d'une citation au bureau de paix. Une citation en justice sans ce préalable serait nulle. Elle ne pourrait donc interrompre la prescription, puisqu'une citation nulle dans la forme n'a pas ce pouvoir. Quel est d'ailleurs le délai dans lequel sera donnée l'assignation, qui doit suivre la citation au bureau de paix, pour que celle-ci ait le pouvoir d'interrompre la prescription ?

L'interpellation faite en justice de la manière qu'on vient de dire à l'un des débiteurs solidaires, interrompt la prescription contre les

____

(1) Code civil, art. 2246 et suiv. *Leg. 1. 9. Cod. de long. tempor. præscr.*
(2) Cod. civ. art. 2245.

autres. Il n'en est pas de même de celle faite à l'héritier d'un débiteur solidaire à l'égard des autres co-héritiers, à moins que l'obligation ne soit indivisible (1).

La reconnaissance du débiteur ou d'un des débiteurs solidaires interrompt aussi la prescription (2). N'importe de quelle manière se fait la reconnaissance, pourvu qu'elle soit justifiée légalement. Celle contenue dans une lettre missive, écrite ou signée par le débiteur, serait valable.

L'inscription hypothécaire n'interrompt pas la prescription (3).

L'interpellation qui a lieu contre le débiteur, opère également l'interruption à l'égard de la caution (4).

L'effet de l'interruption est tel qu'il arrête non-seulement le cours de la prescription et l'empêche de continuer, mais encore qu'il rend inutile et comme non avenue la possession antérieure. Il faut recommencer, pour pouvoir prescrire (5). Et c'est en quoi l'interruption de la prescription diffère de la suspension, qui empêche seulement la prescription de commencer à courir, ou qui en suspend le

____

(1) Code civil, art. 2249.
(2) *Ibid.* art. 2248 et suiv.
(3) *Ibid.* art. 2180.
(4) *Ibid.* art. 2250.
(5) *Argentræus in consuetud. Britann.* chap. 2, n°. 1, art. 226. *Leg. 4. Cod. de præscript.* 3o *vel* 4o *ann.*

cours, jusqu'à ce que la cause de cette sus-pension ait cessé.

En règle générale, la prescription court con-tre toutes personnes, même contre la nation et les établissemens publics, excepté dans les cas expressément indiqués par la loi (1).

Les exceptions qu'elle a établies sont fondées sur des principes d'équité et de justice. Ainsi on tient que la prescription ne saurait courir contre ceux qui ne peuvent veiller eux-mêmes au maintien de leurs droits : de-là on a conclu que la prescription devait être suspendue pen-dant la minorité et l'interdiction (2). Suivant la loi romaine, il n'y avait que la prescription de 3o ans qui courût contre les mineurs (3). Elle ne courait pas contre les pupilles.

Quant aux époux, il ne peut y avoir de prescription entre eux. Il faut écarter tout ce qui serait capable de troubler leur union (4).

A l'égard de la femme, la prescription n'est suspendue pendant la durée du mariage, que pour l'aliénation des biens constitués sous le régime dotal. (5). L'inaliénabilité de ces biens deviendrait souvent illusoire si le fonds dotal pouvait être prescrit.

----

(1) Code civil, art. 2227. 2251.
(2) *Ibid.* art. 2252.
(3) *Leg. 5. Cod. in quib. in integ. restit. Leg. 3. Cod. quib. non objicit. long. temp. præscript.*
(4) Code civil, art. 2253.
(5) *Ibid.* art. 2255.

La prescription est encore suspendue contre les tiers pendant le mariage au profit de la femme, soit dans le cas où son action ne pourrait être exercée qu'après une option à faire sur l'acceptation ou la renonciation à la communauté, soit dans le cas où le mari ayant vendu le bien propre de la femme sans son consentement, est garant de la vente, et dans tous les cas où l'action de la femme réfléchirait contre le mari.

Si la femme exerçait contre un tiers une action pour laquelle ce tiers serait fondé à appeler le mari en garantie, il en résulterait une contestation judiciaire entre le mari et la femme. Ainsi la femme est alors considérée comme ne pouvant agir même contre ce tiers, qu'il serait injuste de traduire en justice, s'il ne pouvait exercer son recours contre le mari; et la prescription de l'action contre le tiers se trouve par ce motif suspendue (1).

La prescription est par la nature même des choses suspendue jusqu'à l'évènement de la condition, s'il s'agit d'une créance conditionnelle; jusqu'à l'éviction, s'il s'agit d'une action en garantie; jusqu'à l'échéance, s'il s'agit d'une créance à jour fixe (2).

L'effet du bénéfice d'inventaire est de conserver à l'héritier ses droits contre la succession.

---

(1) Code civil, art. 2556 et les motifs.
(2) *Ibid.* art. 2257.

La succession ne peut donc pas prescrire contre lui.

La prescription doit courir contre une succession vacante lors même qu'elle n'est pas pourvue de curateur. Cette circonstance ne peut pas nuire aux tiers, et c'est aux intéressés à prendre leurs précautions, pour arrêter le cours de la prescription (1).

Quand la loi donne, lors de l'ouverture d'une succession ou d'une communauté de biens, un délai pour faire inventaire et pour délibérer, il est indispensable que toute prescription soit suspendue pendant le tems que la loi elle-même présume nécessaire pour connaître la valeur de la succession ou de la communauté (2).

Nous avons dit que la possession, pour pouvoir produire la prescription, devait être à titre de propriétaire.

En traitant de la nature de la possession, nous avons également vu qu'elle était telle dans l'état actuel des sociétés, qu'elle pouvait se séparer de la détention de la chose, et qu'on pouvait posséder par soi-même ou par autrui.

En règle générale, celui qui possède est toujours présumé posséder pour soi et à titre de

____

(1) Code civil, art. 2258.
(2) *Ibid.* art. 2259.

propriétaire, s'il n'est prouvé qu'il a commencé par posséder pour un autre (1).

Quand on a commencé à posséder pour autrui, on est toujours présumé posséder au même titre, à moins que ce titre n'ait été interverti. (2)

L'une des plus anciennes maximes de droit, est que nul ne peut, ni par sa volonté, ni par le seul laps de tems, se changer à soi-même la cause de sa possession : ainsi le fermier, l'emprunteur, le dépositaire, l'usufruitier seront toujours censés posséder au même titre. Celui qui tient pour autrui perpétue et renouvelle à chaque instant la possession de celui pour lequel il tient, et en conserve les droits.

Cette règle doit être regardée comme la sauve-garde du droit de propriété.

Cette présomption cesse, si le titre de la possession de celui qui tient pour autrui se trouve interverti.

Il peut l'être par le possesseur à titre de propriétaire, s'il transmet cette espèce de possession à la personne qui ne tenait que précairement.

La personne même qui tient au nom d'autrui peut intervertir le titre de sa possession, soit à son profit, en contredisant le droit du pos-

____

(1) Code civil, art. 2230.
(2) *Leg.* 3. §. 19. *ff. de acquir. vel amitt. possess. Cod. de præscript.* 30 *vel* 40 *ann.* Cod. civ. art. 2231.

sesseur à titre de propriétaire, soit au profit d'un tiers, en lui transmettant la chose par un titre translatif de propriété, par une vente, donation, etc.

Le successeur à titre universel, l'héritier, par exemple, de la personne qui tenait la chose pour autrui, n'a point un nouveau titre de possession. Il succède aux droits tels qu'ils se trouvent; il continue donc de posséder pour autrui, et conséquemment il ne peut pas prescrire (1).

Mais le successeur à titre universel et le successeur à titre singulier diffèrent en ce que celui-ci ne tient point son droit du titre primitif de son prédécesseur, mais du titre qui lui a été personnellement consenti. Ce dernier titre peut donc établir un genre de possession que la personne qui l'a transmis n'avait pas. L'acquéreur commence une possession nouvelle.

Dès-lors cette possession, continuée pendant le tems réglé par la loi, opère la prescription.

On dit en général qu'on ne peut prescrire contre son titre, c'est-à-dire, qu'on ne peut prescrire contre les pactes de l'essence de l'acte, mais seulement contre ceux qui ne sont qu'accidentels. Lorsqu'il s'agit d'un acte synallagmatique, on ne peut forcer sa partie de rem-

---

(1) *Leg.* 13. §. 1. *ff. de acquir. vel amitt. poss. Leg.* 5. 11. *ff. de divers. temp. praescript.*

plir son obligation, sans l'exécuter de son côté, quoiqu'elle soit prescrite.

Les actes de pure faculté, ceux de simple tolérance, ne peuvent pas être considérés comme des actes de possession, puisque, ni celui qui les fait n'entend agir comme propriétaire, ni celui qui les autorise n'entend se dessaisir (1).

Celui qui, pour acquérir la possession, en a dépouillé par violence l'ancien possesseur, ne peut se faire ainsi un titre pour prescrire.

Celui qui est dépouillé par violence n'entend pas se dessaisir; mais si lorsqu'il cesse d'éprouver cette violence, il laisse l'usurpateur posséder paisiblement, et si cette possession se continue pendant le tems déterminé par la loi, la prescription a lieu (2).

Les actes de violence sur lesquels la possession serait fondée, n'ont d'autre effet que celui d'être un obstacle à la prescription, tant que cette violence dure.

La possession actuelle suppose la possession antérieure, à moins qu'il n'y ait preuve du contraire.

Pour completter la prescription, on peut joindre à sa possession celle de son auteur, de quelque manière qu'on lui ait succédé, soit à

____

(1) Code civil, art. 2233. *Leg.* 1. *ff. de usurp. et usucap. Leg. 2. Cod. de servit.*
(2) Code civil, art. 2234.

titre

titre universel ou particulier, soit à titre lucratif ou onéreux (1).

CHAPITRE VIII.

De la prescription des droits incorporels.

Les effets de la prescription sur les droits et les choses incorporelles, sont sujets à plus de difficulté. Le droit de demander une rente foncière, une rente constituée, d'exercer une servitude, ne présente pas une possession aussi évidente, que la jouissance d'un fonds ou d'une maison; il n'était donc pas aussi aisé de décider à leur égard, quand la prescription qui résulte d'une non-possession a pu commencer. Le droit romain avait été long-tems à admettre la prescription pour les droits ou choses incorporelles. L'observation fit voir qu'elles en étaient susceptibles comme les choses corporelles, avec quelques modifications. Ainsi Justinien décida qu'il ne pourrait y avoir de prescription contre le capital d'une redevance annuelle, lorsque ce capital ne serait point exigible, et que la prescription tomberait seulement sur la redevance (2).

Cette maxime fut reçue dans presque toute

____

(1) Code civil. art. 2235. *Leg.* 14. *ff. de usurp. et usucap. Leg.* 6. *ff. de divers. temp. præscript.*
(2) *Leg.* 7. §. 6. *Cod. de præscript.* 30 *vel.* 40 *ann.*

Tome IV. P

la France, et il fut généralement convenu, à quelques coutumes près, qu'en rente foncière et constituée, il n'y avait pas de possession contre le titre.

Car, quoique toute rente établie à perpétuité pour le prix de la vente d'un immeuble ou comme condition de la cession à titre onéreux ou gratuit d'un fonds immobilier, soit essentiellement rachetable, et qu'on puisse seulement stipuler qu'elle ne sera remboursable qu'après un certain tems, qui ne peut excéder trente ans (1); il ne s'ensuit pas moins que le débiteur de la rente ne pouvant être forcé au remboursement, le créancier n'est jamais en demeure de le demander.

C'est le cas d'appliquer la maxime que la prescription ne court point contre celui qui ne peut agir.

Cependant, pour prévenir toute difficulté, le Code permet, après vingt-huit ans de la date du dernier titre de la rente, de forcer le débiteur à fournir à ses frais un titre nouvel (2).

Il n'y a que les arrérages de la rente, qui soient soumis à la prescription de la manière que nous avons dite ci-dessus.

Quant à la prescription des servitudes, il y avait autrefois une grande différence entre les pays de droit écrit et les pays coutumiers.

_____

(1) Code civil, art. 530.
(2) *Ibid.* art. 2263.

Dans ceux-ci, et sur-tout à Paris, la maxime, *nulle servitude sans titre*, était rigoureusement suivie. La jouissance, quelque longue qu'elle fût, ne pouvait l'établir. La destination du père de famille ne servait de titre qu'autant qu'elle était constatée par écrit. Ainsi celui qui disposait d'une partie de sa maison, devait déclarer spécialement les servitudes qu'il y retenait ; car toute constitution générale de servitudes non désignées était inutile.

D'un autre côté, la liberté contre la servitude s'acquérait par trente ans (1).

Dans les pays de droit écrit, on suivait les dispositions de la loi romaine, qui, après avoir long-tems hésité à admettre la prescription pour les servitudes comme pour les autres droits incorporels, en avait enfin reconnu la nécessité (2).

On distinguait, quant à la prescription, les servitudes continues et apparentes qui ont des signes visibles et permanens, et qui ont leur cours indépendamment du fait des hommes, comme un aquéduc creusé dans le fonds d'autrui, un chemin tracé et construit d'une manière visible sur ce même fonds, etc., d'avec les servitudes discontinues, qui n'existent que par le fait des

______

(1) Coutume de Paris, titre *des servitudes.*
(2) *Leg.* 4. §. *ultim. ff. de usucap. et usurpat. Leg.* 10. *ff. si servit. vindicat.*

hommes, et ne s'exercent que par des actes interrompus, comme la faculté de passer dans le fonds d'autrui, d'y couper du bois, d'y faire paître son bétail, etc.

Les premières s'acquéraient par la possession de dix ans entre présens, et de vingt ans entre absens. On présumait avec raison que celui qui souffrait patiemment et sans réclamer des ouvrages dont l'existence frappait continuellement ses yeux, avait consenti à leur construction (1). Les servitudes discontinues ne s'établissaient que par la possession immémoriale ou centénaire.

Le Code civil s'est écarté des principes du droit coutumier, pour se rapprocher de ceux du droit romain.

Il dit d'abord que les servitudes continues et apparentes s'acquièrent par titre ou par la possession de trente ans (2). Mais il veut que les servitudes continues non apparentes, et les servitudes discontinues apparentes ou non apparentes, ne puissent s'établir que par titres. Il n'admet pas même à leur égard la servitude immémoriale (3).

Cette distinction que fait ici le Code, mérite quelques réflexions. Nous avons déjà dit que les servitudes continues, sont celles qui

____

(1) *Leg.* 2. *Cod. de servitut.*
(2) Code civil, art. 690.
(3) *Ibid.* art. 691.

s'exercent sans interruption, et ont leur cours indépendamment du fait des hommes; tandis que les discontinues n'existent que par le fait des hommes, et ne s'exercent que par des actes interrompus.

Une servitude n'est donc continue que parce qu'elle est apparente; elle n'est discontinue que parce qu'elle n'est pas apparente.

Un canal creusé dans le fonds d'autrui pour conduire l'eau dans notre propre fonds, est une servitude continue parce qu'elle est apparente. Elle existe indépendamment de tout autre acte.

Il en est de même d'une fenêtre pratiquée dans un mur mitoyen. La patience du propriétaire voisin, à qui la servitude peut nuire, et qui ne réclame point, quoiqu'elle frappe continuellement ses regards, est le titre qui sert de fondement à la possession, d'où la prescription dérive.

Il faut donc qu'une servitude soit apparente pour qu'elle puisse être acquise par la prescription. La servitude discontinue n'est apparente que dans le moment qu'on l'exerce. Or, comme cet exercice n'est point un acte continu, qu'il peut avoir lieu à l'insu du propriétaire sur le fonds duquel on prétend la servitude, il s'ensuit qu'une servitude discontinue ne peut être établie par la prescription.

Il faut bien que le Code l'ait entendu de

cette manière, puisqu'il ajoute que si le propriétaire de deux héritages entre lesquels il existe un signe apparent de servitude, dispose de l'un des héritages sans que le contrat contienne aucune convention relative à la servitude, elle continue d'exister activement ou passivement en faveur du fonds aliéné ou sur le fonds aliéné (1).

C'est donc le signe apparent qui constitue la servitude continue et qui l'assujétit à la prescription.

Mais pour que ce signe apparent puisse servir de titre à la servitude, il faut qu'il existe sur le fonds qu'on veut assujétir à la servitude, et que le propriétaire du fonds voisin puisse le faire détruire, s'il y est fondé.

Ainsi, par exemple, l'on ne peut acquérir par la prescription la servitude d'aquéduc sur le fonds voisin, qu'autant que cet aquéduc est construit dans le fonds même sur lequel on prétend la servitude. Car les ouvrages extérieurs que nous ferions sur notre propre fonds, ne pourraient jamais nous servir de titre, comme nous l'avons dit plus haut, relativement à l'usage des eaux qu'on peut acquérir par la prescription, fondée sur des ouvrages extérieurs construits pour la dériver.

Quand il n'y a pas de titre constitutif pour les servitudes qu'on ne saurait acquérir

____

(1) Code civil, art. 694.

par prescription , il ne peut être remplacé que par un titre récognitif, émané du propriétaire du fonds asservi (1).

Mais si l'on peut acquérir une servitude par prescription, on peut à plus forte raison la perdre de la même manière. La libération est même plus favorable que l'assujétissement. Aussi la coutume de Paris, qui ne reconnaissait pas de servitude sans titre, voulait cependant qu'on pût s'en délivrer par le moyen de la prescription.

La loi romaine distinguait à cet égard les servitudes urbaines des servitudes rurales. Celles-ci se perdaient par le non usage pendant un certain tems, les autres seulement dans le cas où l'on avait fait un acte contraire à la servitude. Ainsi la servitude des jours n'était perdue qu'autant que les fenêtres avaient été bouchées pendant le tems nécessaire pour acquérir la prescription, ou que le voisin avait élevé sa maison au-delà de la hauteur convenue, sans qu'on eût réclamé pendant le même tems (2).

Le Code civil dit, en règle générale, que la servitude est éteinte par le non usage pendant trente ans (3). Il ne distingue plus les servi-

---

(1) Code civil, art. 695.
(2) *Leg.* 6. *ff. de servit. urb. præd. Leg.* 18. §. 2. *ff. quemadm. serv. amit.*
(3) Code civil, art. 706.

P 4

tudes continues et apparentes, des discontinues et non apparentes. Il y a cependant une
grande différence.

Si j'ai un droit d'aquéduc sur le fonds de
mon voisin, et que je néglige de m'en servir,
ou que je permette qu'on le détruise, sans réclamer pendant trente ans, il est évident que
mon silence peut être regardé comme une
présomption que j'ai renoncé à la servitude
qui m'était due, et c'est cette présomption qui
est la base de la prescription.

Il en est de même du cas où j'avais le
droit de prendre jour sur la maison de mon
voisin; si je m'abstenais d'en faire usage pendant trente ans, mon droit était également
prescrit.

La raison en est que le non usage se prouve
dans ces cas d'une manière facile; mais il n'en
est pas de même dans les servitudes discontinues, qui ne s'exercent que par des actes
interrompus, et qui ne laissent aucune trace
apparente.

Comment prouvera-t-on, au bout de trente
ans, qu'une personne a cessé pendant tout ce
tems d'aller prendre de l'eau à la fontaine de
son voisin, d'y abreuver son troupeau? C'est
d'ailleurs à celui qui s'appuie sur le non usage
à le prouver; ce serait alors une preuve négative impossible à faire.

Il peut donc y avoir des signes permanens
d'une servitude, ainsi que nous l'avons déjà dit;

mais l'exercice en appartenant aux personnes, ne saura jamais être continu. Un homme ne peut pas continuellement passer dans un chemin tracé d'une manière très-visible; faudra-t-il l'en priver pour cela? mais il faudra le lui rendre de suite, car il faut bien qu'il ait le moyen d'arriver à son héritage.

En disant que les servitudes de ce genre se prescriront par le non usage ou du jour où leur exercice aura cessé, on fixe une époque impossible à déterminer. Car, à quel caractère pourra-t-on reconnaître la cessation absolue de l'usage d'une faculté, dont l'exercice n'est point continu? Une personne à qui appartient un droit de passage, en use toutes les fois que la fantaisie lui en prend, ou que le besoin du fonds pour lequel il est établi l'exige : tant que ce fonds existe, il ne peut y avoir d'époque où le propriétaire soit censé avoir abandonné la volonté d'y aller.

La règle ne peut donc être la même dans tous les cas.

Le Code ajoute ensuite que le mode, c'est-à-dire, la manière d'user de la servitude, se prescrit comme la servitude et de la même manière (1).

Lorsque l'héritage, en faveur duquel la servitude est établie, appartient à plusieurs par

____

(1) Code civil, art. 708.

indivis, la jouissance de l'un empêche la pres-cription à l'égard de tous (1). La servitude est en effet une chose indivisible, qu'on ne peut conserver ou perdre par partie.

C'est d'après le même principe, que si parmi les co-propriétaires, il s'en trouve quelqu'un contre lequel la prescription n'ait pu courir, comme un mineur, il conserve les droits de tous les autres (2).

------

(1) Code civil, art. 709.
(2) *Ibid.* art. 710.

LIVRE XXVI.

DES CONTRATS ACCESSOIRES.

CHAPITRE PREMIER.

Des co-obligés et de la solidarité.

Dans la distinction que nous avons établie ci-dessus, entre les diverses espèces de conventions, nous avons vu qu'il y avait des obligations principales, qui existent indépendamment de toute autre obligation; et des obligations accessoires, qui supposent une obligation préexistente, qu'elles fortifient ou dont elles sont une conséquence.

De ce nombre sont d'abord les obligations prises conjointement par plusieurs personnes, qu'on appelle pour cela *co-obligés*, et celles des cautions ou fidéjusseurs, qui répondent en leur nom de la sûreté de l'obligation d'un autre.

Il est vrai que l'obligation des co-obligés peut, en certains cas, être regardée comme une obligation principale; parce qu'étant tous

également liés par le même engagement, il est
impossible de distinguer dans leurs obligations
quelle est la principale ou quelle est l'accessoire. Mais comme très-souvent aussi quelques-uns des co-obligés ne le sont que pour
faire plaisir à l'un d'entre eux, ou bien que
l'étant *solidairement*, ils répondent tous in-
dividuellement de la totalité de l'obligation
qu'ils ont contractée, et sont ainsi cautions les
uns des autres, nous avons cru devoir les comprendre sous le même titre que les cautions.

Il y a deux manières dont deux ou plusieurs
personnes peuvent être débiteurs d'une même
chose. L'une dans le cas où tous ensemble
doivent le tout, mais de sorte néanmoins que
chacun n'en doive qu'une portion (1); et l'autre dans le cas où tous doivent tellement le
tout, que chacun puisse, au choix du créancier, être contraint de l'acquitter lui seul,
sauf son recours contre les autres. C'est cette
seconde manière qu'on appelle *solidarité*.

Ce droit peut s'acquérir de deux façons, ou
par une convention expresse, portant que plusieurs empruntant, par exemple, une somme,
s'obligent solidairement envers le créancier,
(cette expression est de rigueur pour rendre
l'obligation solidaire), ou par la nature même
de la dette , comme si plusieurs personnes ont
contracté une obligation au nom d'une société

____

(1) *Novell*. 99.

de commerce, ou si elles avaient commis quelque crime, quelque délit, ou causé du dommage par quelque faute qui leur soit commune (1). Comme en ce cas c'est le fait de chacun qui a causé le dommage, ils sont tellement obligés de le réparer que chacun d'eux en est tenu seul.

Si l'obligation n'est pas solidaire, et que les co-obligés aient contracté pour leur propre affaire, ils n'ont pas de recours les uns contre les autres. Chacun ne peut être poursuivi que pour sa part de la dette. Il en est autrement quand l'obligation est solidaire; les co-obligés sont cautions les uns des autres; et celui qui paie le tout, a droit de poursuivre ses co-obligés pour être remboursé de ce qu'il a payé pour eux.

Suivant le droit romain et les principes les plus suivis de l'ancienne jurisprudence, quoiqu'il eût été convenu que l'obligation serait solidaire, elle se divisait néanmoins, et le créancier, avant de demander aux uns la portion des autres, devait les discuter chacun séparément. La solidarité n'avait été établie que pour la sûreté du créancier, et elle portait avec elle la condition que chacun ne s'obligeait de payer pour les autres, qu'autant que quelques-uns manqueraient de satisfaire pour

---

(1) *Leg.* 1. 2, *et seq. Leg.* 11. §. 1. 2. *ff. de duob. eis.* Code civil. art. 1202. Henrys, tom. 1, liv. 4, chap. 6, quest. 26, et tom. 2, liv. 4, quest. 38. Ordonn. de 1673, tit. des sociétés, art. 7.

leurs portions. Il en était autrement si la convention portait la renonciation au bénéfice de
division dont il sera parlé ailleurs ; dans ce cas,
chacun pouvait être contraint seul à payer le
tout, sans discussion préalable.

Le Code civil prive les débiteurs solidaires
du droit d'opposer au créancier le bénéfice de
division (1).

Quand l'obligation est solidaire, les poursuites qui sont faites contre l'un des co-obligés
nuisent à tous les autres ; la prescription, par
exemple, interrompue contre l'un deux, l'est
contre tous (2).

L'obligation solidaire dans son principe peut
être divisée ensuite de trois manières : 1°. Par
une convention expresse entre les créanciers et
les co-obligés, que chacun d'eux ne sera tenu
que pour sa part (3). 2°. Par une convention
présumée, lorsque le créancier reçoit la portion
d'un des co-obligés, sans faire aucune réserve
ni aucune protestation pour le surplus de
l'obligation. On présume de ce silence qu'il a
voulu faire la même grace à tous les autres
co-obligés, et qu'il a consenti à la division de
l'obligation ; mais pour que cette division ait
lieu, il faut que le créancier ait déclaré que
ce qu'il a reçu est pour la part et *portion* du

---

(1) Code civil, art. 1203.
(2) *Ibid.* art. 1206, 2249. *Leg. ultim Cod. de duob.
reis. Leg.* 18. *ff. eod.* Henrys, tom. 2, liv. 4, quest. 40.
(3) *Leg.* 18. *Cod. de pact.*

co-obligé qui a payé (1). 3°. Lorsqu'un des co-obligés, venant à mourir, laisse plusieurs héritiers, l'obligation se trouve en ce cas divisée sans la participation et le consentement du créancier. Les héritiers ne se trouvent obligés que pour leur part et portion héréditaire, à moins que l'obligation ne soit indivisible de sa nature (2). Ceci néanmoins se doit entendre personnellement, car hypothécairement on peut agir pour le tout contre chaque héritier.

Le créancier qui consent à la division de la dette à l'égard de l'un des co-débiteurs, conserve son action solidaire contre les autres, mais sous la déduction de la part du débiteur qu'il a déchargé de la solidarité (3).

Le co-débiteur solidaire poursuivi par le créancier, peut opposer toutes les exceptions qui résultent de la nature de l'obligation, et toutes celles qui lui sont personnelles, ainsi que celles qui sont communes à tous les co-débiteurs.

Il ne peut opposer les exceptions qui sont purement personnelles à quelques-uns des autres co-débiteurs (4).

Si la chose due a péri par la faute ou pendant

---

(1) Code civil, art. 1211.
(2) *Leg.* 25. §. 10. *ff. famil. ercisc.*
(3) Code civil, art. 1210.
(4) *Ibid.* art. 1208.

la demeure de l'un ou de plusieurs des débiteurs solidaires, les autres co-débiteurs ne sont point déchargés de l'obligation de payer le prix de la chose; mais ceux-ci ne sont point tenus des dommages et intérêts.

Le créancier peut seulement le répéter tant contre les débiteurs par la faute desquels la chose a péri, que contre ceux qui étaient en demeure (1).

Les Jurisconsultes ont disputé long-tems pour savoir si un des co-obligés solidairement ayant payé toute la dette, et s'étant fait céder les droits et actions du créancier, pouvait, sa part déduite, agir solidairement contre un seul de ses co-obligés, sauf à celui-ci son recours contre les autres. On objectait pour la négative le texte d'une loi romaine (2). La majeure et la plus saine partie des Jurisconsultes tenait cependant, qu'il fallait accorder la solidarité à celui qui avait rapporté cession des droits du créancier, en le remboursant de la somme entière qui lui étoit due. Le code civil n'a point adopté cette maxime. Il ne permet au débiteur, qui a payé en entier une dette solidaire, d'en répéter de ses co-débiteurs que leur part et portion (3).

Les intérêts qui ne sont dus que du jour de

____

(1) Code civil, , art. 1205.
(2) *Leg.* 5. *ff. de censib.*
(3) Code civil, art. 1214.

la

la demande, peuvent aussi être poursuivis solidairement, tant contre le débiteur qui a été interpellé de payer, que contre ceux qui ne l'ont pas été. En matière de solidarité, l'interpellation faite à un des co-obligés est censée faite à tous.

L'obligation des co-obligés peut être solidaire, quoique l'on soit obligé purement et simplement ; et les autres à jour ou conditionnellement (1).

La solidarité peut exister entre les créanciers comme entre les débiteurs ; et lorsqu'elle n'a pas été stipulée en payant toute la dette à l'un des co-créanciers, on n'est pas libéré envers les autres (2).

CHAPITRE II.

Des cautions ou fidéjusseurs.

L'obligation des cautions et des fidéjusseurs est vraiment accessoire d'une autre obligation ; car ils n'entrent jamais, comme les co-obligés le font presque toujours, dans l'obligation principale.

L'usage des cautions s'étend à toute sorte d'engagemens, et renferme deux sortes de sûretés; l'une qui assure le paiement d'une somme

---

(1) Code civil, art. 1201.
(2) *Ibid.* art. 1197. *Leg.* 2. 3. §. 1. *ff. de duob. corr.*

ou l'exécution de quelque autre engagement, comme l'entreprise d'un ouvrage, etc. ; l'autre sorte de sûreté regarde la validité de l'obligation dans le cas où elle viendrait à être annullée par une exception purement personnelle à l'obligé ; par exemple, dans le cas de minorité ou même dans celui d'une femme mariée (1).

Parmi les exceptions personnelles, on doit mettre celles qui résultent d'une obligation purement naturelle ; car une obligation naturelle est une véritable obligation ; mais comme elle ne peut pas produire d'action, on peut la fortifier par l'intervention d'un fidéjusseur. Quand le Code civil dit que le cautionnement ne peut exister sur une obligation non valable, il entend sans doute parler de celle-qui est prohibée par la loi ou contraire aux bonnes mœurs, ou qui seroit contractée par une personne qui est dans l'incapacité absolue de s'obliger, tel qu'un impubère ou un furieux.

On peut distinguer deux sortes de cautions: la première est celle des cautions volontaires que l'on donne de gré à gré, pour toute sorte d'engagement.

La seconde sorte est celle des cautions judiciaires, et exigées par la loi dans certaines circonstances, comme pour les élargissemens provisoires des accusés, pour l'exécution pro-

____

(1) Code civil, art. 2012. *Leg. 6. 7. 16. §. 3. ff. de fidejussor.*

visoire des jugemens des tribunaux de commerce et autres de cette espèce (1).

L'objet du cautionnement étant d'assurer l'exécution d'une obligation, il faut donc que celui qui se présente pour caution soit capable de contracter, qu'il ait des biens dont la discussion ne soit par trop pénible.

La facilité de poursuivre un débiteur fait partie de sa solvabilité; et une discussion qu'il faudrait suivre de loin, serait presque toujours plus ruineuse qu'utile. L'on a donc établi pour règle que la caution doit non-seulement être solvable, mais encore avoir son domicile dans le ressort du tribunal d'appel où elle doit être donnée (2).

La caution doit être solvable, non d'une solvabilité fugitive, telle que celle qu'offrirait une fortune mobilière, ni d'une solvabilité incertaine, telle que celle qui ne serait fondée que sur des biens litigieux; mais d'une solvabilité constante, et assurée par des propriétés foncières et libres (3).

Celui qui devait une caution, et qui en avait présenté une qu'on avait acceptée, est tenu d'en donner une autre, lorsque la première devient insolvable (4).

On peut se rendre caution sans ordre de

---

(1) Code civil, art. 2040.
(2) *Ibid.* art. 2018.
(3) *Ibid.* art. 2019.
(4) *Ibid.* art. 2020.

celui pour qui on s'oblige, et même à son insu (1).

Il est permis de cautionner, non-seulement le débiteur principal, mais encore celui qui lui a servi de caution (2).

On doutait autrefois si le fidéjusseur pouvait être tenu des intérêts et des frais, que la négligence du débiteur principal avait occasionnés. La commune opinion était qu'il ne les devait pas, s'il ne s'était obligé que pour le principal, sans parler des intérêts (3). Suivant le Code civil, le cautionnement indéfini s'étend à tous les accessoires de la dette, c'est-à-dire, aux intérêts et même aux frais de la première demande, et à tous ceux postérieurs à la dénonciation qui en est faite à la caution (4).

La caution peut opposer au créancier les exceptions qui appartiennent au débiteur principal et qui sont inhérentes à la dette ; mais elle ne peut opposer les exceptions, qui sont purement personnelles au débiteur (5).

L'obligation de la caution cesse du moment que l'obligation principale est éteinte par le

______

(1) Code civil, art. 2014.
(2) *Ibid. Leg.* 27. §. 2. *et ultim. ff. de fidejussor.*
(3) *Leg.* 68. §. 1. *ff. de fidejuss. Leg.* 10. *Cod. eod. Leg.* 88. *ff. de verb. obligat.*
(4) Code civil, art. 2016.
(5) *Ibid.* art. 2036.

paiement, la novation, ou de quelque manière que ce soit (1).

D'après les principes du droit romain, la caution était déchargée, lorsque sans sa participation le débiteur principal prorogeait en faveur du débiteur le terme du paiement. Le Code civil ne donne en ce cas à la caution, que le droit de forcer le débiteur au paiement, sans égard à la prorogation (2).

La caution a incontestablement le droit de prendre des sûretés contre le débiteur ; ainsi elle peut agir pour être indemnisée, lorsqu'elle est poursuivie par le créancier ; lorsque le débiteur est en faillite, quoiqu'elle ne soit pas encore poursuivie : elle le peut également quand le débiteur est en demeure de rapporter la décharge promise à une époque déterminée, on lorsque le terme de la dette est échu.

Il est encore juste, lorsque le tems de la durée du cautionnement n'est pas réglé, ou lorsque le cautionnement n'est pas donné pour une obligation principale qui, par sa nature, doit avoir un cours déterminé, tel, par exemple, qu'une tutelle, de fixer une époque à laquelle la caution puisse forcer le débiteur à lui procurer sa décharge. Le principe de cette disposition existe dans la loi romaine. Elle n'avait pas, à la vérité, indiqué le moment où

____

(1) *Leg.* 60. *ff. de fidejuss.*
(2) Code civil, art. 2039.

Q 3

le fidéjusseur pouvait exercer cette action ; ce tems était laissé à l'arbitrage du juge. Le Code civil veut qu'au bout de dix années la caution puisse commencer ses poursuites (1).

Les cautions judiciaires qui se rendent responsables de l'exécution des lois, sont traitées moins favorablement que celles qui ne répondent que d'un engagement privé ; elles ne jouissent en aucun cas des bénéfices de division et de discussion, et elles doivent être en outre susceptibles de contrainte par corps (2).

Celui qui est tenu de donner une caution judiciaire et ne peut pas en trouver, est reçu à donner à sa place un gage équivalent (3).

L'obligation de la caution n'étant que l'accessoire et l'assurance de l'obligation principale, elle ne peut être obligée à plus que le principal obligé : si celui-ci ne doit que cent écus, la caution n'en devra pas davantage ; si l'obligation principale n'est que conditionnelle, celle de la caution ne pourra être pure et simple.

Mais le cautionnement qui excède la dette, ou qui est contracté sous des conditions plus onéreuses, n'est point nul ; il est seulement réductible à la mesure de l'obligation principale (4).

---

(1) Code civil, art. 2032.
(2) *Ibid.* art. 2040. 2043.
(3) *Ibid.* art. 2041.
(4) *Institut. de fidejuss.* §. 5. *Leg.* 2. *ff. eod. tit.*

Par l'ancien droit romain le créancier pouvait s'adresser directement à la caution, et la forcer de payer le total de la dette, sans faire aucune poursuite contre le débiteur principal; et s'il y avait plusieurs cautions, elles étaient toutes obligées solidairement. On accorda ensuite aux cautions le bénéfice de division, par lequel elles pouvoient forcer le créancier, lorsqu'il y avait plusieurs cautions, à diviser son action contre elles, et à ne les poursuivre que pour leur part et portion, pourvu qu'elles fussent toutes solvables à l'époque où la division était demandée; et le bénéfice d'ordre ou de discussion, par lequel le créancier ne pouvait poursuivre les cautions qu'après avoir fait vendre les biens du principal débiteur, et avoir prouvé qu'ils étaient insuffisans pour les payer (1).

Cette exception est reçue parmi nous, et est toute en faveur des cautions; et de-là il résulte, 1°. qu'une caution peut y renoncer comme elle le pouvait par le droit romain; 2°. que les poursuites du créancier contre la caution sont valables si celle-ci ne réclame pas le bénéfice de la discussion; 3°. que la caution doit réclamer ce bénéfice dans le principe, toute exception étant couverte par une défense au fond.

______

(1) *Leg.* 26. *ff. de fidejussor. Institut. de fidejuss.* §. 4. *Novell.* 6. *cap.* 1.

Il ne suffit pas cependant à la caution de dire vaguement qu'elle demande la discussion préalable du débiteur principal, il faut encore qu'elle indique les biens dont elle réclame la discussion : c'est son premier devoir ; elle doit indiquer, non pas des biens litigieux déjà absorbés par les charges, mais des biens libres et qui présentent une garantie du paiement.

Elle doit encore indiquer des biens qui ne soient pas dans un trop grand éloignement : on en a déjà dit la raison ; le créancier a voulu des gages, et des gages à sa portée.

Enfin, en indiquant ces biens, la caution doit aussi fournir des fonds suffisans pour poursuivre la discussion : le créancier n'avoit exigé un fidéjusseur que pour s'assurer un paiement facile ; et lorsque le fidéjusseur réclame une discussion préalable du débiteur, c'est à ses risques et à ses frais que cette discussion doit être faite.

Mais si la caution doit faire l'indication des biens et avancer les frais, c'est ensuite au créancier à poursuivre. Il supporte la peine de sa négligence, et c'est sur lui que retomberaient les suites d'une insolvabilité du débiteur, survenue par le défaut des poursuites qu'il étoit obligé de faire (1).

L'exception de la *division*, puisée aussi

____

(1) Code civil, art. 2021 et suiv.

dans le droit romain, a été encore admise parmi nous.

Les cautions, sans contredit, sont tenues de toute la dette, et si parmi plusieurs cautions une seule se trouvait solvable, elle supporterait la totalité de la charge. Mais si plusieurs cautions sont en état de payer, le créancier doit demander sa part à chacune, à moins qu'elles n'eussent renoncé au bénéfice de division (1).

Car la division étant un bénéfice introduit en faveur de la caution, il est hors de doute qu'elle peut y renoncer; comme il est aussi hors de doute que le créancier peut de son côté diviser volontairement son action, et renoncer au droit de poursuivre une de ses cautions pour la totalité (2).

Lorsqu'à l'époque où une des cautions a fait prononcer l'indivision, il y en avait d'insolvables, elle est tenue de cette insolvabilité pour sa portion; mais elle ne l'est plus des insolvabilités survenues postérieurement (3).

Lorsque la caution a payé à défaut du débiteur, le premier effet de ce paiement est la subrogation de la caution à tous les droits du créancier. C'est un troisième bénéfice que la loi accorde au fidéjusseur : il n'a pas besoin

_____

(1) Code civil, art. 2026.
(2) *Ibid.* art. 2027.
(3) *Ibid.* art. 2026.

de requérir cette subrogation comme autrefois ; elle est prononcée par la loi, parce qu'elle résulte du seul fait du paiement, et l'on a écarté les vaines subtilités par lesquelles on se croyait obligé de substituer à une subrogation qui n'était pas expressément donnée, une action prétendue de mandat. L'action du créancier passe dans la main de la caution, et le recours de celle-ci contre le débiteur embrasse le principal, les intérêts, les frais légitimes, ceux du moins qui ont été faits par la caution depuis la dénonciation des poursuites (1).

Si le fidéjusseur avait cautionné plusieurs débiteurs solidaires, il aurait le droit de répéter la totalité de ce qui aurait été payé contre chacun d'eux, parce qu'en effet chacun d'eux était débiteur de la totalité.

Cela a lieu dans la supposition qu'une caution a payé valablement, qu'elle n'a pas payé à l'insu du débiteur, et au préjudice d'une défense péremptoire qu'il aurait pu opposer.

Enfin, si le débiteur, dans l'ignorance d'un paiement fait par la caution, payait lui même une seconde fois son créancier, cette caution n'aurait pas de recours contre le débiteur, à qui en effet elle ne pourrait adresser aucun reproche (2).

---

(1) Code civil, art. 2028. *Leg.* 76. *ff. de solut. Leg.* 17. 36. *ff. de fidejussor. Leg.* 11. 14. *ff. de mandati.*
(2) Code civil, art. 2030. 2031.

CHAPITRE III.

Du gage ou du nantissement.

On a imaginé, pour assurer l'exécution des obligations, des moyens plus directs et plus certains encore que celui de la caution et des fidéjusseurs. Ces moyens sont le gage ou le nantissement et l'hypothèque : par l'un et l'autre l'on affecte une certaine quantité de biens, pour l'exécution exacte des engagemens qu'on a contractés. C'est une espèce de transmission conditionnelle de propriété, par laquelle le créancier devenu, en quelque sorte, co-propriétaire des biens qui lui sont affectés, a le droit de les retenir, ou du moins de les faire vendre à son profit, en cas d'inexécution des obligations du débiteur.

Le gage ou le nantissement diffère de l'hypothèque, d'abord en ce que l'un a lieu principalement pour les choses mobilières qu'on remet au créancier pour les détenir par-devers lui, pour la sûreté de sa créance (1); tandis que l'hypothèque n'est qu'un droit réel sans tradition sur les immeubles affectés au paiement d'une obligation, et qui restent dans la possession du débiteur. Pothier prétend que

____

(1) *Leg.* 1. *ff. de pignorat. act. et Leg.* 10. *ff. de pignor.*

les immeubles peuvent être aussi l'objet du contrat de nantissement, en mettant un créancier en possession d'un héritage pour en percevoir les fruits jusqu'à son entier paiement. Mais alors même ce sont les fruits, qui ne sont que des choses mobilières quand ils sont détachés du fonds, qu'on affecte ou qu'on aliène pour le paiement de la créance, et non le fonds lui-même, qui demeure toujours libre, comme nous le dirons plus bas.

Nous allons traiter d'abord du gage ou nantissement, ou de l'affectation des choses mobilières au paiement d'une créance, et des priviléges dont elles sont susceptibles.

Le gage est un de ces contrats dans lesquels il faut, outre le consentement des parties, la tradition d'une chose.

Il y a deux sortes de gages, le conventionnel et le judiciaire. Le premier est celui qui est volontairement contracté par les parties, comme lorsqu'en empruntant une somme quelconque, on donne en nantissement au prêteur de la vaisselle, des bijoux ou d'autres meubles précieux, pour l'assurance de la somme prêtée.

L'on ne peut donner en nantissement que les choses qui nous appartiennent. Si l'on donnait celles d'autrui, le vrai propriétaire pourrait les revendiquer.

Pour éviter les fraudes et les abus, les anciennes ordonnances voulaient qu'on ne pût prêter sur gages, à moins qu'il n'y en eût un acte authentique. (1). Le Code civil a renouvelé cette disposition, tombée presque partout en désuétude.

Le privilége et la préférence que le gage confère au créancier, n'ont lieu, si la valeur du gage excède cent cinquante francs, qu'autant qu'il y a un acte public ou sous seing-privé, dûment enregistré, contenant la déclaration de la somme due, ainsi que la nature et l'espèce des choses remises en gage, ou un état annexé de leur qualité, poids et mesure (2).

Quand c'est une créance mobilière qui est donnée en gage, il faut que l'acte qui renferme le contrat, soit signifié au débiteur de la créance (3).

Le privilége du créancier ne subsiste qu'autant que le gage est resté en sa possession, ou en celle d'un tiers convenu entre les parties (4).

Le gage peut être donné pas un tiers pour le débiteur (5).

Le gage donné n'en transmet pas la propriété au créancier; celui-ci acquiert seulement sur le gage un privilége sans lequel le contrat n'aurait point d'objet.

Si le gage produit des fruits, comme si,

____

(1) Ordonn. de 1673, tit. VI, art. 8.
(2) Code civil, art. 2074.
(3) *Ibid.* art. 2075.
(4) *Ibid.* art. 2076.
(5) *Ibid.* art. 2077.

par exemple, c'est un capital de rente portant intérêts, le créancier doit imputer ces intérêts d'abord sur ceux qui peuvent lui être dus à lui-même, et ensuite sur le capital de sa créance (1).

Le créancier, détenteur du gage, doit veiller à sa conservation, sauf à répéter les sommes qu'il aurait dépensées pour y pourvoir (2).

Le créancier ne peut jamais s'approprier le gage de plein droit et par le seul défaut de paiement au terme; ses droits se bornent à faire ordonner en justice ou que le gage lui restera pour sa valeur estimée par experts, ou qu'il sera vendu aux enchères; et toute stipulation contraire serait nulle (3).

Le créancier est fondé à retenir le gage jusqu'à ce que le paiement soit effectué, et il ne peut être contraint à s'en dessaisir avant cette époque qu'autant qu'il en abuserait (4).

Mais le créancier payé de la dette pour laquelle le gage lui avait été remis, ayant depuis le premier contrat acquis une nouvelle créance dont l'objet est aussi devenu exigible,

---

(1) Code civil, art. 2081.

(2) *Ibid.* art. 2080. *Lég.* 19. *Cod. de pignor. et hypothec.*

(3) Code civil, art. 2078. *Leg.* 1. *Cod. de pact. Leg.* 16. §. *ultim. de pign. et hypothec. Leg.* 7. §. *ultim. ff. de distrah. pignor.*

(4) Code civil, art. 2079. 2082.

pourra-t-il retenir le gage à raison de cette dernière dette?

Le Code civil décide pour l'affirmative (1).

Le gage est indivisible, nonobstant la divisibilité de la dette entre les héritiers du débiteur et ceux du créancier (2).

Ainsi l'héritier du débiteur qui aura payé sa portion de la dette ne pourra, avant l'entier paiement de cette dette, exiger la restitution de sa portion dans le gage; car le créancier ne saurait être contraint à scinder ses droits lors même que le gage serait divisible : il l'a reçu d'une seule main et sans division; il n'en doit la restitution que de la même manière et après avoir été totalement payé.

De même l'héritier du créancier qui aurait reçu la portion de la dette, ne pourra remettre le gage au préjudice de ses co-héritiers non payés; car le gage n'est dans ses mains et pour la part de ses co-héritiers qu'une espèce de dépôt qu'il violerait, s'il osait s'en dessaisir sans avoir pourvu à leurs intérêts.

____

(1) Code civil, art. 2082. *Leg. unic. cod. ob chirog. pecun.*

(2) Code civil, art. 2083, et les motifs.

CHAPITRE IV.

De l'anitchrèse.

L'objet du gage est sur-tout une chose mobilière ; mais on peut quelquefois aussi donner un immeuble en nantissement, ainsi que nous l'avons dit au commencement du chapitre précédent.

La possession que l'on donne d'un immeuble à un créancier pour la sûreté de sa créance, forme le contrat que l'on appelle *antichrèse* (1). La jouissance des fruits tient lieu au créancier des intérêts de la somme qui lui est due.

Il ne faut pas confondre *l'antichrèse* avec le contrat pignoratif, qui a lieu lorsque le vendeur stipule que jusques à l'entier paiement du prix de la vente, il jouira des fruits qu'il a vendus. Ce contrat, quoique approuvé par le droit romain, a toujours été regardé comme peu favorable parmi nous.

Il est plus onéreux pour le débiteur que l'antichrèse ; dans celle-ci le créancier jouit du fonds qui lui est remis en gage, et en prend les fruits pour lui tenir lieu des intérêts de son

---

(1) *Leg.* 11. §. 1. *Leg.* 8. *ff. in quib. caus. pign. vel hypoth. tacit. contr. Leg.* 14. *Leg.* 17. *Cod. de usur.* Code civil, art. 2085.

argent;

argent : il court le risque des mauvaises récoltes ; tandis que dans le contrat pignoratif,
le vendeur n'est point désaisi ; il est chargé de
la récolte incertaine de ses fruits. Si leur valeur
ne suffit pas pour acquitter les intérêts, il est
obligé d'y suppléer (1).

L'antichrèse n'était valable autrefois qu'autant
que les fruits du fonds donné en gage étaient
certains, et qu'ils n'excédaient point les intérêts
légitimes de la dette. Il en était de même pour
le contrat pignoratif ; dans les lieux où il était
permis, le créancier devait imputer l'excédant
sur le capital.

Mais aujourd'hui, où l'intérêt est en quelque
sorte arbitraire, cette règle ne peut avoir d'application, qu'autant que la valeur des fruits
excéderait l'intérêt convenu (2).

La différence qu'il y a entre le gage et l'an-
tychrèse, consiste en ce que le premier donne
au créancier un privilége sur la chose engagée ;
tandis qu'il n'en est pas de même de l'autre, qui
ne transfère aucun droit de propriété au créancier, mais seulement la faculté de percevoir
les fruits de l'immeuble engagé (3).

Les charges et les hypothèques inscrites sur le
fonds donné en antichrèse subsistent toujours.

L'antichrèse ne peut donc prévaloir sur les

----

(1) Journ. du Pal. tom. 1 , p. 482.
(2) Code civil, art. 2085 , 2089.
(3) *Ibid.* art. 2085.

Tome IV. R

droits hypothécaires acquis par des tiers, ni même concourir avec eux. Mais si le créancier nanti est lui-même créancier hypothécaire, il exerce ses droits à son rang, comme les autres créanciers de la même nature (1).

L'antichrèse ne s'établit que par écrit, quand même le fonds donné en gage serait d'une valeur au-dessous de cent cinquante francs (2).

Le créancier détenteur du fonds devra acquitter les contributions et les charges foncières qui courront pendant la jouissance, et pourvoir, sous peine de dommages et intérêts, à l'entretien et aux réparations de l'immeuble, sauf à prélever sur les fruits le montant de ces diverses dépenses (3).

Le débiteur ne peut réclamer la jouissance du fonds qu'il a remis en antichrèse, avant l'entier acquittement de la dette ; mais le créancier pourra le forcer à le reprendre, s'il trouve trop onéreuses pour lui les obligations que le contrat lui impose (4).

Le créancier ne pouvant devenir propriétaire du fonds donné en gage, et la loi annullant toute convention pareille, il ne lui reste d'autre moyen de se faire payer au terme

(1) Code civil, art. 2091.
(2) *Ibid.* art. 2085 et les motifs.
(3) *Ibid.* 2086.
(4) *Ibid*, art. 2087.

convenu, qu'en poursuivant l'expropriation du débiteur par les voies légales (1).

CHAPITRE V.

Du gage judiciaire.

Il nous reste à parler du gage judiciaire, qui est la seconde espèce de gage que nous avons indiquée ci-dessus.

Nous parlerons seulement des choses qui peuvent être l'objet de cette espèce de gage, car les formes par lesquelles on l'établit sont du ressort de la pratique judiciaire.

Le gage judiciaire a lieu quand on saisit les meubles de quelqu'un par autorité de justice. Cette saisie se fait de trois manières. 1°. Lorsqu'on saisit ou qu'on arrête entre les mains de ceux qui doivent à nos débiteurs, pour les empêcher de payer. Cette espèce de saisie s'appelle communément *opposition*. Cette saisie empêche celui entre les mains de qui elle est faite, de payer valablement; et s'il payait au mépris de la saisie, il pourrait être condamné à payer une seconde fois. (2).

2°. Lorsqu'on saisit les meubles sans déplacer, et sans les faire vendre, ce qui s'appelle *gagerie.*

3°. Enfin, quand on saisit et qu'on exécute

____

(1) Code civil, art. 2088.
(2) *Ibid.* art. 1242.

les meubles, pour les faire vendre publiquement.

Les deux premières espèces de saisies ne sont proprement que des sûretés que prend le créancier pour le paiement de sa dette; c'est par la dernière seule qu'il parvient à ce paiement.

En règle générale, pour faire une saisie, il faut avoir un acte authentique ou une condamnation judiciaire (1). Cependant, pour faire une simple saisie entre les mains du débiteur, il suffit d'une ordonnance du juge, apposée au bas d'une pétition; il faut dans l'exploit de saisie spécifier en vertu de quels titres on arrête et en donner copie.

Suivant l'ordonnance de 1667, ceux qui ont fait établir un séquestre, sont obligés de vider leurs différends dans trois ans, autrement le séquestre est déchargé de plein droit. Les commissaires et gardiens sont même déchargés après un an, à compter du jour de leur commission (2). Cette règle doit à plus forte raison s'appliquer à celui entre les mains de qui on a fait arrêter et saisir des deniers. Il ne doit pas être empêché pour toujours de se libérer, ni être obligé d'intenter lui-même des

---

(1) Coutum. de Paris, art. 160. 166, 167, Loi du 26 ventôse an 11, relative au notariat, art. 19.
(2) Ordon. de 1667, tit. 19, art. 21 et suiv.

procès pour faire ordonner la délivrance des deniers.

Pour faire saisir valablement, il ne suffit pas toujours d'avoir un titre, il faut encore que la dette soit liquide, c'est-à-dire, qu'elle ne soit point litigieuse, et que la somme soit certaine. Si la dette consistait en marchandises susceptibles d'être appréciées, on peut saisir ; mais avant de les faire vendre, il faut en faire faire l'apprécia ion (1).

Il est des personnes qui même, sans aucun acte par écrit, peuvent faire faire des saisies ; les propriétaires des fermes des campagnes peuvent saisir, pour l'entière exécution de leur bail, les fruits qui ont été recueillis par le fermier, ou les bestiaux et ustensiles qui y ont été transportés ; le propriétaire des maisons, les meubles de ses locataires, pour le paiement des loyers ; les hôtes, les hardes et les chevaux des passans , pour être payés des dépenses qu'ils ont faites dans leurs hôtelleries (2).

Celui qui a vendu une chose mobiliaire sans jour ni terme , espérant d'en être promptement payé, la peut faire saisir en quelque lieu qu'elle soit transportée, pour être sur icelle payé du prix qu'il l'a vendue. C'est ce

______

(1) Ordon. de 1667, tit. 33, art. 2. Coutum. de Paris » art. 166.

(2) *Ibid.* art. 161, 162, 275. Loisel, instit. Coutum. liv. 3, tit. 6, art. 7. Code civ. art. 2102. *Leg.* 4. *ff. de pactis.*

qu'on appelle *revendication*, ainsi que nous le dirons encore plus bas.

Il est cependant des choses dont des considérations d'humanité et de bien public ont fait interdire la saisie : tels sont le lit et l'habit dont les saisis sont vêtus et couverts; en outre aucun engrais ni ustensile, ni autre meuble utile à l'exploitation des terres, et aucuns bestiaux servant au labourage, ne peuvent être saisis ni vendus pour contribution publique; ils ne peuvent même l'être pour aucune cause de dettes, si ce n'est au profit de la personne qui a fourni lesdits effets ou bestiaux, ou pour l'acquittement de la créance du propriétaire envers son fermier (1).

On ne peut pas saisir aux militaires en activité leurs armes et chevaux d'ordonnance, ni leurs livres et instrumens de service, ni les parties de leurs habillemens et équipemens, dont les ordonnances leur imposent la nécessité d'être pourvus.

Leurs appointemens ne peuvent être saisis que pour ce qui excède six cents francs, qui doivent leur être réservés (2).

---

(1) Ordonn. de 1667, tit. art. 14. 16. Décret du 28 septembre 1791, sur la police rurale, sect. 3, art. 2. *Leg. 6. ff. de pignor.* Arrêté du 13 thermidor an 8, art. 52, qui défend de saisir les outils et métiers servant à travailler; les abeilles, les vers à soie, les feuilles de mûrier, hors les tems déterminés par les lois, sur les biens et les usages ruraux.

(2) Décret du 10 juillet 1791, tit. III, art. 65.

On ne peut saisir également en totalité le traitement des fonctionnaires publics (1).

Des objets mobiliers qui sont indispensables pour l'exercice d'une manufacture, ne peuvent être saisis. Il en serait autrement s'ils étaient incorporés au bâtiment et s'ils en faisaient partie (2).

Au reste, toutes les saisies qui ne sont pas faites en vertu d'un jugement, ne sont jamais que provisoires, et l'on ne peut faire vendre les effets saisis, que lorsqu'on a obtenu une condamnation judiciaire.

Autrefois on ne pouvait exécuter les héritiers ni la veuve commune, pour les dettes du défunt, avant d'avoir fait déclarer le contrat ou le titre authentique exécutoire contre eux.

On le peut aujourd'hui, huit jours après qu'on a fait signifier ce contrat ou ce titre aux héritiers ou à la veuve (3).

Le gage et la saisie étaient autrefois le seul moyen d'affecter les choses mobiliaires au paiement d'une dette dans les pays de coutume; aussi y tenait-on que les meubles n'avaient point de suite par hypothèque, quand ils étaient hors de la possession du débiteur.

Le gage donnait une préférence à celui qui en était nanti, pour être payé sur le prix qui

____

(1) Loi du 21 ventôse an 9.

(2) Edit de 1704. Journ. du Pal. 20 floréal an 10, n°. 83.

(3) Code civil, art. 877.

en proviendrait, et le créancier qui faisait le premier arrêter et saisir valablement les meubles de son débiteur, devait être le premier payé. Il n'y avait d'exception à cette règle, qu'en cas de déconfiture ou de faillite ; tous les créanciers venaient alors à contribution au sol la livre , sur les biens-meubles de leurs débiteurs, ou étaient payés chacun à proportion du montant de leur créance, sans avoir égard aux saisies qui avaient été faites (1).

Dans la plupart des pays de droit écrit, on convenait bien de la maxime, que les meubles n'avaient pas suite par hypothèque, lorsqu'ils n'étaient plus en la possession du débiteur. Ç'aurait été introduire une confusion trop étrange et entraver les transmissions journalières, qui se font des propriétés mobiliaires, si l'on avait voulu, comme chez les Romains, accorder une telle hypothèque sur ces propriétés, qu'il fût permis de les revendiquer dans les mains étrangères, où elles auraient passé. Mais tant qu'elles étaient au pouvoir du débiteur , et qu'elles étaient simplement saisies , le prix des meubles vendus était distribué par ordre d'hypothèque entre les créanciers hypothécaires, à l'égal de celui des immeubles (2).

Cela, au reste, n'avait lieu qu'en cas de dé-

____

(1) Coutume de Paris , art. 170 , 180 et suiv.
(2) Henrys , tom. 1, liv. 4 , quest. 38.

confiture et dans les discussions générales ; car dans les instances ordinaires le premier saisissant était le premier payé ; et quand il y avait plusieurs saisissans de même date, ils venaient, comme en pays coutumier, au sol le franc ; et cela s'observe encore aujourd'hui dans toute la France. Les différences qui existaient entre ses diverses parties, ont été abolies par le nouveau régime hypothécaire, qui n'a soumis à l'hypothèque que les immeubles, et en a assujetti l'exercice à des règles, dont nous allons parler dans les chapitres suivans.

CHAPITRE VI.

Des priviléges et des hypothèques en général.

L'hypothèque, suivant la définition qu'en donne la loi, est un droit réel sur les immeubles affectés au paiement d'une obligation. Le privilége sur ces mêmes immeubles, est le droit d'être préféré à tous les autres créanciers, quoique antérieurs en hypothèque (1). Le droit résultant de l'hypothèque, transfère à celui à qui il est accordé, un privilége ou une préférence sur le prix de ces immeubles. On avait senti chez tous les peuples la nécessité qu'une telle affectation eût une certaine publicité, pour que ceux qui voudraient traiter avec un

____

(1) Code civil, art. 2114.

propriétaire, pussent s'assurer de la valeur du gage qu'il avait encore à leur présenter.

Parmi nous l'hypothèque s'acquérait autrefois :

1°. Par des actes passés par-devant notaire, ou sous signature privée, mais reconnus ensuite devant notaire ou en justice (1).

2°. Par un jugement, lorsque le créancier qui n'avait point de titre hypothécaire, avait obtenu condamnation en justice. Mais pour qu'un jugement emportât hypothèque, il fallait qu'il fût rendu en dernier ressort, ou qu'il n'y en eût pas d'appel. L'hypothèque avait cependant lieu du jour du premier jugement, lorsque sur l'appel d'une des parties, il avait été confirmé par le tribunal supérieur (2).

3°. Par l'autorité de la loi, sans stipulation expresse des parties. Mais dans ce cas l'hypothèque était toujours la suite d'un engagement ou d'un acte public. Ainsi l'hypothèque que la loi accordait à la femme sur les biens du mari, pour la restitution de tout ce qu'il avait reçu d'elle ; au pupille et au mineur sur les biens des tuteurs ou curateurs, pour le reliquat de leur compte ou l'indemnité de leur mauvaise administration ; aux légataires sur les biens du testateur, etc., était toujours une conséquence d'un mariage, d'un acte de nomination de

---

(1) Ordonn. de 1539, art. 92. Roussillon, art. 10.
(2) Ordonn. de Moulins, art. 53 ; et 10 juillet 1566.

tuteur ou de curateur, d'un acte de dernière volonté, etc.

L'hypothèque était ou générale ou spéciale. La première s'étendait indistinctement sur tous les immeubles du débiteur présens ou à venir. La spéciale ne comprenait que ceux qui avaient été spécifiés dans l'obligation.

Mais cette distinction était inutile dans la pratique, parce que l'on convenait généralement que l'hypothèque spéciale ne pouvait déroger à la générale, et que le créancier hypothécaire n'était point obligé de discuter les biens qui lui avaient été spécialement affectés. Il pouvait exécuter indistinctement tous les biens de son débiteur.

Le créancier hypothécaire avait une préférence sur les immeubles, sur celui qui n'avait point d'hypothèque, et qu'on appelait chirographaire, à moins que celui-ci n'eût droit de privilège sur ces immeubles, auquel cas il était préféré à l'hypothécaire.

Entre plusieurs créanciers hypothécaires, la préférence était donnée au plus ancien, ensorte que de deux créanciers du même jour, celui qui avait hypothèque du matin, était préféré à celui qui ne l'avait que de l'après-midi.

Il y avait des créances privilégiées sur les immeubles comme sur les meubles, auxquelles la loi donnait la préférence sur toutes les autres ; c'étaient les frais de justice, ceux des funérailles, les salaires des médecins, chirurgiens, apothicaires, pour les traitemens qu'ils avaient faits dans la dernière maladie du défunt ; c'étaient en outre les rentes foncières sur les héritages qui en étaient chargés ; la créance du laboureur sur le fonds par lui labouré et ensemencé, pour raison de ses labours et semences ; celle des maçons, charpentiers, couvreurs et autres artisans, pour leur travail et matériaux par eux employés sur un héritage ; celle enfin du vendeur d'un immeuble, pour le restant du prix de la vente en principal et intérêts.

Pour pouvoir jouir des priviléges de l'hypothèque, ou, pour mieux dire, pour l'acquérir, il fallait anciennement, dans toutes les coutumes, en prendre *saisine* ou *nantissement.* C'était une espèce de prise de possession du droit qu'on acquérait, accompagnée de certaines formalités. Cette prise de possession fictive était abolie dans la plupart des coutumes, et notamment dans celle de Paris, *où ne prenait saisine qui ne voulait.* La saisine n'était point nécessaire pour les hypothèques légales (1).

Un édit de 1673 parut vouloir la rétablir dans toute la France, en créant des greffes et enregistrement des oppositions, pour conserver les hypothèques qui n'auraient eu lieu que du jour de l'enregistrement des oppositions,

______

(1) Loisel. instit. Coutum. liv. III. tit. VII, art. 16.

à moins qu'elles ne fussent formées dans un certain tems. Cet édit resta en grande partie sans exécution. Cependant les créanciers, pour conserver leurs hypothèques, étaient tenus de faire des oppositions dans les ventes par décrets volontaires ou forcés.

Dans quelques provinces, sur-tout dans celles régies par la loi romaine, un acte public ou judiciaire suffisait pour établir et pour conserver l'hypothèque. Un créancier ne pouvait la perdre sur un immeuble, qu'au cas où ayant été aliéné, il aurait laissé passer dix ans sans donner connaissance de son droit à l'acquéreur.

Tel était l'état des choses, lorsque parut l'édit de 1771, dont l'objet fut plutôt d'enrichir le fisc par des droits nouveaux, que de fixer l'ordre et la stabilité des hypothèques, de tracer une route facile pour les conserver, et de fournir aux acquéreurs des moyens de traiter avec solidité et de se libérer valablement, comme on sembloit le promettre dans le préambule. De ces magnifiques promesses, il n'y eut de réel que la suppression du décret volontaire, bienfait, à la vérité, précieux pour les malheureux débiteurs, et celle des saisines qui existaient encore ; on y substitua des lettres de ratification pour l'acquisition des meubles réels et fictifs.

Plusieurs provinces néanmoins, sur-tout celles où les abus du décret volontaire n'étaient pas connus, réclamèrent contre la disposition de cet édit, et tout l'appareil de la force ne put le faire recevoir ni en Flandres, ni en Provence, où les anciens usages furent maintenus. Les Etats de cette dernière province firent sur cela des représentations très-énergiques, dans lesquelles ils prétendaient que la publicité de l'hypothèque résultante de celle de l'acte qui la conférait, suffisait pour la sûreté des créanciers; que la nature de leur terrain et les dommages auxquels il était sans cesse exposé par la violence des torrens, exigeait des réparations continuelles, auxquelles la plupart des propriétaires ne pouvaient subvenir que par le secours des emprunts; que la ressource principale de leur pays consistait essentiellement dans l'industrie de ses habitans, et dans leur aptitude naturelle pour le commerce; qu'il ne fallait donc pas, par un examen trop sévère des fortunes, détourner ceux qui ont un argent stérile entre leurs mains, de le confier à ceux qui peuvent le faire valoir d'une manière utile pour eux et pour l'état; qu'il fallait dans les affaires une certaine facilité que des formalités compliquées détruisent nécessairement; qu'il était impossible, dans ce cas comme dans d'autres, d'obvier à tous les inconvéniens; que, quoique l'industrie et la moralité eussent une valeur supérieure souvent à celle des immeubles, c'était presque toujours les déprécier que de les montrer entièrement isolées, et de ne pas laisser au moins un point d'appui à l'imagination confiante des prêteurs.

Dans la réformation que l'on a entreprise de l'ancienne législation, les lois concernant les hypothèques méritaient certainement une attention particulière. Aussi a-t-on vu présenter à diverses reprises des projets de loi sur ce sujet. Mais la matière était par elle-même sujette à tant de difficultés, que, quoique l'un de ces projets eût été adopté le 9 messidor an 3, on fut obligé d'en suspendre l'exécution, pour faire cesser les réclamations qu'il excitait de toute part.

La loi du 11 brumaire an 7, établit la première en France des règles uniformes, au sujet des hypothèques. Quoique le Code civil en ait rectifié quelques dispositions, les bases qu'elle avoit posées sont toujours les mêmes, ainsi qu'on a soin de l'observer dans les motifs.

Dans le régime hypothécaire actuel, il y a toujours trois espèces d'hypothèques, la conventionnelle, la judiciaire et la légale (1).

Il y a en outre des priviléges qui sont à peu-près les mêmes que ceux qui existaient autrefois.

Les priviléges ont, comme les hypothèques, la vertu de donner une préférence aux créanciers à qui ils sont accordés; mais la préférence qui dérive d'un privilége, n'est point

---

(1) Code civil, art. 2116.

déterminée par sa date comme celle que produit l'hypothèque, mais par la cause ou l'origine de la créance (1).

Le privilégié, quoique postérieur par le tems, l'emporte néanmoins sur le créancier antérieur, et cela, comme nous le verrons tout à l'heure, a été ainsi réglé par des considérations d'humanité et d'équité naturelle.

Le Code civil ayant réglé ce qui concerne les priviléges, avant de statuer sur les hypothèques, nous suivrons la même méthode.

CHAPITRE VII.

Des priviléges.

Le mot privilége emporte dans son acception ordinaire l'idée d'une faveur personnelle; et c'est sous ce rapport qu'on l'a tant décrié dans ces derniers tems. Mais un privilége n'est odieux qu'autant qu'il est une faveur, et non quand il est un acte de justice. Or, nous avons déjà dit que les priviléges dont nous allons parler, ont toujours une cause ou un motif fondé sur des considérations d'équité ou d'humanité. Ainsi on les accorde à celui qui a amélioré ou conservé une chose, ou bien à celui qui en est encore en quelque manière le propriétaire, attendu qu'il n'a pas reçu l'entier paiement

____

(1) *Leg. 32. ff. de reb. auctor. jud. possid. Leg. 7. §. ultim. deposit.*

du prix, condition essentielle du consentement qu'il a donné à s'en dépouiller; ou bien enfin les priviléges ont été établis en faveur des créanciers qui ont fourni de quoi exister au débiteur dans sa dernière maladie, ou qui ont fait les avances de ses frais funéraires.

Les créanciers privilégiés qui sont dans le même rang, sont payés par concurrence.

Les priviléges du fisc national sont réglés par les lois qui le concernent; il ne peut avoir cependant de privilége au préjudice des droits antérieurement acquis à des tiers.

Les priviléges peuvent être sur les meubles ou sur les immeubles, ou même sur les uns et sur les autres.

Voici l'ordre dans lequel la loi les classe et les établit.

Les créances privilégiées sur la généralité des meubles, et même sur les immeubles à défaut de mobilier, s'exercent dans l'ordre suivant :

Les frais de justice;

Les frais funéraires;

Les frais quelconques de la dernière maladie, concurremment entre ceux à qui ils sont dus;

Les salaires des gens de service, pour l'année échue, et ce qui est dû sur l'année courante ;

Les fournitures de subsistances faites au débiteur et à sa famille; savoir, pendant les six derniers mois, par les marchands en détail, tels que boulangers, bouchers et autres ; et pendant la dernière année, par les maîtres de pension et marchands en gros (1).

Ce sont même là les priviléges proprement dits, puisqu'ils passent avant tous les autres, et que pour leur conservation, on n'a pas besoin de la formalité de l'inscription, comme on le verra plus bas (2).

Il y a des créances privilégiées qui ne s'exercent que sur certains meubles ; ce sont :

1°. Les loyers et fermages des immeubles sur les fruits de la récolte de l'année, et sur le prix de tout ce qui garnit la maison louée ou la ferme, et de tout ce qui sert à l'exploitation de la ferme ; savoir, pour tout ce qui est échu, et pour tout ce qui est à échoir, si les baux sont authentiques, ou si, étant sous signature privée, ils ont une date certaine ; dans ces deux cas, les autres créanciers ont le droit de relouer la maison ou la ferme pour le restant du bail, et de faire leur profit des baux ou fermages, à la charge toutefois de payer au propriétaire tout ce qui lui serait encore dû (3).

Lorsqu'il n'y a pas de baux authentiques, ou lorsqu'étant sous signature privée ils n'ont pas une date certaine, le privilége n'existe que

------

(1) Code civil, art. 2101, 2104. *Leg 17. ff. de reb. auctorit. jud. possid. Leg. 45. ff. de relig. et sumpt. funer.*

(2) Code civil, art. 2107.

(3) *Ibid.* art. 2102. *Leg. 7. ff. in quib. caus. pign. vel. hypoth. tacit. contrah.*

pour une année à partir de l'expiration de l'année courante.

Le même privilége a lieu pour les réparations locatives, et pour tout ce qui concerne l'exécution du bail.

Néanmoins les sommes dues pour les semences ou pour les frais de la récolte de l'année, sont payées sur le prix de la récolte; et celles dues pour ustensiles, sur le prix de ces ustensiles, par préférence au propriétaire, dans l'un et l'autre cas.

Le propriétaire peut saisir les meubles qui garnissent sa maison ou sa ferme, lorsqu'ils ont été déplacés sans son consentement, et il conserve sur eux son privilége, pourvu qu'il ait fait la revendication; savoir, lorsqu'il s'agit du mobilier qui garnissait une ferme, dans le délai de quarante jours; et dans celui de quinzaine, s'il s'agit des meubles garnissant une maison (1);

2°. La créance sur le gage dont le créancier est saisi (2);

3°. Les frais faits pour la conservation de la chose (3);

4°. Le prix d'effets mobiliers non payés, s'ils sont encore en la possession du débiteur, soit qu'il ait acheté à terme ou sans terme.

---

(1) *Leg.* 24. *ff. ibid. Leg. ultim Cod. eod.*

(2) Code civil, art. 2102.

(3) *Leg.* 24. §. 1. *Leg.* 26. *ff. de reb. autor. jud. possid. Leg.* 25. *ff. de reb. credit.*

Si la vente a été faite sans terme, le vendeur peut même revendiquer ses effets tant qu'ils sont en la possession de l'acheteur, et en empêcher la revente, pourvu que la revendication soit faite dans la huitaine de la livraison, et que les effets se trouvent dans le même état dans lequel cette livraison a été faite.

La revendication avait lieu autrefois lors-même qu'ayant donné terme, la chose était saisie sur le débiteur par d'autres créanciers (1).

Le privilége du vendeur ne s'exerce toutefois qu'après celui du propriétaire de la maison ou de la ferme, à moins qu'il ne soit prouvé que le propriétaire avait connaissance que les meubles et autres objets garnissant sa maison ou sa ferme, n'appartenaient pas au locataire.

On déclare dans le Code qu'on n'innove rien aux lois et aux usages du commerce sur la revendication. Tout ce qu'on dit ici ne concerne que les ventes ordinaires entre personnes non commerçantes.

Il y a encore les priviléges d'un aubergiste, sur les effets du voyageur qui ont été transportés dans son auberge ;

D'un voiturier, pour les frais de sa voiture et les dépenses accessoires, sur la chose voiturée ;

Les créances résultant d'abus et prévarications commis par les fonctionnaires publics dans l'exercice de leurs fonctions, sur les fonds

______

(1) Coutum. de Paris , art 176. 177.

de leur cautionnement, et sur les intérêts qui en peuvent être dus (1).

Les créanciers privilégiés sur les immeubles, sont:

1°. Le vendeur, sur l'immeuble vendu, pour le paiement du prix (2);

S'il y a plusieurs ventes successives dont le prix soit dû en tout ou en partie, le premier vendeur est préféré au second, le deuxième au troisième, et ainsi de suite;

2°. Ceux qui ont fourni les deniers pour l'acquisition d'un immeuble, pourvu qu'il soit authentiquement constaté par l'acte d'emprunt que la somme était destinée à cet emploi, et, par la quittance du vendeur, que ce paiement a été fait des deniers empruntés(3).

3°. Les co-héritiers, sur les immeubles de la succession, pour la garantie des partages faits entre eux, et des soultes ou retour de lots;

4°. Les architectes, entrepreneurs, maçons et autres ouvriers employés pour édifier, reconstruire ou réparer des bâtimens, canaux ou autres ouvrages quelconques, pourvu néanmoins que, par un expert nommé d'office par le tribunal de première instance dans le ressort duquel les bâtimens sont situés, il ait été dressé

---

(1) Cod. civ. art. 2102.
(2) *Leg.* 19. 53. *de contrah. empt. Leg.* 13. §. 8. *ff. de act. empt. et vend.*
(3) *Leg.* 26. *ff. de reb. autor. jud. possid. Leg.* 7. *Cod. qui potior. in pign.*

préalablement un procès-verbal, à l'effet de constater l'état des lieux relativement aux ouvrages que le propriétaire déclarera avoir dessein de faire, et que les ouvrages aient été, dans les six mois au plus de leur perfection, reçus par un expert également nommé d'office.

Le privilége n'a lieu que jusques à concurrence des valeurs constatées par le second procès-verbal, et il se réduit à la plus-value existant à l'époque de l'aliénation de l'immeuble, et résultant des travaux qui y ont été faits.

Il est d'usage de faire en ce cas une ventilation, c'est-à-dire, une estimation séparée du corps de la maison et de la superficie. Le prix seul de la superficie est affecté au privilége des ouvriers (1).

Ceux qui ont prêté les deniers pour payer ou rembourser les ouvriers, jouissent du même privilége, pourvu que cet emploi soit authentiquement constaté par l'acte d'emprunt et par la quittance des ouvriers, comme on le pratique à l'égard de ceux qui ont prêté les deniers pour l'acquisition d'un immeuble (2).

Les créanciers porteurs de priviléges, qui s'étendent tout-à-la-fois sur les meubles et sur les immeubles, sont préférés à ceux qui n'ont de priviléges que sur les immeubles, quand

---

(1) Brod. sur Louet. lett. H. somm. 21. *Leg.* 25. *ff. de reb. credit.*

(1) Code civil, art. 2103.

ils se trouvent, à défaut de mobilier, en concours avec eux (1).

La différence la plus remarquable entre les diverses espèces de priviléges, c'est que les uns priment toutes les autres créances, et n'ont pas besoin, pour se conserver, de la formalité de l'inscription. Ce sont ceux dont nous avons parlé plus haut, et qui s'exercent sur la généralité des meubles, et même sur les immeubles à défaut de mobilier (2). Les autres, au contraire, ne se conservent que par le moyen de l'inscription, comme la plupart des hypothèques.

Les formes de cette inscription sont cependant moins rigoureuses dans certains cas, ainsi que celles des hypothèques.

Le vendeur privilégié conserve son privilége par la transcription du titre qui a transféré la propriété à l'acquéreur, et qui constate que la totalité ou partie du prix lui est due. La transcription du contrat faite par l'acquéreur, vaut inscription pour le vendeur et pour le prêteur qui lui a fourni les deniers payés, et qui est subrogé aux droits du vendeur par le même contrat. Le conservateur des hypothèques est cependant tenu, sous peine de tous dommages et intérêts envers les tiers, de faire d'office l'inscription sur son registre, des créances résultant

-----

(1) Code civil, art. 2105.
(2) *Ibid.* art. 2105, 2107.

de l'acte translatif de propriété, tant en faveur du vendeur qu'en faveur des prêteurs, qui ont aussi la faculté de faire faire, si elle ne l'a été, la transcription du contrat de vente, à l'effet d'acquérir l'inscription de ce qui leur est dû sur le prix (1).

Le co-héritier ou co-partageant conserve son privilége sur les biens de chaque lot ou sur le bien licité, pour la soulte et retour de lots, ou pour le prix de la licitation, lorsqu'il a fait faire l'inscription dans soixante jours, à dater de l'acte de partage ou de l'adjudication par licitation ; pendant ce tems aucune hypothèque ne peut avoir lieu sur le bien chargé de soulte ou adjugé par licitation, au préjudice du créancier de la soulte ou du prix (2).

Les architectes, entrepreneurs, maçons et autres ouvriers employés pour édifier, reconstruire ou réparer des bâtimens, canaux ou autres ouvrages dont nous avons parlé plus haut, et ceux qui ont, pour les payer et rembourser, prêté les deniers dont l'emploi a été constaté, conservent, par la double inscription faite, 1°. du procès-verbal qui constate l'état des lieux, 2°. du procès-verbal de réception, leur privilége à la date de l'inscription du premier procès-verbal (3).

Les créanciers et légataires qui demandent

---

(1) Cod. civ. art. 2108.
(2) *Ibid.* art. 2109.
(3) *Ibid.* art. 2110.

la séparation du patrimoine du défunt, conformément à ce que nous avons dit en traitant des successions, conservent, à l'égard des créanciers ou représentans du défunt, leur privilége sur les immeubles de la succession, par les inscriptions faites sur chacun de ces biens, dans les six mois à compter de l'ouverture de la succession.

Avant l'expiration de ce délai, aucune hypothèque ne peut être établie avec effet sur ces biens par les héritiers ou ses représentans, au préjudice de ses créanciers ou légataires (1).

Les cessionnaires de ces diverses créances privilégiées, exercent tous les mêmes droits que les cédans, en leur lieu et place (2).

Les créances privilégiées soumises à la formalité de l'inscription, n'ont d'effet contre les tiers que du jour où cette formalité a été remplie, comme on le verra ci-après, relativement aux hypothèques (3).

CHAPITRE VIII.

Des Hypothèques.

L'hypothèque est, comme on l'a déjà dit, un droit réel sur les immeubles affectés à l'acquittement d'une obligation.

---

(1) Code civil, art. 2111.
(2) *Ibid.* art. 2112.
(3) *Ibid.* art. 2113.

Elle est, dans sa nature, indivisible, et subsiste en entier sur tous les immeubles affectés sur chacun et sur chaque portion de ces immeubles.

Son effet est de suivre les immeubles qu'elle affecte, dans quelques mains qu'ils passent (1).

L'hypothèque, aujourd'hui comme autrefois, est ou légale, ou judiciaire, ou conventionnelle.

L'hypothèque légale est celle qui résulte de la loi.

L'hypothèque judiciaire est celle qui résulte des jugemens ou actes judiciaires.

L'hypothèque conventionnelle est celle qui dépend des conventions, et de la forme extérieure des actes et des contrats (2).

Les meubles susceptibles de priviléges, tant qu'ils sont entre les mains du propriétaire, ne le sont point d'hypothèque (3).

Il n'en est pas de même des immeubles; ils sont susceptibles de priviléges et d'hypothèques.

On peut donc hypothéquer les biens immobiliers qui sont dans le commerce, et leurs accessoires réputés immeubles;

L'usufruit des mêmes biens et accessoires pendant le tems de sa durée (4).

---

(1) Cod. civ. art. 2114.
(2) *Ibid.* art. 2116 et suiv.
(3) *Ibid.* art. 2119.
(4) *Ibid.* art. 2118.

Le Code n'innove rien aux dispositions des lois maritimes concernant les navires et bâtimens de mer (1).

L'hypothèque légale a été introduite pour ceux qui ont besoin d'une protection spéciale de la loi, pour la conservation de leurs droits. Cette hypothèque est donc accordée aux femmes mariées sur les biens de leurs maris;

Aux mineurs et interdits, sur les biens de leurs tuteurs;

A la nation, aux communes et aux établissemens publics, sur les biens des receveurs et administrateurs comptables (2).

L'hypothèque légale est générale de sa nature; celui qui a une hypothèque pareille, peut l'exercer sur tous les immeubles appartenant à son débiteur, et sur ceux qui pourront lui appartenir dans la suite, sous les modifications dont on parlera ci-après (3).

L'hypothèque judiciaire résulte des jugemens, soit contradictoires, soit par défaut, définitifs ou provisoires, en faveur de celui qui les a obtenus. Elle résulte aussi des reconnaissances ou vérifications faites en jugement, des signatures apposées à un acte obligatoire sous seing-privé. Elle peut s'exercer sur les immeubles actuels du débiteur et sur ceux

------

(1) Cod. civ. art. 2120.
(2) *Ibid.* art. 2121.
(3) *Ibid.* art. 2122.

qu'il pourra acquérir, sauf aussi les modifications qui seront ci-après indiquées.

Les décisions arbitrales n'emportent hypothèque qu'autant qu'elles sont revêtues de l'ordonnance judiciaire d'exécution.

Les jugemens rendus en pays étrangers
ne produisent hypothèque en France qu'autant qu'ils ont été déclarés exécutoires par un
tribunal français, sans préjudice des dispositions contraires qui peuvent être dans les lois
politiques ou dans les traités (1).

Les hypothèques conventionnelles ne peuvent être consenties que par ceux qui ont la
capacité d'aliéner les immeubles qu'ils y sou-
mettent (2).

L'ypothèque suit toujours le sort du contrat principal, dont elle n'est que l'accessoire.
Ainsi si le contrat est conditionnel, s'il est ré-
soluble ou révocable en certains cas, comme
la donation, qui peut être révoquée par l'ingra-
titude du donataire ou la survenance d'enfans,
etc., l'hypothèque qu'il produit est soumise
aux mêmes conditions et aux mêmes évènemens (3).

Les biens des interdits, et ceux des absens,
tant que la possession n'en est déférée que provisoirement, ne peuvent être hypothéqués

----

(1) Code civil, art. 2123.
(2) *Ibid.* art. 2124.
(3) *Ibid.* art. 2125.

que pour les causes et dans les formes établies par la loi, ou en vertu de jugemens (1).

Il n'y a qu'un acte passé en forme authentique devant deux notaires, ou devant un notaire et deux témoins, qui puisse produire l'hypothèque.

Une écriture sous seing-privé n'a cet effet que lorsqu'elle a été reconnue et vérifiée en justice (2).

Les contrats passés en pays étrangers ne peuvent donner d'hypothèque sur les biens de France, s'il n'y a des dispositions contraires à ce principe dans les lois politiques ou dans les traités (3).

Il n'y a plus aujourd'hui d'hypothèque générale; pour établir une hypothèque valable, par convention il faut, soit dans le titre authentique constitutif de la créance, soit dans un acte authentique postérieur, déclarer spécialement la nature et la situation de chacun des immeubles actuellement appartenant au débiteur, sur lesquels il consent l'hypothèque de la créance. Chacun de tous ses biens présens peut être nominativement soumis à l'hypothèque; mais les biens à venir ne peuvent pas être hypothéqués (4).

Si cependant les biens présens et libres du débiteur sont insuffisans pour la sûreté de la

---

(1) Cod. civ. art. 2122.
(2) *Ibid.* art. 2123.
(3) *Ibid.* art. 2124.
(4) *Ibid.* art. 2125.

créance, il peut consentir que chacun des biens qu'il acquerra par la suite, y demeure affecté à mesure des acquisitions. C'est une affectation spéciale qui se réalise par l'inscription lorsque l'immeuble est acquis (1).

Dans le cas où l'immeuble ou les immeubles présens assujétis à l'hypothèque, viendraient à périr ou à éprouver des dégradations, de manière qu'ils fussent devenus insuffisans pour la sûreté du créancier, celui-ci pourrait ou poursuivre dès-à-présent son remboursement, ou obtenir un supplément d'hypothèque (2).

Il faut encore, pour la validité de l'hypothèque conventionnelle, que la somme pour laquelle elle est consentie soit certaine et déterminée par l'acte : si la créance résultant de l'obligation est conditionnelle pour son existence, ou indéterminée dans sa valeur, le créancier ne pourra requérir l'inscription dont il sera parlé ci-après, que jusqu'à concurrence d'une valeur estimative par lui déclarée expressément, et que le débiteur aura droit de faire réduire, s'il y a lieu (3).

L'hypothèque acquise s'étend à toutes les améliorations survenues à l'immeuble hypothéqué (4).

---

(1) Code civil. art. 2126.
(2) *Ibid* art. 2127.
(3) *Ibid.* art. 2128.
(4) *Ibid.* art. 2129.

CHAPITRE IX.

Du rang que les hypothèques ont entre elles:

Tous les titres dont on a parlé dans le chapitre précédent, ne donnent pas l'hypothèque
par eux-mêmes; ce sont seulement des moyens
de se la procurer en les faisant inscrire; c'est
l'inscription que l'on en fait faire qui constate
et donne l'action au droit inhérent à l'acte,
mais qui est sans effet à défaut d'inscription.

Ainsi entre les créanciers, l'hypothèque,
soit légale, soit judiciaire, soit conventionnelle, n'a de rang que du jour de l'inscription
prise par le créancier sur les registres du conservateur, dans la forme et de la manière
prescrites par la loi (1).

La loi du 11 brumaire an 7, qui la première
a étendu dans toute la France la forme des
inscriptions hypothécaires, l'exigeait pour toutes les hypothèques en général.

Mais on a bientôt compris par l'usage qu'il
y avait des cas qui exigeaient des exceptions.
Un grand nombre de femmes ont perdu leur
dot; des mineurs ont été ruinés par des tuteurs
infidèles, pour une omission qu'on ne pouvait
leur imputer.

Le Code civil a donc sagement établi que

____

(1) Cod. civ. art. 2130.

l'ypothéque existerait indépendamment de toute inscription,

1.º Au profit des mineurs et interdits, sur les immeubles appartenant à leur tuteur, à raison de sa gestion du jour de l'acceptation de la tutelle;

2.º Au profit des femmes, pour raison de leur dot et conventions matrimoniales, sur les immeubles de leurs maris, et à compter du jour du mariage.

La femme n'a cependant hypothèque pour les sommes dotales qui proviennent des successions à elle échues ou de donations à elle faites pendant le mariage, qu'à compter de l'ouverture des successions, ou du jour que les donations ont eu leur effet.

Son hypothèque pour l'indemnité des dettes qu'elle a contractées avec son mari, et pour le remploi de ses propres aliénés, à compter du jour de l'obligation ou de la vente (1).

En accordant ce privilége aux femmes et aux mineurs, le Code oblige les maris et les tuteurs de rendre publiques les hypothèques dont leurs biens sont grevés, et, à cet effet, de requérir eux-mêmes, sans aucun délai, inscription aux bureaux à ce établis, sur les immeubles à eux appartenans, et sur ceux qui pourront leur appartenir par la suite.

Les maris et les tuteurs qui manqueraient

---

(1) Cod. civ. art. 2131.

de

de requérir et de faire faire ces inscriptions, et qui auraient consenti ou laissé prendre des priviléges ou des hypothèques sur leurs immeubles, sans déclarer expressément que lesdits immeubles étaient affectés à l'hypothèque légale des femmes et des mineurs, seront réputés stellionataires, et soumis comme tels à la contrainte par corps (1).

On impose également aux subrogés tuteurs, sous leur responsabilité personnelle, et sous peine de tous dommages et intérêts, l'obligation de veiller à ce que les inscriptions soient prises sans délai sur les biens du tuteur, pour raison de sa gestion, même de faire faire lesdites inscriptions (2).

Enfin, à défaut par les maris, tuteurs, subrogés tuteurs, de faire faire les inscriptions, elles doivent être requises par le commissaire du gouvernement près le tribunal civil du domicile des maris et tuteurs, ou du lieu de la situation des biens.

On donne encore la faculté de les requérir aux parens, soit du mari, soit de la femme, et aux parens du mineur, ou, à défaut de parens, à ses amis: elles peuvent aussi être requises par la femme et par les mineurs (3).

Pour ne pas grever cependant les immeu-

____

(1) Cod. civ. art. 2136. 2059.
(2) *Ibid.* art. 2137.
(3) *Ibid.* art. 2138 et suiv.
Tome IV.   T

bles du mari, d'une inscription inutile et souvent funeste à ses intérêts, les parties majeures peuvent convenir, dans le contrat de mariage, qu'il ne sera pris d'inscription que sur un ou certains immeubles du mari ; alors les immeubles qui ne seraient pas indiqués pour l'inscription, resteront libres et affranchis de l'hypothèque pour la dot de la femme et pour ses reprises et conventions matrimoniales. Mais il n'est pas permis de convenir qu'il ne sera pris aucune inscription (1).

Il en sera de même pour les immeubles du tuteur, lorsque les parens, en conseil de famille, auront été d'avis qu'il ne soit pris d'inscription que sur certains immeubles (2).

Dans ces deux cas, le mari, le tuteur et le subrogé tuteur ne seront tenus de requérir inscription que sur les immeubles indiqués (3).

Lors même que l'hypothèque n'aura pas été restreinte par l'acte de nomination du tuteur ou dans le contrat de mariage, le tuteur et le mari pourront, dans le cas où l'hypothèque générale sur leurs immeubles excéderait notoirement les sûretés suffisantes pour leur gestion, demander que cette hypothèque soit restreinte aux immeubles suffisans pour opérer une pleine garantie en faveur du mineur ou de la femme.

____

(1) Code civil, art. 2140.
(2) *Ibid.* art. 2141.
(3) *Ibid.* art. 2142.

La demande du tuteur doit être formée con-tre le subrogé tuteur, et précédée d'un avis de famille(1).

Celle du mari doit se faire du consentement de sa femme, et après avoir pris l'avis des quatre plus proches parens d'icelle réunis en assemblée de famille.

Les jugemens sur les demandes des maris et des tuteurs ne seront rendus qu'après avoir entendu le commissaire du gouvernement, et contradictoirement avec lui.

Dans le cas où le tribunal prononce la réduction de l'hypothèque à certains immeubles, les inscriptions prises sur tous les autres doivent être rayées (2).

C H A P I T R E X.

Du mode de l'inscription des priviléges et des hypothèques, et de la responsabilité des conservateurs.

Après avoir indiqué quels sont les actes qui sont soumis à l'inscription pour pouvoir produire l'hypothèque, il faut voir quelles sont les formes de cette inscription.

Les inscriptions se font au bureau de la conservation des hypothèques dans l'arrondisse-

----

(1) Cod. civ. art. 2143 et suiv.
(2) *Ibid.* art. 2145.

ment duquel sont situés les biens soumis au privilége ou à l'hypothèque.

Il ne suffit pas toujours qu'un acte soit inscrit pour donner hypothèque, il est un cas où l'inscription ne produirait pas cet effet; c'est celle qui serait faite sur les biens d'un débiteur qui est sur le point de faillir, et dans le délai pendant lequel les actes faits par le failli sont déclarés nuls (1).

L'inscription faite par les créanciers d'une succession depuis son ouverture, ne produit aussi aucun effet, lorsque la succession est acceptée sous le bénéfice d'inventaire (2).

Le bénéfice d'inventaire, comme nous l'avons dit ailleurs, est une espèce de déconfiture. Les droits des créanciers doivent être jugés tels qu'ils se trouvent à l'époque où elle a lieu.

Tous les créanciers inscrits le même jour, exercent en concurrence une hypothèque de la même date, sans distinction entre l'inscription du matin et celle du soir, quand cette différence serait marquée par le conservateur (3). Le titre étant égal, il n'y a plus lieu à aucune préférence.

Pour opérer l'inscription, le créancier présente, soit par lui-même, soit par un tiers,

---

(1) L'ordonnance de 1673 déclare nuls les actes faits par un failli dix jours avant sa faillite, banqueroute ou cessation publique de paiement.
(2) Cod. civ. art. 2146.
(3) *Ibid.* art. 2147.

au conservateur des hypothèques, l'original
en brevet ou une expédition authentique du
jugement ou de l'acte qui donne naissance au
privilége ou à l'hypothèque.

Il y joint deux bordereaux écrits sur papier
timbré, dont l'un peut être porté sur l'expédition du titre ; ils contiennent :

1°. Les nom, prénom, domicile du créancier, sa profession, s'il en a une, et l'élection
d'un domicile pour lui dans un lieu quelconque de l'arrondissement du bureau ;

2.° Les nom, prénom, domicile du débiteur,
sa profession, s'il en a une connue, ou une désignation individuelle et spéciale, telle que
le conservateur puisse reconnaître et distinguer dans tous les cas l'individu grevé d'hypothèque ;

3°. La date et la nature du titre ;

4°. Le montant du capital des créances exprimées dans le titre, ou évaluées par l'inscrivant, pour les rentes et prestations, ou pour
les droits éventuels, conditionnels ou déterminés, dans les cas où cette évaluation est ordonnée ; comme aussi le montant des accessoires de ces capitaux, et l'époque de l'exi-
gibilité ;

5°. L'indication de l'espèce et de la situation des biens sur lesquels il entend conserver
son privilége ou son hypothèque.

Cette indication n'est pas nécessaire dans le
cas des hypothèques légales ou judiciaires : à

défaut de convention , une seule inscription
pour ces hypothèques, frappe tous les immeubles compris dans l'arrondissement du bureau (1).

Les inscriptions à faire sur les biens d'une
personne décédée , pourront être faites sous la
simple désignation du défunt , c'est-à-dire , en
indiquant ses nom, prénom, domicile , profession, etc. (2).

Le conservateur fait mention, sur son registre, du contenu aux bordereaux, et remet aux
requérans , tant le titre ou l'expédition du titre , que l'un des bordereaux, au pied duquel
il certifie avoir fait l'inscription (3).

Le créancier inscrit pour un capital produisant intérêt ou arrérages, a droit d'être collo-
qué pour deux années seulement, et pour
l'année courante, au même rang d'hypothèque que pour son capital. Autrefois les intérêts
avoient le même privilège que le capital. Le
créancier a seulement aujourd'hui la faculté des
inscriptions particulières à prendre , portant
hypothèque à compter de leur date , pour les
arrérages autres que ceux conservés par la
première inscription (4).

Celui qui a requis une inscription , ainsi que
ses représentans ou cessionnaires, peuvent,

____

(1) Cod. civ. art. 2148.
(2) *Ibid.* art. 2149.
(3) *Ibid.* art. 2150.
(4) *Ibid.* art. 2151.

par acte authentique, changer sur le registre des hypothèques le domicile par eux élu, à la charge d'en choisir et indiquer un autre dans le même arrondissement (1).

Quant aux droits de l'hypothèque purement légale de la nation, des communes et des établissemens publics sur les biens des comptables, ceux des mineurs ou interdits sur les tuteurs, des femmes mariées sur leurs époux, ils sont inscrits sur la représentation de deux bordereaux, contenant seulement,

1°. Les nom, prénom, profession et domicile réel du créancier, et le domicile qui sera par lui, ou pour lui, élu dans l'arrondissement;

2°. Les nom, prénom, profession, domicile ou désignation précise du débiteur;

3°. La nature des droits à conserver, et le montant de leur valeur quant aux objets déterminés: on n'est pas tenu de le fixer quant à ceux qui sont conditionnels, éventuels ou indéterminés (2).

L'effet des inscriptions n'est pas perpétuel: elles ne conservent l'hypothèque et le privilége que pendant dix années, à compter du jour de leur date : leur effet cesse, si ces inscriptions n'ont été renouvelées avant l'expiration de ce délai (3).

____

(1). Cod. civ. art. 2152.
(2) Iibid. art. 2153.
(3) Ibid. art. 2154.

Les frais des inscriptions sont à la charge du débiteur, s'il n'y a stipulation contraire; l'avance en est faite par l'inscrivant, si ce n'est quant aux hypothèques légales, pour l'inscription desquelles le conservateur a son recours contre le débiteur. Les frais de la transcription, qui peut être requise par le vendeur, sont à la charge de l'acquéreur (1).

Les actions auxquelles les inscriptions peuvent donner lieu contre les créanciers, sont intentées devant le tribunal compétent, par exploits faits à leur personne, ou au dernier des domiciles élus sur le registre; et ce, nonobstant le décès soit des créanciers, soit de ceux chez lesquels ils auront fait élection de domicile (2).

Tout le systême hypothécaire actuel réside dans la publicité des hypothèques; et les préférences qu'il donne dépendent, à quelques exceptions près, de l'inscription qui est faite du titre de la créance. Un conservateur pourrait donc, en prévariquant et en négligeant d'inscrire les titres hypothécaires au moment où il en est requis, les rendre illusoires, et favoriser à son gré ceux d'entre eux qu'il trouverait bons. Il auroit encore le moyen de servir ou de nuire, en refusant de faire connaître les inscriptions qui sont sur ses registres, à ceux qui ont intérêt de le sa-

____

(1) Code civil, art. 2155.
(2) *Ibid.* art. 2156.

voir. Il fallait donc, à la suite d'un tel systême, établir la plus forte responsabilité contre les conservateurs infidèles ou prévaricateurs.

C'est ce que le Code a fait.

Les conservateurs des hypothèques sont tenus de délivrer à tous ceux qui le requièrent, copie des actes transcrits sur leurs registres, et celle des inscriptions subsistantes, ou certificat qu'il n'en existe aucune (1).

Ils sont responsables du préjudice résultant de l'omission qu'ils auraient faite sur leurs registres, des transcriptions d'actes de mutation, et des inscriptions requises en leurs bureaux, ainsi que du défaut de mention de leurs certificats, d'une ou de plusieurs des inscriptions existantes, à moins, dans ce dernier cas, que l'erreur ne provînt de désignations insuffisantes qui ne pourraient leur être imputées (2).

L'immeuble à l'égard duquel le conservateur aurait omis dans ses certificats une ou plusieurs des charges inscrites, en demeure, sauf la responsabilité du conservateur, affranchi dans les mains du nouveau possesseur, pourvu qu'il ait requis le certificat depuis la transcription de son titre ; il ne reste aux créanciers que la faculté de se faire colloquer suivant l'ordre qui

____

(1) Cod. civ. art. 2196.
(2) *Ibid.* art. 2197.

leur appartient, tant que le prix n'a pas été payé par l'acquéreur, ou tant que l'ordre fait entre les créanciers n'a pas été homologué (1).

Les conservateurs ne peuvent en aucun cas refuser ni retarder la transcription des actes de mutation, l'inscription des droits hypothécaires, ni la délivrance des certificats requis, sous peine des dommages et intérêts des parties; ceux qui éprouveraient ces refus ou ces retards, pourraient en faire dresser de suite procès-verbal, soit par un juge de paix, soit par un huissier audiencier du tribunal, soit par un autre huissier ou un notaire assisté de deux témoins (2).

Le Code règle en outre la forme du registre des conservateurs, où ils sont tenus d'inscrire, jour par jour, et par ordre numérique, les remises qui leur sont faites d'actes de mutations pour être transcrits, ou de bordereaux pour être inscrits, et de donner au requérant une reconnaissance sur papier timbré, qui rappelle le numéro du registre sur lequel la remise aura été inscrite. Ils ne peuvent transcrire les actes de mutation ni inscrire les bordereaux sur les registres à ce destinés, qu'à la date et dans l'ordre des remises qui leur ont été faites. Il ne doit y avoir ni blanc, ni interlignes dans ces registres (3).

------

(1) Cod. civ. art. 2198.
(2) *Ibid.* 2199.
(3) *Ibid.* art. 2200. 2203.

La peine contre les conservateurs inexacts ou infidèles , est, outre la responsabilité à l'égard des parties, d'une amende pécuniaire pour la première contravention , et de la destitution pour la seconde.

Les dommages et intérêts des parties sont payés avant l'amende.

Les conservateurs sont tenus de se conformer, dans l'exercice de leurs fonctions, à toutes les dispositions du présent chapitre, à peine d'une amende de deux cents à mille francs pour la première contravention, et de destitution pour la seconde ; sans préjudice des dommages et intérêts des parties, lesquels seront payés avant l'amende (1).

CHAPITRE XI.

De la radiation et de la réduction des hypothèques.

Un des inconvéniens les plus graves auxquels la publicité des hypothèques et des inscriptions qu'elle exige peut donner lieu , est le moyen qu'elle fournit à un créancier malveillant de vexer son débiteur en grevant, pour une créance souvent modique , ses biens d'inscriptions exorbitantes. Il peut par-là le décréditer aux yeux du public , et le mettre dans

____

(1) Code civil, art. 2022.

l'impuissance d'offrir des gages assurés à ceux avec qui il serait dans le cas de traiter encore. La loi du 11 brumaire an 7, ne s'était pas trop occupée de ce grave inconvénient, non plus que des moyens de faire rayer les inscriptions injustes ou inutiles. Le Code civil a fixé son attention sur ces deux points importans.

Il dit d'abord que les inscriptions sont rayées du consentement des parties intéressées et ayant capacité à cet effet, ou en vertu d'un jugement en dernier ressort ou passé en force de chose jugée (1).

Il suit de-là que celui qui ne peut aliéner ses biens, ne peut consentir à la radiation des hypothèques qu'il a sur ceux d'autrui. Une femme mariée sous le régime dotal proprement dit, ne pourrait consentir à cette radiation; mais elle le pourrait avec le consentement de son mari sous le régime de la communauté ou sous le régime dotal ordinaire.

D'un autre côté, pour qu'on puisse rayer une hypothèque en vertu d'un jugement de première instance, il faut que les délais pour en interjeter appel soient expirés. Cela ne laissera pas de causer de l'embarras pour les jugemens par défaut, pour lesquels on ne suit pas la règle qui fixe ce délai à trois mois.

Dans tous les cas, ceux qui requièrent la radiation, déposent au bureau du conservateur

---

(1) Cod. civ. art. 2157.

l'expédition de l'acte authentique portant consentement, ou celle du jugement (1).

La radiation non consentie est demandée au
tribunal dans le ressort duquel l'inscription a
été faite, si ce n'est lorsque cette inscription a
eu lieu pour sûreté d'une condamnation éven-
tuelle ou indéterminée, sur l'exécution ou liquidation de laquelle le débiteur et le créancier prétendu sont en instance ou doivent être
jugés dans un autre tribunal; en ce cas la
demande en radiation doit y être portée ou
renvoyée (2).

La convention faite par le créancier et le débiteur, de porter, en cas de contestation, la
demande à un tribunal qu'ils auraient désigné,
recevra cependant entre eux son exécution.

La radiation doit être ordonnée par les tribunaux, lorsque l'inscription a été faite sans
être fondée ni sur la loi, ni sur un titre, ou
lorsqu'elle l'a été en vertu d'un titre soit irrégu-
lier, soit éteint ou soldé, ou lorsque les droits
de privilége ou d'hypothèque sont effacés par
les voies légales (3).

Telles sont les formes établies pour faire ordonner la radiation des inscriptions nulles ou
devenues inutiles.

La loi passe ensuite à la réduction des ins-

----

(1) Cod. civ. art. 2158.
(2) *Ibid.* art. 2159.
(3) *Ibid.* art. 2160.

criptions exorbitantes. Toutes les fois que le créancier autorisé à en prendre sur les biens présens ou sur les biens à venir d'un débiteur, sans limitation convenue, les aura faites sur plus de domaines différens qu'il n'est nécessaire à la sûreté des créances, le débiteur pourra en demander la réduction dans une proportion convenable.

Cette règle ne s'applique pas aux hypothèques conventionnelles. Les stipulations des parties doivent être exécutées (1).

On regarde comme excessives les inscriptions qui frappent sur plusieurs domaines, lorsque la valeur d'un seul ou de quelques-uns d'entre eux excède de plus d'un tiers en fonds libres, le montant des créances en capital et accessoires légaux (2).

On répute aussi excessives, les inscriptions prises d'après l'évaluation faite par le créancier, des créances qui, en ce qui concerne l'hypothèque à établir pour leur sûreté, n'ont pas été réglées par la convention, et qui par leur nature sont conditionnelles, éventuelles ou indéterminées(3).

L'excès, dans ce cas, est arbitré par les juges d'après les circonstances, les probabilités des chances et les présomptions de fait, de manière à concilier les droits vraisemblables du créan-

(1) Code civil, art. 2161.
(2) *Ibid.* art. 2162.
(3) *Ibid.* art. 2163.

cier avec l'intérêt du crédit raisonnable à conserver au débiteur ; sans préjudice néanmoins des nouvelles inscriptions à prendre avec hypothèque du jour de leur date, lorsque l'événement aura porté les créances indéterminées à une somme plus forte (1).

On détermine la valeur des immeubles dont la comparaison est à faire avec celle des créances et le tiers en sus, par quinze fois la valeur du revenu déclaré par la matrice du rôle de la contribution foncière, ou indiqué par la cote de contribution sur le rôle, selon la proportion qui existe dans les communes de la situation, entre cette matrice ou cette cote, et le revenu pour les immeubles non sujets à dépérissement, et dix fois cette valeur pour ceux qui y sont sujets. Les juges peuvent s'aider, en outre , des éclaircissemens qui résultent des baux non suspects, des procès-verbaux d'estimation qui ont pu être dressés précédemment à des époques rapprochées, et autres actes semblables, et évaluer le revenu au taux moyen entre les résultats de ces divers renseignemens (2).

____

(1) Cod. civ. art. 2164.
(2) *Ibid.* art. 2165.

CHAPITRE XII.

De l'effet des priviléges et hypothéques contre les tiers détenteurs. Du délaissement par hypothèque.

Le privilége ou hypothèque légalement inscrits sur un immeuble, le suivent en quelques mains qu'il passe, et ceux qui en sont les porteurs doivent être colloqués et payés suivant l'ordre de leurs créances ou inscriptions (1).

Le tiers acquéreur qui ne prend pas les moyens que la loi lui fournit, et dont nous parlerons plus bas, pour purger sa propriété, demeure, par l'effet seul des inscriptions, obligé, comme détenteur, à toutes les dettes hypothécaires : il jouit des termes et délais accordés au débiteur originaire (2).

Le tiers détenteur est tenu encore, ou de payer tous les intérêts et capitaux exigibles, à quelque somme qu'ils puissent monter, ou de délaisser l'immeuble hypothéqué, sans aucune réserve (3).

Si le tiers détenteur ne satisfait pas pleinement à l'une de ces obligations, chaque créancier hypothécaire a droit de faire vendre sur

---

(1) Code civil, art. 2166. 2182.
(2) *Ibid.* art. 2167.
(3) *Ibid.* art. 2168.

lui

lui l'immeuble hypothéqué, trente jours après commandement fait au débiteur originaire, et sommation faite au tiers détenteur de payer la dette exigible ou de délaisser l'héritage (1).

Le tiers détenteur qui n'est pas personnellement obligé à la dette, peut s'opposer à la vente de l'héritage hypothéqué qui lui a été transmis, s'il est demeuré d'autres immeubles hypothéqués à la même dette dans la possession du principal ou des principaux obligés, et en requérir la discussion préalable selon la forme réglée pour les cautionnemens ; et, pendant cette discussion, il est sursis à la vente de l'héritage hypothéqué.

Mais l'exception de discussion ne peut être opposée au créancier privilégié ou ayant hypothèque spéciale sur l'immeuble (2).

Quant au délaissement par hypothèque, nous avons dit plus haut qu'on le confondait assez communément avec le déguerpissement, quoiqu'il y ait de la différence entre l'un et l'autre.

Le déguerpissement n'a lieu, comme nous avons vu, qu'en rente foncière, lorsque celui qui est obligé au paiement de la rent e, s'en décharge en abandonnant le fonds au créancier, qui est l'ancien propriétaire ou qui le représente.

Le délaissement par hypothèque se fait, au

---

(1) Code civ. art. 2169.
(2) *Ibid.* art. 2170 et suiv

Tome IV. V

contraire, à l'occasion des poursuites faites par les créanciers hypothécaires d'un héritage vendu à un tiers.

Le déguerpissement dépouille celui qui le fait de la propriété de l'héritage abandonné, et la transfère au créancier de la rente; le délaissement par hypothèque ne transmet point la propriété de l'héritage aux créanciers qui ont troublé le tiers acquéreur, parce que cette propriété n'a jamais appartenu à ces créanciers.

La propriété reste toujours, malgré le délaissement, sur la tête de l'acquéreur, jusqu'à ce qu'il en soit entièrement dépouillé par une adjudication forcée.

C'étaient là les anciens principes sur cette matière, auxquels le Code civil n'a porté aucune atteinte.

Ainsi le délaissement par hypothèque peut toujours être fait par les tiers-acquéreurs poursuivis hypothécairement par les créanciers, pourvu d'ailleurs que ces tiers-acquéreurs ne soient pas personnellement obligés à la dette (1). Car s'ils étaient personnellement obligés, ils auraient beau délaisser l'héritage, l'obligation personnelle resterait toujours.

Pour que le délaissement soit valable, il faut que celui qui le fait ait la capacité d'aliéner. Une femme ne peut délaisser sans le consentement de son mari ou de justice; un mineur,

____

(1) Cod. civ. art. 2172.

sans remplir les formalités exigées pour l'aliénation de ses immeubles.

Comme le tiers-acquéreur est toujours censé propriétaire jusqu'à l'adjudication, il peut, tant qu'elle n'est pas faite, malgré le délaissement, reprendre l'immeuble en payant toute la dette et les frais. Cette faculté lui est accordée, quand même il aurait reconnu l'obligation et subi même condamnation, pourvu que ce ne soit qu'en qualité de tiers-acquéreur (1).

Le délaissement par hypothèque doit être fait en justice, parce qu'il ne profite pas seulement à celui qui a intenté l'action, mais à tous ceux qui ont des hypothèques sur l'héritage abandonné. Il se fait au greffe du tribunal de la situation des biens, et il en est donné acte par ce tribunal.

D'après la demande du plus diligent des intéressés, il est créé à l'immeuble délaissé un curateur, sur lequel la vente de l'immeuble est poursuivie dans les formes prescrites pour les expropriations (2).

Les détériorations qui procèdent du fait ou de la négligence du tiers détenteur au préjudice des créanciers hypothécaires ou privilégiés, donnent lieu contre lui à une action en indemnité; il peut répéter de son côté ses

____

(1) Cod. civ. art. 2173.
(2) *Ibid.* art. 2174.

V 2

impenses et améliorations jusqu'à concurrence de la plus-value résultant de l'amélioration (1).

Le tiers détenteur ne doit la restitution des fruits qu'à compter du jour de la sommation de payer ou de délaisser, parce que jusques alors il est censé possesseur de bonne-foi; il est également déchargé de cette restitution, si les poursuites commencées ont été abandonnées pendant trois ans, à compter de la nouvelle sommation qui sera faite (2).

Les servitudes et droits réels que le tiers détenteur avait sur l'immeuble avant sa posession, renaissent après le délaissement ou après l'adjudication faite sur lui.

Ses créanciers personnels, après tous ceux qui sont inscrits sur les précédens propriétaires, exercent leur hypothèque à leur rang sur le bien délaissé ou adjugé (3).

Le tiers détenteur qui a payé la dette hypothécaire, ou délaissé l'immeuble hypothéqué, ou subi l'expropriation de cet immeuble, a le recours en garantie contre le débiteur principal (4).

Il doit même se hâter de l'appeler en cause, soit parce qu'il est responsable dès-lors de tous les frais de poursuite, soit parce qu'il peut, en payant les créanciers, faire cesser le trouble.

---

(1) Cod. civ. art. 2175. Loiseau, du déguerpiss. Liv. III. chap. 5. Liv. V. chap. 14, 15.
(2) *Ibid.* art. 2176.
(3) *Ibid.* art. 2176.
(4) *Ibid.* art. 2178.

CHAPITRE XIII.

*Du mode de purger les propriétés; des privi-
léges et hypothèques, et de leur extinction.*

Le principal effet des inscriptions est, com -
me nous l'avons déjà dit, de conserver les hypothèques ; il en résulte que l'héritage qui en
est grevé n'est transmis à un tiers qu'avec ses
charges, dont le nouveau possesseur a pu facilement s'instruire; mais on a cru qu'il était juste
de lui donner un moyen de libérer sa propriété.
Un immeuble ne peut fournir de sûreté au de-
là de sa valeur réelle; ainsi toutes les fois que
cette valeur est livrée aux créanciers privilégiés
ou inscrits, l'immeuble doit demeurer libre.

L'essentiel est de faire ensorte que les
créanciers aient réellement l'intégrité de leur
gage, et qu'ils ne soient pas les victimes d'actes
clandestins et frauduleux entre le vendeur et
l'acquéreur.

Le Code y a pourvu. L'acquéreur qui vou-
dra libérer sa propriété, fera d'abord transcrire
en entier son titre par le conservateur de l'arrondissement ; il est tenu, dans les délais fixés,
de notifier, par extrait seulement, aux créanciers son contrat et le tableau des charges, en
offrant de payer toutes les dettes jusqu'à concurrence du prix (1).

______

(1) Cod. civ. art. 2181.

Les créanciers ont de leur côté le droit de sur-enchérir pendant un tems limité : c'est un moyen ouvert pour faire porter l'immeuble à sa juste valeur (1).

Si les créanciers provoquent la mise aux enchères, on procède suivant les formes usitées pour les expropriations; mais s'ils n'usent pas de leur droit, on présume qu'ils n'ont pas à se plaindre du prix du contrat, et la valeur de l'immeuble demeure irrévocablement fixée : le nouveau propriétaire est libéré de toute charge en payant ou en consignant le prix convenu (2).

Si la sur-enchère a lieu, l'adjudicataire est tenu, au-delà du prix de l'adjudication, de restituer à l'acquéreur ou donataire dépossédé, les frais et loyaux-coûts de son contrat, ceux d'inscription et de notification. Il supporte encore ceux de revente (3).

Lorsqu'un créancier a requis la mise aux enchères, il ne peut s'en désister au préjudice des autres créanciers (4).

Le premier acquéreur qui se rend adjudicataire, n'est pas tenu de faire inscrire l'acte d'adjudication. Il a le droit de recourir contre le vendeur pour le remboursement de ce qui lui en a coûté en sus du prix stipulé par son titre (5).

---

(1) Code civ. art. 2183.
(2) *Ibid.* art. 2186, 2187.
(3) *Ibid.* art. 2188.
(4) *Ibid.* art. 2190.
(5) *Ibid.* art. 2189. 2191.

Lorsque le titre du nouvel acquéreur renferme des biens hypothéqués et d'autres qui ne le sont pas, le créancier sur-enchérisseur ne peut, en aucun cas, être contraint à étendre sa soumission ni sur le mobilier, ni sur d'autres immeubles que ceux qui sont hypothéqués à sa créance, et situés dans le même arrondissement. Il faut les distinguer par ventilation, dans l'acte de notification qu'on fait aux créanciers, et déclarer le prix de chacun d'eux (1).

Ce mode de purger les hypothèques ne peut concerner que celles qui sont inscrites. On a voulu en établir un aussi pour celles qui ne le sont pas, telles que celles des femmes et des mineurs, et procurer la possibilité de purger ces hypothèques comme les autres. L'édit de 1771 en donnait le moyen, et le Code eût été incomplet, s'il n'eût présenté à cet égard quelque disposition.

On a considéré le double intérêt de l'acquéreur et des hypothécaires. On a pourvu à l'acquéreur par les formalités qui le conduisent à sa libération, et aux hypothécaires en donnant une telle publicité à la vente, qu'il est impossible de supposer l'existence d'une hypothèque sur le bien vendu, s'il n'a pas été pris en effet d'inscription dans le délai que la loi a fixé.

Les nouveaux acquéreurs qui voudront purger les propriétés des hypothèques qu'ils pour-

____

(1) Code civ. art. 2192.

V 4

raient craindre à raison de mariage ou de tutelle, quoiqu'il n'en existât aucune trace dans
les registres du conservateur, sont tenus de dé-
poser copie duement collationnée de leur contrat au greffe du tribunal civil du lieu de la
situation des biens (1).

Ils notifient ce dépôt à la femme, s'il s'agit
d'immeubles appartenant au mari; au subrogé
tuteur, s'il s'agit d'immeubles du tuteur, et toujours au commissaire du Gouvernement.

Indépendamment de ce dépôt, un extrait
du contrat est affiché pendant deux mois dans
l'auditoire du tribunal : pendant ce tems, tous
ceux à qui il est enjoint ou permis de prendre
les inscriptions seront reçus à les requérir. S'il
n'en a pas été pris dans ce délai, les immeubles
passeront sans aucune charge au nouveau propriétaire, parce qu'il sera constant qu'on n'a eu
ni la volonté ni le droit d'en prendre.

Si au contraire il a été pris des inscriptions,
chaque créancier sera employé à son rang dans
l'ordre, et les inscriptions de ceux qui ne seraient pas employés en rang utile seront
rayées (2).

Il ne reste, pour terminer tout ce qui concerne les hypothèques, qu'à dire un mot de la
manière dont elles s'éteignent.

L'hypothèque cesse par l'observation des

---

(1) Code civ. art. 2193.
(2) *Ibid.* art. 2194, 2195.

formalités établies pour en débarrasser les propriétés. L'hypothèque s'éteint aussi par l'anéan-
tissement de l'obligation principale dont elle
n'est que l'accessoire.

Par le consentement ou la renonciation du
créancier, toujours maître de renoncer aux
droits qui lui sont acquis; et enfin par la prescription, qui met un terme à toutes les actions
quelconques (1). Le tiers détenteur prescrit par
le tems réglé pour la prescription de la propriété à son profit; et si la prescription suppose
un titre, elle ne commence à courir que du
jour où il a été transcrit sur les registres du conservateur (2).

____

(1) Cod. civ. art. 2180.
(2) *Ibid.*

LIVRE XXVII.

DE L'EXTINCTION DES OBLI-GATIONS.

CHAPITRE PREMIER.

Des diverses manières dont s'éteignent les obligations.

Nous venons de parcourir les diverses manières dont se forment les obligations, soit lorsque les hommes se transmettent les choses dont ils ont la propriété, soit lorsqu'ils s'aident et s'assistent mutuellement par leur travail ou par leur industrie. Il faut voir à présent comment s'anéantissent ces obligations (1).

Il est certain que le consentement qui forme les obligations, est aussi le moyen le plus propre à les dissoudre (2). Deux personnes qui consentiraient à se départir des engagemens qu'elles auraient pris l'une envers l'autre, seraient quittes entr'elles. Il faudrait seulement, si l'obligation avait été rédigée par écrit, que l'aban-

---

(1) *Instit. quib. mod. toll. oblig.*
(2) *Leg. 35 ff. de regul. jur.*

don qu'on en ferait le fût aussi. La preuve par témoins n'en serait pas reçue, s'il s'agissait d'une somme au-dessus de cent cinquante francs.

Une seconde manière d'anéantir une obligation, c'est de s'en faire décharger en justice, en la faisant déclarer nulle. On n'est pas même alors censé avoir jamais été obligé.

Une troisième manière d'éteindre une obligation est de l'exécuter, et de s'acquitter des engagemens qu'elle nous a imposés.

Enfin, on peut substituer un second engagement au lieu du premier, de sorte qu'il n'y ait que le second qui subsiste, et que le premier soit anéanti. Nous allons voir quelles sont les règles qu'on suit dans tous ces cas.

CHAPITRE II.

Des obligations nulles, et des restitutions en entier.

L'incapacité des personnes qui ont contracté une obligation, l'erreur de fait, la violence, le dol, la fraude, qu'on peut avoir employés pour l'obtenir, la prohibition de la loi qui défend de traiter d'un objet quelconque, l'omission des formes qu'elle prescrit, sont les moyens principaux qui peuvent faire annuller les obligations.

L'ancienne jurisprudence française distinguait les moyens de nullité et les moyens de restitution envers un contrat. Par les premiers on le faisait déclarer nul ; par les seconds, on était restitué envers les obligations que l'on avait contractées, et remis au même état qu'auparavant.

On disait bien en règle générale, que les voies de nullité n'avaient pas lieu en France. mais cette maxime, si souvent citée, disait d'Aguesseau, et si peu entendue, cessait d'avoir lieu lorsqu'il y avait une ordonnance ou une coutume qui prononçait la peine de nullité (1).

Il y avait même des formes différentes à suivre dans l'action en nullité et dans celle en rescision. Pour être admis à intenter cette dernière, il fallait auparavant avoir obtenu des lettres en chancellerie, dont les tribunaux, à qui elles étaient adressées, jugeaient la justice et la vérité. Cette formalité n'était pas nécessaire pour faire valoir les moyens de nullité.

L'assemblée constituante abrogea l'usage de prendre des lettres de chancellerie dans les actions en rescision (2) ; et aujourd'hui la manière de procéder est la même, soit qu'on attaque un acte comme nul, soit qu'on veuille le faire rescinder.

Mais la distinction qu'il y a entre ces deux actions subsiste toujours. Les moyens de nullité se tirent de l'incapacité absolue de la personne

____

(1) D'Aguess. plaid. 15.
(2) Loi du 7 septembre 1790. art. 2.

qui s'est obligée, ou de l'omission des formes auxquelles la loi a soumis l'acte que l'on a passé.

On a recours à la voie de la rescision ou de la restitution en entier, lorsque l'acte, quoique fait par des personnes capables de s'engager, et revêtu de toutes les formes légales, a été le produit de l'erreur ou de la violence.

Dans le premier cas il n'y a pas d'obligation; dans le second, elle existe jusqu'à ce qu'on ait justifié le vice dont elle est infectée.

La lésion est encore un moyen de restitution pour les mineurs, lorsque dans les actes qui les concernent, on a suivi les formes exigées par la loi. Car lorsque ces formes n'ont pas été suivies, la voie de la restitution est superflue, l'acte étant radicalement nul (1).

La force, la violence ou les menaces, pour donner lieu à la restitution, doivent être telles qu'elles puissent intimider un homme ferme et constant: il n'est pas nécessaire que celui contre lequel on demande la restitution, ait fait ou fait faire la violence; il suffit qu'il en ait profité. La cause de l'acte est toujours vicieuse (2).

Une erreur de fait, est souvent une juste cause pour se faire restituer envers un acte quelconque; il est cependant difficile de donner des règles certaines sur ce point.

____

(1) Code civil. art, 460 et suiv. et 1314.
(2) *Leg.* 105, *ff. de reg. jur.* Leg. 2. *ff. quod* met. caus. Domat. Liv. 1. titre. 18. sect. 2.

L'erreur de droit ne sert en aucun cas ; car personne n'est excusable d'avoir ignoré la loi d'après laquelle il doit se régler.

Le dol et la fraude peuvent se glisser de tant de manières dans les obligations, qu'il serait presque impossible d'en spécifier tous les cas. On entend généralement par ces mots, toute finesse, toute ruse, toute machination, employées dans le dessein de tromper ou d'induire quelqu'un en erreur (1). Les lois ne peuvent trop les surveiller et les punir sévèrement lorsqu'elles les rencontrent. La morale des tribunaux a été quelquefois très-relâchée à ce sujet. Il n'en étoit pas ainsi chez les Romains.

Quant au moyen tiré de la faiblesse de l'âge, nous avons déjà dit que la voie de la restitution est surabondante pour le mineur, lorsque l'on n'a pas suivi dans les actes qui le concernent, les formalités que la loi a établies pour le maintien de ses droits. Ces actes sont nuls en ce cas.

La rescision ne lui est nécessaire que lorsque les formes ont été suivies, mais qu'il a été lésé dans les actes qui ont été passés, ou qu'il a perdu l'occasion de faire un profit considérable (2).

Toutes les fois donc qu'il y a perte réelle

---

(1) *Leg.* 1 §. 12 *.ff. de dolo.* Domat. Liv. 1, titre. 18, sect. 3.

(2) *Leg.* 44. *ff. de minor.* D'Aguess. plaid. 15. Code. civil, art. 1305.

pour lui, ou omission d'un gain assuré, la plainte en lésion de sa part est fondée ; et c'est dans ce sens que *le mineur n'est pas restitué comme mineur, mais comme lésé* (1). En effet, le mineur, lorsqu'il agit sous l'autorité de son tuteur ou de son curateur, est capable d'un grand nombre d'obligations, qu'il ne peut quereller sous le seul prétexte qu'il étoit mineur lorsqu'il les a contractées, mais seulement quand il en a éprouvé du dommage.

Le Code fait une distinction entre le mineur non émancipé et le mineur émancipé ; il suffit que le premier prouve qu'il a été lésé, pour que la loi lui accorde le bénéfice de la restitution ; le second, au contraire, est assimilé au majeur, pour un certain nombre d'actes pour lesquels il n'est point admis à réclamer le privilége de minorité (2).

Le mineur est encore assimilé au majeur, pour les actes relatifs au commerce dont il fait profession (3). Sa qualité de commerçant suppose qu'il a la capacité nécessaire.

Le mineur ne peut se servir, pour faire rescinder un acte, d'une lésion qui n'auroit point été occasionnée par la personne avec laquelle il a contracté, mais seulement par un évènement casuel et imprévu (4). Le motif qui a fait

---

(1) *Restituitur non tanquam minor, sed tanquam læsus. Leg.* 11. §. 3. *ff. de minor. Leg.* 5. *Cod.* 60*d.*

(2) Code civil, art. 481, 1305, 1314.

(3) *Ibid.* art. 487, 1308.

(4) *Ibid.* art. 1306.

introduire la restitution, et qui a été d'empêcher qu'on abusât de la faiblesse et de l'inex-
périence de l'âge, pour surprendre des obligations onéreuses, cesse dans le cas dont il est
question. Le mineur n'est point aussi resti-
tuable envers les obligations passées dans son
contrat de mariage, lorsqu'il étoit assisté par
ceux dont le consentement étoit requis pour
la validité du mariage (1).

Il n'est pas permis d'éluder les lois établies
en faveur du mineur, en lui faisant prendre
faussement dans l'acte la qualité de majeur (2).
Déjà l'ancienne jurisprudence avoit refusé d'autoriser un abus qui auroit rendu inutile la
prévoyance des lois en faveur des mineurs,
puisque la même facilité qui les portoit à s'engager témérairement, pouvoit les porter aussi
à dissimuler leur âge et leur condition.

Mais en suivant en cela les principes de la
loi romaine, les anciens tribunaux avoient
aussi adopté les exceptions qu'elle y apportoit.

Si le mineur s'étoit rendu coupable d'un dol
personnel, s'il avoit commis un crime pour
prouver sa majorité, le bénéfice de la restitution lui étoit refusé (3). L'on opposoit à la faveur de la minorité, cette autre maxime de
droit, qui ne souffre pas que la protection

---

(1) Code civil, art. 1095, 1309.
(2) *Ibid.* art. 1307. *Tit. Cod. simin. se major. dixer.*
(3) *Leg 3. Cod. simin. se maj. dix.*

accordée

accordée au mineur , puisse être étendu jusqu'à leur servir d'appui et d'asile dans leurs crimes (1).

Quoique le Code civil ne parle pas de cette exception, il paroît cependant, par les motifs, qu'on n'a pas eu l'intention de l'abolir. « Si » néanmoins, y est il-dit, le créancier, qui veut » se prévaloir de la déclaration que le mineur » a faite, qu'il était majeur, prouvoit que » le mineur l'a trompé ; s'il prouvoit, par » exemple , que ce mineur a représenté des » actes faux, ce ne serait plus cette simple » déclaration, dont il s'agit dans la loi».

Les obligations qui naissent d'un délit ou d'un quasi-délit , ne sont point au nombre de celles contre lesquelles le mineur puisse réclamer le bénéfice de restitution ; c'est la réparation d'un tort qu'il a lui-même fait. Ce n'est point une convention dans laquelle la personne qui aurait traité avec lui , aurait eu un profit à son préjudice, elle ne fait que recevoir l'indemnité qui lui est due ; et quiconque peut se rendre coupable d'une faute doit en subir la peine. (2)

Lorsque le mineur, devenu majeur, ratifie l'engagement qu'il avait souscrit en minorité, il n'est plus recevable à revenir contre cet engagement , soit qu'il y eût nullité dans la forme, soit qu'il y eût seulement lieu à restitution ; la

---

(1) D'Aguess. plaid. 19.
(2) Code civil, art. 1310. *tit. Cod. si advers. delict.*

ratification donnée en majorité, rentre dans la classe des actes faits par le majeur (1).

Ce serait en vain que les mineurs, les interdits ou les femmes mariées seraient admis à se faire restituer contre leurs engagemens, si le remboursement de ce qui aurait été, en exécution de ces engagemens, payé pendant la minorité, l'interdiction ou le mariage, ne pouvait pas être exigé. Mais en même temps ils doivent tenir compte de ce qui aurait tourné à leur profit : si la loi ne veut pas qu'ils soient lésés, elle ne veut pas aussi qu'ils s'enrichissent aux dépens d'autrui (2).

Lorsque les formalités requises à l'égard des mineurs ou interdits, soit pour aliénation d'immeubles, soit dans un partage, ont été remplies, ils doivent, relativement à ces actes, être considérés comme s'ils les avaient faits en majorité ; ils peuvent conséquemment se faire restituer dans les mêmes cas où la loi donne ce droit aux majeurs. On a voulu par ces formalités mettre le mineur dans la possibilité de contracter, et non le placer dans une position moins favorable que le majeur (3).

Par le droit romain, l'action en rescision n'était éteinte que par la prescription trente-

---

(1) Code civil, art. 1311. *Leg.* 3. §. 1. 2. *ff. de minor.* et *tit. Cod. si maj. fact. rem. rat.*
(2) Code civil, art. 1312.
(3) *Ibid.* art. 1314. et les motifs.

naire. On avait senti dans notre ancienne jurisprudence la nécessité de ne pas laisser dans une aussi longue incertitude le sort des contractans, et le délai avait été limité à dix ans (1).

Le temps de dix années a été regardé comme le plus long délai dont une partie puisse avoir besoin pour recourir à la justice. Ainsi, dans tous les cas où l'action en rescision ou en nullité n'est pas limitée à un moindre temps par une loi particulière, cette action ne dure que dix ans (2).

On a maintenu les anciennes règles, qui fixent de quelles époques ce temps doit commencer.

Il ne commencera, s'il s'agit de violence, que du jour où elle aura cessé. Pendant tout le temps qu'elle dure, elle renouvelle et confirme le droit de se pourvoir, et le délai ne serait plus de dix ans s'il commençait plus tôt.

Il en est de même pour le cas d'erreur ou dol ; le délai pour se pourvoir ne court que du jour où ils ont été découverts.

On regarde comme étant dans l'impossibilité d'agir, les personnes qui n'ont pas l'exercice de leurs droits ou la capacité nécessaire pour les faire valoir.

Ainsi le temps ne commencera que du jour de la dissolution du mariage, à l'égard des femmes qui reviendront contre les actes passés

---

(1) Ordonn. de 1510. art. 46 et 58.
(3) Code civil, art. 1304.

par elles sans autorisation pendant leur mariage.

Ainsi le temps ne doit courir, à l'égard des actes faits par les interdits, que du jour où l'interdiction est levée; et à l'égard de ceux faits par les mineurs, que du jour de leur majorité (1).

CHAPITRE III.

De la rescision de la vente pour lésion d'outre-moitié du juste prix.

Le Code civil dit que les majeurs ne sont restitués pour cause de lésion, que dans les cas où sous les conditions qui y sont spécialement exprimées.

La lésion principale qui peut avoir lieu à leur égard, est lorsque dans une vente, on a erré dans la fixation du prix, au-delà de moitié de la juste valeur. On appelle pour cela cette action, *lésion d'outre-moitié.* (2) L'égalité qui doit régner, autant qu'il est possible, dans la valeur des objets échangés, faisant une des bases du contrat de vente, comme nous l'avons vu ailleurs, elle n'existait plus dans les conventions, où l'un donnait plus de moitié de la valeur qu'il recevait.

Une loi du 14 fructidor an 3, dont on ne

____

(1) Code civil, art. 3104.
(2) *Leg. 2. Cod. de rescindend. vendit.*

voit pas trop le motif, et qui pouvait favoriser bien des fraudes, abolit la rescision des
contrats de vente et équipollens à vente entre
majeurs, qui seraient faits à compter du jour
de sa publication.

Dans le Code civil on a cherché à revenir
contre cette disposition immorale, et ce n'est
pas sans peine qu'on y a réussi.

A entendre ceux qui s'y opposaient, dit-on
dans les motifs de la loi du 16 ventôse an 12,
relative à la vente, « on dirait que des majeurs
» ne doivent jamais être écoutés quand ils se
» plaignent. Nous avons pourtant vu que dans
» le Code civil ils sont écoutés, même pour
» cause de lésion, quand ils se plaignent de
» l'inégalité qui s'est glissée dans un acte de
» partage.

» Dans tous les contrats le dol, l'erreur
» une crainte grave, sont, par la disposition
» précise de nos lois, des moyens légitimes et
» suffisans pour faire restituer les majeurs. Or
» la lésion, telle que la loi la fixe, pour
» qu'elle puisse devenir un moyen de resti-
» tution, n'équivaut-elle pas au dol? Les Juris-
» consultes Romains appelaient la lésion ultra-
» dimidiaire un dol réel, *dolum re ipsâ*, c'est-
» à-dire, un dol prouvé non par de simples pré-
» somptions, mais par la chose même.

» Nos Jurisc onsultes Français n'ont pas tenu

X 3

» un autre langage (1). Dumoulin, en parlant
» de celui qui est lésé d'outre-moitié du juste
» prix, dit qu'on peut le regarder et qu'on doit
» même le regarder, par le fait seul d'une telle
» lésion, comme trompé, *deceptus ultrà di-*
» *midiam partem.*

» Dans plusieurs textes du Droit, la lésion
» ultra-dimidiaire est présentée plutôt comme
» une fraude que comme une simple lésion :
» *Non læsio, sed potius deceptio.* C'est sous
» ce même point de vue qu'elle a été présentée
» par six ou sept de nos anciennes coutumes,
» qui, au lieu de se servir du simple mot de
» lésion, ont employé celui de *déception*
» *d'outre moitié.*

» Ce serait donc évidemment autoriser le
» dol et la fraude, que de refuser l'action res-
» cisoire dans les cas d'une lésion aussi consi-
» dérable que celle qui est énoncée dans la
» loi, et qui est plus qu'ultra-dimidiaire.

» Au surplus, pourquoi le dol, l'erreur et
» la crainte sont-ils des moyens de restitution
» pour les majeurs eux-mêmes? C'est, entr'autres
» raisons, parce que l'on présume qu'il n'in-
» tervient point un véritable consentement de
» la part de celui qui se trompe ou qui est
» trompé, *errantis aut decepti nullus est*
» *consensus.* Or, peut-on dire que celui qui

____

(1) Dumoulin, dans son Traité *De usuris.*

» est énormément lésé, aurait adhéré au con-
» trat, s'il avait connu cette lésion, ou s'il
» avait été dans une situation assez libre pour
» ne pas la souffrir ?

» Quels sont les effets ordinaires du dol,
» de l'erreur et de la crainte ? En dernière
» analyse ces effets aboutissent à une lésion
» que les lois veulent prévenir ou réparer, en
» protégeant les citoyens contre les diverses
» espèces de surprises qui peuvent être prati-
» quées à leur égard. Comment donc, dans
» quelque hypothèse que ce soit, les lois pour-
» raient-elles voir avec indifférence un citoyen
» lésé au-delà de toutes les bornes, et d'une
» manière qui constate évidemment quelque
» fraude ou quelque erreur ?

» La majorité du contractant qui a été lésé,
» empêche-t-elle qu'on n'assure à ce contractant,
» l'action redhibitoire pour les vices cachés de
» la chose vendue ; une indemnité raisonnable
» pour les servitudes non apparentes qui lui
» auront été dissimulées, ou pour défaut de
» contenance qui sera d'un vingtième au-
» dessus ou au-dessous de la contenance an-
» noncée dans l'acte de vente ? Ne vient-on pas
» au secours d'un majeur dans toutes ces oc-
» currences ? Comment donc pourrait-on
» penser qu'un majeur qui souffre une lé-
» sion plus qu'ultra-dimidiaire, n'a aucun droit
» à la vigilance et à la sollicitude des lois ?
» Est-ce qu'on se montrerait plus jaloux de

» réparer un moindre mal qu'un mal plus
» grand ?

» Nous savons qu'en général les majeurs sont
» présumés avoir toute la maturité convenable
» pour veiller sur leurs propres intérêts. Mais la
» raison dans chaque homme suit-elle toujours
» les progrès de l'âge ? On est aujourd'hui ma-
» jeur à vingt-un ans. Nous avons devancé à
» cet égard le terme qui avait été fixé par notre
» ancienne législation. Or, croit-on qu'un jeune
» homme de vingt-un ans soit, dans l'instant
» métaphysique où la loi déclare sa majorité,
» tout ce qu'il doit devenir un jour par l'habi-
» tude des affaires et par l'expérience du monde?
» Des majeurs peuvent être absens ; ils sont
» alors obligés de s'en rapporter à un procureur
» fondé. D'autres sont vieux ou infirmes ; on
» peut abuser de leur foiblesse pour surprendre
» leur bonne-foi.

» Il en est qui peuvent être travaillés par
» quelque passion, et à qui l'on peut alors
» arracher des actes qui, selon le langage des
» Jurisconsultes, ressemblent à la démence,
» *quasi non sanœ mentis.* Ne faut-il pas pro-
» téger les hommes non-seulement contre les
» autres, mais encore contre eux-mêmes ?

» Tout majeur, quel qu'il soit, qui éprouve
» un dommage grave, n'est-il pas autorisé à
» en demander la réparation ? Cela n'est-il pas
» dans le vœu de la nature, dans celui de toutes
» les lois ? »

Mais la loi, en admettant l'action rescisoire pour cause de lésion, ne l'a admise que
dans les ventes d'immeubles. Elle déclare que la
vente des effets mobiliers ne comporte point
cette action (1). On conçoit que les fréquens
déplacemens des effets mobiliers, et l'extrême
variation dans le prix de ces effets, rendraient
impossible un systême rescisoire pour cause
de lésion dans la vente et l'achat de pareils objets,
à moins qu'on ne voulût jeter un trouble universel dans toutes les relations commerciales,
et qu'on ne voulût arrêter le cours des opérations journalières de la vie.

Dans l'ancien régime, on recevait l'action
rescisoire, même pour les objets mobiliers,
quand ces objets étaient précieux. L'on a cru
devoir écarter cette exception qui pouvait apporter des génes trop multipliées dans la circu-
lation des effets mobiliers, et entraîner des discussions trop arbitraires pour savoir si un objet
est plus ou moins précieux. L'action rescisoire
est absolument bornée à la vente des choses
immobiliaires.

Malgré l'évidence de ces raisons, il a fallu,
pour surmonter la résistance, réduire la lésion
aux sept douzièmes du juste prix, de la moitié
où elle était fixée par le droit romain (2).

L'action même pour s'en plaindre a été bornée

____

(1) Code civil, art. 1674.
(2) *Ibid.* art. 1674.

à deux ans, tandis que l'on donne dix ans pour les autres actions rescisoires (1).

A la différence de tous les autres délais, celui-là court contre les femmes mariées et contre les absens, les interdits et les mineurs venant du chef du majeur qui a vendu ; il court aussi ou du moins n'est pas suspendu pendant la durée du temps stipulé pour le pacte du rachat (2).

Pour savoir s'il y a lésion de plus de sept douzièmes, il faut qu'on estime l'immeuble, suivant son état et sa valeur au moment de la perte (3).

Les fruits ou les intérêts sont dus du jour de la demande (4).

La loi indique d'ailleurs toutes les précautions qui peuvent empêcher qu'on n'abuse de l'action rescisoire. Elle exige une sorte de jugement préparatoire sur l'état du procès, c'est-à-dire, sur le point de savoir si les circonstances apparentes présentent quelques doutes assez raisonnables, pour faire désirer aux juges de recevoir de plus grands éclaircissemens, et d'admettre le demandeur en rescision à tous les

____

(1) Code civil, art. 1676.
(2) *Ibid.*
(3) *Ibid.* , art. 1675. *Leg.* 8. *Cod. de rescind.vend.*
(4) *Ibid.* art. 1682. *Leg.* 2. *Cod. de rescind. vend.*

genres de preuves dont la matière peut être susceptible (1).

La preuve de l'estimation par experts est entourée de toutes les formes qui peuvent nous rassurer sur l'intérêt de la justice et de la vérité. Trois experts doivent être nommés à la fois; ils doivent tous être choisis d'office par le juge, ou du commun accord des parties; ils doivent opérer ensemble; ils sont tenus de dresser un seul procès-verbal, et de ne former qu'un seul avis à la pluralité des voix.

S'il y a des avis différens, le procès verbal en contiendra les motifs, sans qu'il soit permis de faire connaître de quel avis chaque expert a été (2).

Ainsi les experts se trouvent soumis, dans leurs opérations, aux mêmes règles et au même secret que les juges.

Dans l'ancienne jurisprudence on doutait si l'action rescisoire pour cause de lésion, devait compéter à l'acquéreur comme au vendeur, ou si elle ne devait compéter qu'au vendeur seul. Les cours souveraines s'étaient partagées sur cette question : il y avait diversité d'arrêts. La loi déclare, que le vendeur seul pourra exercer l'action rescisoire pour cause de lésion (3).

---

(1) Code civil art. 1677.
(2) *Ibid.* art. 1679 et suiv.
(3) Art. 1683. Journ. du palais, tom. 1, p. 689.

Quand un vendeur aura exercé l'action rescisoire pour cause de lésion, et quand cette action aura été accueillie, l'acquéreur aura le choix d'abandonner la chose ou de la garder en fournissant un supplément de prix. Ce supplément consiste dans ce qui manquait pour arriver au juste prix : il doit être payé sous la déduction du dixième du total (1).

La disposition qui veut que l'acquéreur, s'il garde la chose, paie le supplément du juste prix sous la déduction du dixième du prix total, présente une décision nouvelle : car autrefois il n'y avait point lieu à cette déduction ; mais on a pensé qu'elle étoit équitable, parce que l'estimation des experts n'étant pas susceptible d'une précision mathématique, on ne peut l'adopter avec une rigueur, qui supposerait cette exactitude et cette précision.

L'action rescisoire n'a pas lieu dans les ventes qui, d'après la loi, sont faites d'autorité de justice (2).

Au reste, un vendeur ne peut d'avance renoncer par le contrat au droit de se plaindre de la lésion, même sous prétexte de faire don à l'acquéreur de la plus-value. Un tel pacte serait contraire aux bonnes mœurs ; il ne serait souvent que le fruit du dol et des pratiques d'un acquéreur injuste qui arracherait cette

---

(1) Cod. civ. art. 1681. Journ. dn pal. tom. 1. pag. 689.
(2) *Ibid.* art. 1684.

sorte de désistement prématuré à l'infortune et à la misère (1).

L'action en rescision n'est point admise dans le contrat d'échange (2).

CHAPITRE IV.

Du paiement.

Le moyen le plus juste comme le plus loyal d'éteindre une obligation, est de l'exécuter et de s'en acquitter, comme fait, par exemple, celui qui paie une somme qu'il doit. On appelle en général paiement, toute manière de s'acquitter ou de libérer le débiteur (1). Celui qui rend la chose qu'on lui a prêtée pour s'en servir pendant un tems, ou qui restitue une quantité égale à celle qu'il a reçue dans le prêt à consommation, paie tout aussi bien que celui qui rembourse une somme d'argent qu'il a empruntée.

La cession de biens, la compensation, la novation et la délégation sont encore des paiemens effectifs. Ces deux dernières substituent, à la vérité, de nouvelles obligations aux premières ; mais celles-ci n'en sont pas moins éteintes.

---

(1) Cod. civ. art. 1674.
(2) *Ibid.* art. 1706.
(3) *Leg.* 54. *ff. de solut.*

Il y a des règles qui sont communes à ces diverses espèces de paiemens, et d'autres qui leur sont particulières.

Il n'est pas nécessaire, pour qu'un paiement soit valable, qu'il soit fait par ceux qui y sont intéressés. L'obligation peut être acquittée par un tiers qui n'y a aucun intérêt, lorsqu'il agit au nom du débiteur, et dans le dessein de l'acquitter. Si agissant en son nom propre il se fait subroger aux droits du créancier, c'est moins un paiement, qu'un transport de l'obligation (1).

Le créancier ne pourrait se refuser à recevoir le paiement de ce tiers, à moins qu'il n'eût un intérêt à ce que l'obligation fût acquittée par le débiteur lui-même. Ainsi l'obligation contractée pour un ouvrage d'art, est déterminée par le talent personnel de l'artiste ; un tiers ne doit pas être admis à le suppléer (2).

Il n'y a en général que ceux qui peuvent contracter qui puissent payer. Néanmoins un paiement fait par un mineur d'une somme d'argent est valable : on ne pourrait forcer le créancier à la restituer (3).

Le paiement, pour être valable, doit être fait, soit au créancier, soit à quelqu'un ayant pouvoir de lui, où autorisé par justice ou par la loi à recevoir pour lui.

---

(1) Cod. civ. art. 1236. *Leg.* 23. 40. 53. *ff. de solut.*
(2) *Ibid.* art. 1237.
(3) *Ibid.* art. 1238.

Mais la ratification du paiement donnée par le créancier équivaut à un pouvoir (1).

Le paiement est aussi valable, lorsqu'il a été fait de bonne-foi par le débiteur à celui qui était en possession de la créance. Tel serait un héritier qui, d'abord possesseur légitime de la succession, recevrait le paiement des sommes dues, et serait ensuite évincé (2).

Un paiement fait à celui qui, par son âge ou par un autre motif, n'aurait pas la capacité de recevoir, est nul. On excepte le cas où la chose payée a tourné au profit du créancier. La protection que la loi accorde à ce créancier ne saurait être pour lui un moyen de s'enrichir aux dépens d'autrui (3).

Si des tierces personnes ont formé entre les mains du débiteur une saisie ou une opposition, celui-ci n'est plus libre de payer à son créancier, et s'il le fait, les saisissans ou opposans peuvent [exiger de ce débiteur un second paiement, sauf son recours contre le créancier (4).

Un créancier ne peut être contraint de recevoir en paiement une autre chose que celle qui lui est due (5).

---

(1) Cod. civ. art. 1239. *Leg.* 12. 34. §. 3. *ff. de solut.*
(2) *Ibid.* 1240.
(3) *Ibid.* art. 1241. *Leg.* 15. 96. *ff. de solut. Leg.* 25. *Cod. de admin. tut.*
(4) *Ibid.* art. 1242.
(5) *Ibid.* art. 2143. *Leg.* 2. §. 1. *ff. de reb. Cred.*

Une novelle de Justinien permettait au débiteur qui n'avait pas d'argent, de donner en paiement son héritage sur le pied de l'estimation. Cette mesure, aussi humaine qu'équitable, était reçue dans quelques provinces des pays de droit écrit. Dans la balance des intérêts du débiteur et du créancier, le premier, comme le plus malheureux, paraissait mériter quelque faveur; on n'y était pas témoin de ces enchères frauduleuses et collusoires, où des fonds sont délivrés souvent pour un prix bien inférieur à leur juste valeur. Une dette, quelquefois médiocre, ne dépouillait pas en entier une famille de son patrimoine.

Le créancier ne peut être forcé à recevoir partiellement le paiement d'une dette lors-même qu'elle est susceptible de division. Ainsi on ne pourrait pas lui offrir le capital entier, sans payer en même tems les intérêts (1).

Les juges peuvent cependant donner en quelques circonstances des délais modérés pour le paiement. La loi les y autorise, mais en les avertissant de n'user de ce pouvoir qu'avec la plus grande réserve. Lorsqu'ils prennent sur eux de surseoir ainsi l'exécution des poursuites, ils doivent toujours conserver et les droits et l'effet des procédures du créancier, en ordonnant que toutes choses demeureront en état(2).

____

(1) Cod. civ. art. 1244. *Leg. 9. Cod. de solut.*
(2) *Ibid.*

Le

Le débiteur d'un corps certain et déterminé est libéré en livrant la chose au terme convenu, dans l'état où elle se trouve. Il ne répondrait pas de la perte de la chose, à moins que cette perte ne fût survenue par sa faute ou par la faute de ceux dont il répond, ou à moins qu'il ne fût en demeure de la livrer. Il n'est pas responsable aussi des détériorations (1).

Si la dette est d'une chose qui ne soit déterminée que par son espèce, l'équité n'autorise point le créancier à l'exiger de la meilleure qualité; mais aussi elle ne permet pas au débiteur de l'offrir de la plus mauvaise (2).

Le contrat fait la loi pour le lieu du paiement, comme sur le reste; lorsque le lieu n'a pas été désigné, le créancier est présumé avoir voulu, s'il s'agit d'un corps certain et déterminé, qu'il lui fût livré dans le lieu où il était lors de l'obligation : hors ces deux cas, le paiement doit donc être fait au domicile du débiteur (3).

Le débiteur étant tenu de remplir son obligation, et ayant besoin d'avoir la preuve qu'il s'est libéré, les frais du paiement doivent être à sa charge (4).

S'il est dû à un créancier plusieurs sommes par diverses obligations, le débiteur peut payer

____

(1) Cod. civ. art. 1245.
(2) *Ibid.* art. 1246.
(3) *Ibid.* art. 1247. *Leg.* 41. §. 1. *ff. de verb. oblig.*
(4) *Ibid.* art. 1248.

Tome IV. Y

une des obligations sans payer les autres; et le créancier n'a pas le droit de refuser (1).

Le débiteur a la faculté d'imputer le paiement qu'il fait sur celles des diverses obligations que bon lui semble; à son défaut le créancier peut le faire par la quittance qu'il donne.

On impute toujours sur la dette la plus pressante et la plus dure, quand il y a eu différens paiemens faits à compte de diverses sommes, provenant de différentes obligations. Car le débiteur n'ayant pas usé de la faculté qu'il a de faire l'imputation, la loi fait ce qu'elle présume qu'il aurait fait lui-même.

L'imputation se fait cependant toujours sur les intérêts avant que de se faire sur le principal, dans les dettes qui portent intérêt de leur nature, comme les rentes constituées, les deniers dotaux, etc. (2).

L'imputation doit se faire aussi sur ce que le débiteur doit de son chef, plutôt que sur ce qu'il doit du chef d'autrui; comme s'il est héritier de quelqu'un, et que les titres contre le défunt ne soient point encore exécutoires contre lui, ou s'il a pris la succession par bénéfice d'inventaire (3).

---

(1) *Leg.* 1. 2. 3. *ff. de solut. Leg.* 16. *eod. de solut. Cod. civ.* art. 1253 et suiv.

(2) *Ibid.* art. 1254 et suiv

(3) *Leg.* 103. *ff. de solut.*

CHAPITRE V.

Des offres de paiement et de la consignation.

Rien ne doit pouvoir empêcher la libération du débiteur; ainsi s'il offre tout ce qu'il doit et dans le lieu où il doit payer, et que le créancier refuse de le recevoir, ou que la position où il se trouve ne lui permette pas de donner une quittance valable, le débiteur peut demander que la somme due soit consignée entre les mains d'une personne publique, et la consignation vaut paiement. Aucun créancier ne peut cependant être forcé de recevoir le remboursement de ce qui lui est dû, avant le terme porté au titre de sa créance (1). On ne pourrait cependant stipuler que le débiteur n'aurait la faculté de se libérer que lorsque le créancier le voudrait.

Quant à la consignation, ce n'est pas un paiement proprement dit, puisque le transport de propriété de la chose payée n'est pas accepté par le créancier; mais elle équivaut au paiement: elle met la chose consignée aux risques du créancier, et elle éteint également la dette (2).

____

(1) Décret du 25 messidor an 3. Cod. civ. art. 1187. 1258.

(2) Code civil, art. 1257. *Leg. 9. Cod. de solut.*

Mais la consignation n'est valable qu'autant que l'on a pris toutes les précautions pour qu'il soit certain que le créancier est en faute d'avoir refusé les offres qui lui ont été faites.

Pour que ces offres soient valables, il faut qu'elles soient faites au créancier ayant la capacité de recevoir, ou à celui qui a pouvoir de recevoir pour lui ; il faut qu'elles soient faites par une personne capable de payer ; il faut que ce ne soient pas des offres partielles, et on les considère comme telles si elles ne sont pas à-la-fois et de la totalité de la somme exigible, et des arrérages ou intérêts dus, et des frais liquidés, et d'une somme pour les frais non liquidés, sauf à la completter s'il y a lieu. Il faut que le terme soit échu, s'il a été stipulé en faveur du créancier ; il faut que la condition sous laquelle la dette a été contractée soit arrivée ; il faut enfin que les offres soient faites au lieu dont on est convenu pour le paiement (1).

S'il n'y a pas convention spéciale sur le lieu du paiement, le débiteur ayant à procéder contre le créancier est tenu, suivant la règle *actor sequitur forum rei*, de faire les offres, soit à la personne, soit au domicile du créancier, soit au domicile élu pour l'exécution de la convention.

Pour qu'il n'y ait aucun doute sur la réalité des offres, on exige qu'elles soient faites par

____

(1) Code civil, art. 1258, et les motifs.

un officier ministériel, ayant caractère pour ces sortes d'actes.

Quant aux formes de la consignation, elles sont bornées à celles qui suffisent pour que le créancier, même après son refus de recevoir les offres, soit encore mis à portée d'éviter une consignation, par laquelle la chose déposée est mise à ses risques.

Suivant un usage presque général, la consignation devait être autorisée par le juge; mais dans le Code civil cette procédure n'a point été regardée comme nécessaire. Le débiteur ne doit pas souffrir des délais qu'elle entraînerait, et le créancier, averti par les offres réelles, et ensuite par une sommation qui lui indiquera le jour, l'heure et le lieu où la chose offerte sera déposée, est mis à l'abri des surprises. Il peut prévenir la consignation en demandant la nullité des offres qui lui sont faites. C'est alors seulement qu'un jugement est nécessaire pour autoriser la consignation, s'il est décidé que les offres sont valables (1).

Les formes qui doivent accompagner la consignation sont, que le versement dans le dépôt indiqué par la loi soit effectif; qu'il y ait un procès-verbal dressé par l'officier ministériel de la nature des espèces offertes, du refus qu'a fait le créancier de les recevoir, ou de sa non-comparution; et enfin qu'en cas de non comparu-

_____

(1) Code civil, art. 1259.

tion de la part du créancier, le procès-verbal de dépôt lui ait été signifié avec sommation de le retirer(1).

C'est par cette longue suite de précautions que les droits du créancier sont garantis, sans qu'il puisse se plaindre si la loi ne permet pas qu'un refus arbitraire et injuste nuise au débiteur.

Quoiqu'après la consignation la chose déposée soit, quant aux risques, considérée comme la propriété du créancier, cependant le débiteur a le droit de la retirer tant que le créancier ne l'a pas acceptée. Il a même cette liberté à l'égard des co-débiteurs ou des cautions. La consignation n'a pas plus de force à leur égard, qu'elle n'en a à l'égard du créancier lui-même (2).

Il en est autrement si le débiteur a fait juger définitivement que ses offres et la consignation sont valables. Ce jugement équivaut à l'acceptation du créancier; la dette est entièrement éteinte : dès-lors le débiteur ne peut plus, même du consentement du créancier, retirer la consignation au préjudice de ses co-débiteurs ou de ses cautions (3).

Mais si depuis le jugement définitif le créancier a consenti que la chose consignée fût retirée, il perd les droits de privilége ou

---

(1) Cod. civ. art. 1259.
(2) *Ibid.* art. 1261.
(3) *Ibid.* art. 1262.

d'hypothèque qui étaient attachés au titre primitif de la dette. Il n'a plus d'hypothèque que du jour où l'acte par lequel il a consenti que la consignation fût retirée, aura été revêtu des formes requises pour emporter hypothèque (1).

Si la chose due n'est pas une somme d'argent, et que ce soit un corps certain qui doit être livré au lieu où il se trouve, le débiteur qui a fait sommation de l'enlever, doit, dans le cas où elle ne serait pas enlevée, être autorisé par la justice à la mettre en dépôt dans quelque autre lieu (2).

CHAPITRE VI.

De la preuve du paiement.

De même que celui qui se prétend créancier, doit établir son droit, de même le débiteur qui allègue le paiement doit le prouver (3).

On penche toujours cependant en faveur de la libération, et l'on est moins rigoureux dans certains cas pour les preuves du paiement que pour celles de l'obligation.

Ainsi, par exemple, l'on exige pour la validité d'une obligation sous seing-privé, que l'acte qui la contient soit non-seulement signé

______

(1) Code civil, art. 1263.
(2) *Ibid.* art. 1264.
(3) *Ibid.* art. 1315. 1332.

Y 4

par celui qui s'engage, mais qu'il soit écrit en entier de sa main, ou du moins qu'outre sa signature, il ait écrit de sa main un *bon* ou *approuvé* en toutes lettres, de la somme ou de la quantité de la chose (1).

Cette précaution n'est pas nécessaire pour la quittance.

Il suffit qu'elle soit signée par le créancier.

L'écriture mise par le créancier à la suite, ou en marge, ou au dos d'un titre qui est toujours resté en sa possession, fait foi en faveur du débiteur.

Il en est de même de l'écriture mise par le créancier au dos, ou en marge, ou à la suite du double d'un titre ou d'une quittance, pourvu que ce double soit entre les mains du débiteur (2).

De simples présomptions suffisent quelquefois pour prouver le paiement. Nous en avons déjà parlé en traitant des présomptions (3)

Ainsi la remise volontaire du titre original sous signature privée par le créancier au débiteur, fait présumer de la libération. Cette remise du titre équivaut à une quittance (4).

Mais pour produire cet effet, il faut que la remise ait été volontaire. Il est possible que

___

(1) Code civ. art. 1326.
(2) *Ibid.* art. 1332.
(3) Ci-dessus liv. 1. chap. XXV.
(4) *Ibid.* art. 1282.

le titre soit tombé dans les mains du débiteur à l'insu ou contre le gré du créancier, et qu'il y ait eu surprise ou abus de confiance.

La preuve de ces faits est admissible lors-même qu'il s'agit d'une somme de plus de cent cinquante francs. Ce n'est pas une obligation que l'on veut établir, c'est le fait de la remise volontaire du titre qui est contesté.

Cette preuve ne doit pas être à la charge du débiteur, parce que la remise du titre étant un moyen naturel et usité de se libérer, la présomption est en faveur du débiteur, et c'est au créancier à prouver que la remise n'est pas volontaire.

S'il s'agit d'une obligation passée devant notaires, la grosse du titre est sous plusieurs rapports considérée dans la main du créancier comme le titre original; cependant lors-même qu'il serait certain que la grosse aurait été volontairement remise au débiteur, cette remise n'est considérée que comme une présomption, qui peut être écartée par une preuve contraire (1).

La remise ou décharge conventionnelle de la dette au profit de l'un des co-débiteurs solidaires, libère tous les autres, à moins que le créancier n'ait expressément réservé ses droits contre ces derniers (2).

______

(1) Code civil, art. 1283.
(2) *Ibid.* art. 1284.

La remise d'une dette à un des débiteurs solidaires n'a pas le même effet que la division de la dette que le créancier consentirait à l'égard de ce débiteur, ou avec le paiement qu'il en recevrait pour sa part.

Quoique dans ces deux derniers cas, il y ait une division certaine de la dette, on a décidé que l'on ne devait pas en conclure l'extinction de la solidarité. Mais dans le cas de la remise ou décharge de la dette au profit de l'un des débiteurs solidaires, le Code décide qu'il n'y a pas seulement division de la dette, mais qu'elle est entièrement éteinte, s'il n'y a une réserve expresse. Le créancier pouvait remettre la dette totale au co-débiteur comme il pouvait l'exiger de lui, et dans le doute la faveur de la libération doit l'emporter (1).

Lorsque le créancier rend au débiteur le gage donné en nantissement, il est plutôt à présumer qu'il a consenti à se désister du gage, qu'il n'est à présumer qu'il ait voulu remettre la dette (2).

La dette étant éteinte par la remise qu'en fait le créancier, le cautionnement qui en était l'accessoire cesse également. Mais aussi par la raison que le cautionnement n'est qu'un accessoire de l'obligation, la remise peut être

____

(1) Code civil, art. 1286.
(2) *Ibid.* art. 1285.

faite du cautionnement sans qu'elle serve au débiteur principal; et s'il y a plusieurs cautions, la remise peut être faite à l'une d'elles sans que les autres puissent s'en prévaloir (1).

Les jurisconsultes étaient partagés sur la question de savoir si ce que le créancier a reçu d'une caution pour le décharger de son cautionnement, doit être imputé sur la dette, et tourner à la décharge du débiteur principal et des autres cautions.

On disait en faveur du créancier que ce qu'il a reçu est le prix du risque auquel la caution était exposée, et que s'il a bien voulu prendre sur lui ce risque, on ne doit pas en induire qu'il ait donné décharge d'une partie de la dette.

Cependant le Code veut que l'imputation de ce que le créancier a reçu de la caution, ait lieu sur la dette principale (2).

CHAPITRE VII.

De la cession de biens.

On a classé la cession de biens au nombre des divers modes de paiement; elle est de deux sortes, volontaire et judiciaire; elle se fait par conséquent de deux manières (3).

Lorsqu'une personne n'a pas de quoi sa-

----

(1) Code civil, art. 1287.
(2) *Ibid.* 1288.
(3) *Ibid.* art. 1265. et suiv. *tit. ff. et Cod. de cession.*

tisfaire en entier ses créanciers, elle les ras-semble, pour leur présenter l'état de ses af-faires, et leur proposer un abandon général de tout ce qu'elle possède.

Si à la majorité des voix, les créanciers consentent à recevoir en paiement les effets abandonnés, cette délibération lie même ceux qui y seraient opposans. Les voix des créan-ciers prévalent, non par le nombre des per-sonnes, mais eu égard à ce qui leur est dû, s'il monte aux trois quarts du total des dettes (1).

D'autres fois un débiteur, emprisonné en vertu d'une contrainte par corps, fait, pour sortir de prison, un abandon de tous ses biens à ses créanciers, et c'est ce qu'on appelle proprement faire cession de biens.

Pour être admis à cette triste ressource, l'ancienne jurisprudence voulait que le débi-teur parût à l'audience dans l'état le plus humiliant (2).

On n'écoutait même leur demande dans beaucoup de pays, qu'autant qu'ils s'étaient constitués prisonniers. On ne serait pas si ri-goureux aujourd'hui.

La cession de biens a été introduite en fa-veur des débiteurs malheureux, et qui ont été ruinés par le hasard ou l'infortune, et non pour ceux qui ont été de mauvaise foi, et dont

---

(1) *Leg.* 8. *ff. de pact.* Ordonnance de 1673. tit. XI. art. 5. 6.

(2) Ordonn. de 1490. art. 34. De 1519, art. 70.

la ruine provient de leur inconduite (1).

Il suit de-là que lorsque les créanciers n'ont aucun reproche raisonnable à faire contre leur débiteur, ils sont forcés de recevoir l'abandon ou la cession qu'il leur fait de ses biens (2).

Cette cession n'équivaut cependant pas à un paiement réel. Si le débiteur acquérait des biens postérieurement à la cession, les créanciers pourraient y porter leur exécution, malgré l'acceptation qu'ils auraient faite de la cession. On ne pourrait cependant saisir les alimens légués au débiteur (3).

L'effet de la cession n'est pas de transporter la propriété des biens cédés aux créanciers ; ils doivent les faire vendre pour en partager le prix. Ils en perçoivent les fruits jusqu'à la vente (4).

La cession doit être totale. On obligeait autrefois le débiteur de jurer qu'il ne retenait rien ; il pouvait seulement conserver ses habits, son lit, les outils qui servent à gagner la vie, en un mot, toutes les choses qu'il n'est pas permis de saisir.

La cession suspend toutes les poursuites des créanciers ; elle opère la décharge de la contrainte par corps (5).

---

(1) Code civil, art. 1270.
(2) *Leg.* 7. 8. *ff. de Cession. bon.* Cod. civ. art. 1268.
(3) Code civil, art. 1270.
(4) *Ibid. Leg.* 4. 6. 7. *ff. de cession. bonor.*
(5) *Leg.* 4. *cod.* Cod. *eod.* Cod. civ. art. 1269.

Le Code civil, en obligeant les créanciers d'accepter la cession du débiteur, ajoute néanmoins, *si ce n'est dans les cas exceptés par la loi* (1). Elle ne parle d'aucun de ces cas; ils étaient très-nombreux autrefois.

Le bénéfice de la cession était refusé en général à tous les débiteurs de mauvaise foi. Le Code civil n'est pas plus indulgent. Il dit que ce bénéfice n'est établi que pour les débiteurs malheureux et de bonne-foi.

Ainsi on ne l'accordait point dans l'ancienne jurisprudence pour une dette provenant d'un délit, soit qu'il s'agît d'une amende, soit que ce fussent des réparations civiles (2).

On n'admettait point également à la cession les banqueroutiers frauduleux, les stellionataires, les banquiers, les courtiers, etc. (3); les receveurs et les administrateurs publics en étaient aussi exclus, ainsi que les cautions judiciaires et tous ceux qui s'obligent en justice (4).

Un étranger ne pouvait se servir aussi de cette triste ressource (5).

---

(1) *Ibid.*

(2) *Leg.* 7. §. 3. *de jurisdict.* Leprestre, centur. 1 chap. 99. nº. 36.

(3) *Leg. ultim* §. *ultim. ff. quæ in fraud. credit. et ibi Gotofred.*

(4) *Voy.* Jousse, sur l'Ordonnance de 1673, où il rappelle en détail tous ceux qui ne peuvent être admis à la cession de biens, pag. 172 et suiv.

(5) Ordonn. de 1673, tit. X, art. 2.

Celui qui a fait cession de biens, encourt une espèce de dégradation civique, qui le rend incapable de remplir aucune fonction publique (1).

CHAPITRE VIII.

De la compensation.

Une autre manière d'éteindre les obligations, est la compensation qui se fait des dettes de deux personnes qui se trouvent débitrices tout-à-la-fois et créancières l'une de l'autre.

Elles sont mutuellement quittes en se donnant à compte leur dette réciproque.

Cette libération se fait de plein droit. Elle s'opère par la seule force de la loi, sans qu'il soit besoin de jugement, et même à l'insu des débiteurs. Les deux dettes s'éteignent réciproquement à l'instant même où elles existent à-la-fois (2).

Mais pour cela il faut que toutes choses soient égales entre les deux débiteurs.

Ainsi la compensation n'a lieu qu'entre deux dettes qui ont également pour objet une

______

(1) Jousse, *ibid.* p. 176. *Leg. ff. Cod. de cess. bonn.*
(2) *Leg.* 4. 21, *ff. de compensat.* Cod. civ. art. 1289. et suiv.

somme d'argent, ou une certaine quantité de choses *fungibles* de la même espèce (1).

Il faut que les deux dettes soient exigibles. Celui des débiteurs qui a un terme, n'est point jusqu'à l'échéance réputé devoir. Cependant un terme de grace qu iserait accordé par le juge ou par le créancier, ne serait pas un obstacle à la compensation (2).

Il faut que les dettes soient liquides. Celle qui est liquide peut être exigée, tandis que la dette non liquide n'est pas encore susceptible de paiement.

Les prestations en grains ou denrées non contestées, et dont le prix serait réglé par les mercuriales, peuvent se compenser avec des sommes liquides et exigibles (3).

La compensation est également admise dans le cas où deux dettes ne sont pas payables au même lieu. Quoiqu'alors toutes ne soient pas égales quant au paiement dans lequel les frais de transport peuvent occasionner des différences, et quoique ces frais ne soient pas encore liquidés, la compensation ne s'en opère pas moins; il suffit de faire raison des frais de la remise (4).

---

(1) Cod. civ. art. 1291. *Leg.* 18. *ff. de pignerat.* act. *Leg.* 13. §. 2. *ff. de pignor. Leg.* 4. *Cod. de compensat.*

(2) Code civil, art. 1292. *Leg.* 14. *ff. de compensat. Leg.* 2. *et ultim. Cod. eod.*

(3) *Ibid.* art. 1291.

(4) *Ibid.* art. 1296.

Il n'est pas nécessaire que les deux dettes aient une cause semblable, ni qu'elles soient de la même somme ou de la même quantité.

Quand elles sont inégales, la compensation s'opère jusqu'à concurrence de ce qui est respectivement dû.

Ces conditions ne suffisent pas toujours pour opérer la compensation ; on ne pourrait l'opposer contre la demande en restitution d'une chose dont le propriétaire a été injustement dépouillé, ou d'une chose prêtée ou mise en dépôt. Elle n'a pas lieu aussi pour une pension alimentaire : la destination des alimens est si marquée ; c'est une dette si indispensable, que celui qui les a donnés ou légués, ou la justice qui les a ordonnés, n'ont pas prétendu qu'on pût la changer en aucun cas (1).

La compensation ayant pour but d'éviter le circuit d'actions entre deux personnes qui se doivent, il en résulte que l'une ne peut pas opposer à l'autre la compensation avec ce qu'un tiers lui devrait (2).

Ainsi le débiteur principal ne peut opposer la compensation de ce que le créancier doit à la caution. L'action relative à ce que le créancier doit à la caution, ne peut appartenir qu'à la caution elle-même, et la circonstance du

______

(1) Code civil, art. 1293. 1285. *Leg.* 2. §. 2. *Cod. de compensat. Leg.* 3. *Cod. eod.*
(2) *Leg.* 96. *ff. de solut.*

Tome IV. Z

cautionnement ne donne à cet égard aucun droit au débiteur principal contre le créancier.

Par le même motif, le débiteur solidaire ne peut opposer la compensation de ce que le créancier doit à son co-débiteur (1).

Mais la caution peut opposer la compensation qui s'est opérée de plein droit entre le créancier et le débiteur principal; l'extinction de l'obligation principale a dans ce cas entraîné celle de l'obligation accessoire de la caution.

La compensation ne s'opérant qu'entre deux personnes qui se trouvent redevables l'une envers l'autre, elle cesserait d'avoir lieu si la créance de l'une d'elles avait été transportée à une tierce personne; pourvu néanmoins que le créancier notifie la cession au débiteur ou la lui fasse agréer.

Si le débiteur a accepté la cession qu'un créancier a faite de ses droits à un tiers, ce créancier ne peut plus opposer au cessionnaire la compensation qu'il eût pu, avant l'acceptation, opposer au cédant. Il y a dans ce cas renonciation de la part de ce débiteur à proposer l'exception de compensation.

S'il s'agit d'une cession qui n'ait point été acceptée par le débiteur, mais qui lui ait été signifiée, le débiteur ne peut plus compenser avec la créance cédée celle qui lui survien-

_____

(1) Code civil, art. 1294. *Leg. 4. ff. de compensat.*

drait contre le cédant depuis la signification, parce qu'au moyen de cette formalité le cédant a cessé d'être créancier. Mais si le débiteur avait des créances antérieures à la signification, ni la cession faite, ni cette formalité n'ont pu priver le débiteur d'opposer une compensation qui s'était opérée de plein droit avant la cession (1).

Mais si l'une des deux personnes entre lesquelles la compensation s'opère, était obligée pour plusieurs dettes, on pourrait douter quelles seraient celles qui se trouveraient éteintes, n'y ayant pas eu de convention sur l'imputation. Il faut donc alors appliquer les règles établies sur l'imputation dans le cas où il n'y a point eu de convention (2).

Lorsqu'une saisie-arrêt a été faite entre les mains d'un débiteur, il est devenu, quant à la somme due, dépositaire : il ne peut plus payer au préjudice du saisissant. La compensation ne peut donc plus avoir lieu depuis la saisie-arrêt. Ce qui n'a lieu que dans le cas où le débiteur n'est devenu créancier que depuis la saisie (3). Il ne peut nuire alors au droit du tiers,

La compensation s'opérant de plein droit et éteignant l'obligation, le privilége où l'hypo-

---

(1) Code civil, art. 1295, et les motifs.
(2) *Ibid.* art. 1297.
(3) *Ibid.* art. 1298.

thèque qui en étaient l'accessoire sont aussi anéantis. Ce serait donc en vain que le créancier voudrait faire revivre l'obligation en alléguant qu'il n'a point opposé la compensation. Il ne pourrait plus se prévaloir de son privilége ou de son hypothèque au préjudice des autres créanciers.

Cependant si le débiteur, ayant une juste cause d'ignorer la créance qui devait compenser sa dette, ne s'était point prévalu de la compensation, l'équité ne permettrait pas qu'il fût dépouillé de l'avantage du privilége ou de l'hypothèque attaché à son ancienne créance (1).

De ce que la compensation ne peut avoir lieu au préjudice des créanciers, il s'ensuit qu'elle n'est point admise dans une déconfiture générale.

La compensation opérant la libération de la dette, elle doit être alléguée en jugement pour produire son effet ; le juge ne pourrait la suppléer. Elle peut être alléguée en tout état de cause (2).

L'effet de la compensation, en libérant le débiteur, est de libérer également les gages et les cautions (3). Elle fait cesser les intérêts (4); et elle arrête le cours de la prescription.

---

(1) Cod. civ. *Ibid.* art. 1299.
(2) *Leg.* 13. 15. 19. *ff. de compensat. Leg.* 2. 6. 7. *Cod. eod.*
(3) *Leg.* 4. *ff. de compensat. Leg.* 12. *Cod. eod.*
(4) *Leg.* 7. *ff. Cod. de solut. Leg.* 4. *Cod. de compensat.*

CHAPITRE IX.

De la confusion.

Les obligations s'éteignent encore lorsque les droits du créancier et du débiteur se confondent dans la même personne; et cela arrive si le créancier succède au débiteur, ou le débiteur au créancier; ou quand un tiers succède au débiteur et au créancier. La dette se trouve éteinte par cette *confusion* des droits. Car nul ne peut être débiteur ou créancier de lui-même (1).

Ce qui produit en effet la confusion, c'est la réunion de deux droits incompatibles. Alors il faut que l'un des deux l'emporte sur l'autre, et que le plus faible cède au plus puissant. Ainsi les qualités de débiteur et de créancier étant incompatibles, un héritier pur et simple confond sans difficulté les créances qu'il pouvait exercer contre la succession (2).

La confusion qui s'opère dans la personne du débiteur principal, profite à ses cautions, dont l'obligation cesse avec celle dont elle n'était que l'accessoire.

Mais par une conséquence nécessaire, la confusion qui s'opère dans la personne de la

____

(1) Code civil, art. 1300.
(2) D'Aguess. plaid. 46.

caution, n'entraîne point l'extinction de l'obligation principale.

Enfin celle qui s'opère dans la personne du créancier, ne profite à ses co-débiteurs solidaires, que pour la portion dont il était débiteur (1).

Il y a des cas cependant où, malgré la réunion de deux titres opposés dans une même personne, la confusion n'a pas lieu.

Le premier exemple qui se présente est celui du bénéfice d'inventaire, dont l'effet, comme nous l'avons dit ailleurs, est d'empêcher cette confusion des droits du défunt et de l'héritier, et d'en faire deux patrimoines différens (2).

Il en est de même lorsque deux qualités concourent dans la même personne, qu'elle est tout-à-la-fois donataire et héritière du défunt, ou qu'elle est appelée à recueillir après lui des biens grevés de restitution.

On n'a jamais douté en matière de confusion, que le droit le plus éminent ne soit le seul qui reste après la confusion ; et c'est ce qu'il est aisé de prouver par l'exemple de l'héritier; car lorsque le créancier succède à son débiteur, il se fait une confusion. Mais quel en est l'effet ? La qualité du créancier est éteinte ; la seule

---

(1) Code civil, art. 1301.
(2) Ci-dessus, liv. XV. chap. III.

qualité d'héritier subsiste. On ne saurait douter que dans le concours de ces deux droits de créancier et de propriétaire, le dernier ne soit en même-tems le plus noble, le plus fort et le plus éminent, et par conséquent celui auquel le droit de créance doit céder (1).

D'un autre côté aussi, quand une personne a deux titres en vertu desquels elle a pu également posséder, on considère toujours celui qui lui est le plus utile, tant qu'elle n'a pas expliqué celui qu'elle choisissait, ou qu'elle n'a pas été forcée de faire ce choix.

Celui qui est tout-à-la-fois héritier, ou donataire ou substitué, peut posséder en vertu de chacun de ces titres; car quoiqu'ils paraissent confondus, les actions qui en dérivent subsistent toujours séparément en leur entier.

Or, il est souvent très-utile de posséder à un titre plutôt qu'à un autre. L'héritier pur et simple est obligé à toutes les dettes de la succession même excédant sa valeur; le donataire n'est tenu qu'à celles qui existaient à l'époque de la donation, ou tout au plus il ne doit que jusques à concurrence des biens qu'il a reçus; le substitué prend les biens qu'il est appelé à recueillir francs et quittes des dettes du grevé.

Dans la réunion de ces différentes qualités, on suppose toujours que celui qui a agi sans avoir expliqué suffisamment celle à laquelle il s'atta-

---

(1) D'Aguess. plaid. 49.

chait, l'a fait au titre le plus utile et le moins onéreux pour lui (1).

CHAPITRE X.

De la novation.

Pour completter ce que nous avions à dire sur la manière dont s'éteignent les obligations, il nous reste à parler de la novation et de la délégation.

La novation s'opère lorsqu'à une dette, on en substitue une autre; la première est éteinte, la nouvelle seule subsiste.

Mais pour que la novation produise cet effet, il faut que telle ait été la volonté du créancier. La novation ne se présume point; et il faut que l'intention de l'opérer résulte évidemment de l'acte (2).

La novation peut se faire de trois manières:

La première lorsque le débiteur et le créancier consentent à substituer une nouvelle dette à l'ancienne.

La seconde, lorsqu'un nouveau débiteur est substitué à l'ancien, qui est déchargé par le créancier.

Enfin, la troisième est lorsqu'un nouveau

---

(1) D'Aguess. plaid. 46.
(2) Code civil, art. 1273. *Leg.* 1. *ff. de novat. et delegat. Leg. ultim. Cod. eod.*

créancier est substitué à l'ancien, envers lequel le débiteur se trouve déchargé (1).

La novation étant une espèce d'aliénation, ne peut se faire que par ceux qui ont la capacité de contracter (2).

Dans le cas où la novation se fait par la substitution d'un débiteur à l'autre, ce nouveau contrat peut se former sans le concours du premier débiteur : la première dette est éteinte par la nouvelle que le tiers contracte ; et ce tiers n'a point eu besoin de l'intervention du débiteur, pour payer à sa décharge (3).

La délégation ne doit pas être confondue avec la simple novation.

La délégation se fait lorsque le débiteur donne à son créancier un autre débiteur, qui se charge de payer la dette.

La délégation ne se peut faire sans le consentement de trois personnes ; savoir, du débiteur qui délègue un autre débiteur en sa place, du débiteur qui est délégué et qui s'oblige envers le créancier, et du créancier qui accepte la nouvelle obligation ; et c'est en quoi la délégation diffère de la cession ou transport, où le consentement du débiteur sur lequel le transport est fait, n'est point nécessaire.

____

(1) Code civil, art. 1271.
(2) *Ibid.* art. 1272.
(3) *Ibid.* art. 1274. *Leg.* 8. §. *ultim. ff. de novat.*

Quand la délégation est acceptée purement et simplement, le créancier ne peut plus avoir de recours contre le débiteur, dont l'obligation est éteinte lors-même que la personne déléguée deviendrait insolvable (1).

Si l'on avait mis dans l'acte de décharge une réserve en cas d'insolvabilité, ce serait une obligation que le premier débiteur serait tenu de remplir.

Le créancier peut aussi revenir contre la décharge donnée, si elle avait été surprise; et on la présumerait telle, si la personne déléguée était déjà en faillite ouverte, ou tombée en déconfiture au moment de la délégation (2).

La simple indication faite ou par le débiteur d'une personne qui doit payer à sa place, ou par le créancier d'une personne qui doit recevoir pour lui, n'opère point de novation. Le créancier, le débiteur et l'obligation restent toujours les mêmes. L'indication est un simple mandat donné par le débiteur à la personne indiquée pour payer à sa place, ou par le créancier à la personne indiquée pour recevoir (3).

L'effet de la novation étant d'éteindre l'ancienne dette, cette extinction entraîne celle

(1) Code civil, art. 1275. *Leg.* 1. 3. *Cod. de novat.*
(2) *Ibid.* art. 1267. -
(3) *Ibid.* art. 1276.

des hypothèques qui en étaient l'accessoire. Mais le créancier peut transporter sur la seconde dette et par l'acte même qui contient la novation, les hypothèques sous lesquelles la première avait été stipulée. Mais pour que l'ancienne hypothèque soit ainsi transférée, il faut que le débiteur reste le même : on ne pourrait pas faire remonter l'hypothèque sur les biens d'un nouveau débiteur à une date antérieure à la novation, sans s'exposer à nuire aux autres créanciers de ce nouveau débiteur (1).

On ne peut aussi dans l'acte de novation transporter l'hypothèque sur les biens d'un tiers, lors-même que ce tiers aurait été un des co-débiteurs solidaires de la première dette (2).

En effet, c'est encore une des conséquences de l'extinction de la première dette par la novation, que si cette novation s'opère entre le créancier et l'un des débiteurs solidaires, les co-débiteurs sont libérés ; si elle s'opère à l'égard d'un débiteur qui ait donné des cautions, le cautionnement cesse avec l'obligation principale.

Si le créancier avait exigé que les co-débiteurs ou les cautions accédassent au nouvel arrangement, cette condition devrait être remplie, sinon l'ancienne créance subsisterait (3).

____

(1) Code civil, art. 1278, 1279.
(2) *Ibid.* art. 1280.
(3) *Ibid.* art. 1281.

LIVRE XXVIII.

DES ACTIONS.

CHAPITRE PREMIER.

Des différentes sortes d'actions.

LES actions forment la troisième des grandes divisions du Droit, que nous avons indiquées au commencement de cet ouvrage. Nous n'avons parlé jusqu'ici que des droits respectifs des hommes réunis en société, de la manière dont on les acquiert et dont on les transmet. Il faut voir à présent comment ils s'en assurent l'exercice ou la jouissance, quand on les leur conteste ou qu'on les leur ravit.

Deux motifs principaux portent en effet les hommes à réclamer la protection des lois ; savoir, si on leur refuse ce qui leur est dû ou ce qu'on leur a promis, ou si l'on fait tort à leurs personnes ou à leurs propriétés.

Dans le premier cas, qui est l'objet de la justice civile, ils tendent à conserver ; dans le second, qui est celui de la justice criminelle, ils cherchent à avoir réparation du tort qu'ils ont éprouvé.

On appelle *actions* l'exercice qu'ils font

de leur droit de poursuivre en justice le paiement de ce qui leur est dû.

On les divise en actions civiles et en actions
criminelles. Les actions civiles naissent ou de
la disposition de la loi, qui impose des obligations à certaines personnes, comme quand
elle veut que les parens se fournissent mutuellement des alimens; ou des conventions
des hommes, qui sont expresses ou présumées,
et forment, comme nous avons vu, les contrats et les quasi-contrats.

Les actions criminelles dérivent des délits
et quasi-délits; en nous rendant coupables
envers quelqu'un d'un délit duquel il souffre
du dommage, nous nous obligeons à réparer
le tort qu'il en a souffert.

Nous ne nous occuperons en ce moment
que des actions civiles.

Toutes les actions ne se poursuivent pas de
la même manière, et elles n'ont pas toutes
les mêmes avantages.

On peut souvent, pour la poursuite d'une
chose, se servir de l'action civile ou criminelle; celui à qui elle compète, a le droit de
choisir celle qu'il croit la plus avantageuse;
mais son choix une fois fait, il ne peut pas
abandonner l'action qu'il a intentée, pour revenir à une autre.

Chez les Romains, chaque action avait sa
formule distincte des autres; il fallait nécessairement se servir de cette formule, et employer

les termes dans lesquels elle était exprimée.
Celui qui s'en écartait de la moindre syllabe,
était déchu de la cause et de l'action (1).

Ces formules avaient été imaginées dans
l'enfance de la législation romaine, autant
pour diriger ceux qui recouraient aux tribunaux, que pour guider les juges qui les rem-
plissaient.

Mais comme c'était là l'occasion d'une infinité de chicanes, et que l'omission d'un seul
mot faisait souvent perdre la plus juste cause,
lorsque la pratique judiciaire et l'habitude
des affaires furent devenues plus familières,
les empereurs supprimèrent ces formules;
il suffit dès-lors de déclarer d'une manière
claire et simple ses prétentions dans un exploit dont on donnait copie à celui qu'on citait
en justice. Il ne fut plus nécessaire d'exprimer
le nom de l'action dont on voulait se servir (2).

Il paraît qu'après la résurrection du droit romain dans le moyen âge, des Jurisconsultes
tentèrent de rétablir l'usage des formules et
des actions ; mais le droit canonique, qui
régla la plupart des formes judiciaires qui
sont encore en usage parmi nous, établit
une marche plus simple; il exigea seulement
que les actions fussent intentées par une ex-

---

(1) *Leg.* 21. §. 6. *ff. de origin. jur.*
(2) *Leg.* 1. 2. *Cod. de formul. et impetrat. sublat.*

position briève et sommaire du fait dont il s'agissait (1).

Les ordonnances françaises suivirent cette sage disposition, comme nous le verrons en tems et lieu (2).

Quoique l'on ne soit pas tenu chez nous de connaître le nom de l'action qui convient à chaque cause, ni d'employer la formule dans laquelle on l'énonçait chez les Romains, il est cependant une distinction entre les diverses actions qu'il est important de remarquer.

Les actions se divisent en actions personnelles, réelles et mixtes (3).

Les actions personnelles sont celles par lesquelles nous agissons contre ceux qui sont obligés à nous donner ou à faire quelque chose pour notre avantage.

Elles ne s'intentent que contre ceux qui sont personnellement obligés envers nous ou par la loi, ou par un contrat ou un quasi-contrat, ou enfin par l'effet d'un délit ou d'un quasi-délit. Elles passent contre leurs héritiers, parce que les héritiers représentent ceux à qui ils succèdent (4).

Ils sont obligés pour les mêmes causes que l'étaient ceux dont ils recueillent la suc-

---

(1) *Cap. 6. extra. de judic.*
(2) Ord. de 1539. art. 16. Ordon. de 1667. *tit. 2.*
(3) *Instit. de action.*
(4) *Leg. 9. ff. de regul. jur.*

cession. On excepte cependant le cas du délit; l'obligation qui en dérive n'a lieu contre les héritiers du coupable, que pour les intérêts civils ou les dommages et intérêts, et non pour la peine proprement dite.

Ces actions s'appellent personnelles, parce qu'elles sont tellement attachées à la personne de l'obligé, qu'elles ne peuvent s'exercer contre un autre, si ce n'est contre l'héritier qui le représente.

Ainsi celui qui a reçu un dépôt, est tenu de le rendre à celui qui le lui a confié, lorsqu'il le redemande. Il est évident qu'une telle action ne peut être intentée que contre le dépositaire ou son héritier.

Les actions réelles sont celles par lesquelles on poursuit le possesseur ou le détenteur d'un héritage ou de quelque autre chose, non en vertu d'une obligation quelconque, mais pour cela seul qu'il détient une chose que le demandeur prétend lui appartenir.

Cette action s'appelle en droit, action pétitoire ou revendication. Cependant l'action pétitoire convient plus aux immeubles, et la revendication aux meubles.

Par l'action pétitoire, on demande que l'immeuble qui nous appartient, nous soit restitué, ou qu'on nous paie les droits réels tels que les rentes foncières; que nous avons sur les immeubles d'autrui.

Par la revendication, on réclame les meubles

bles qui nous appartiennent et qu'un autre nous retient injustement.

Cette action s'appelle réelle, parce qu'elle n'est point attachée à la personne, mais aux choses qu'elle suit, en quelques mains qu'elles passent ou qu'on les transfère.

Le détenteur de la chose, poursuivi par cette action, s'il est de bonne foi, ne doit pas la restitution des fruits qu'il a perçus pendant sa jouissance, ainsi que nous l'avons dit ailleurs. Il en est autrement du possesseur de mauvaise foi; il doit tous les fruits qu'il a recueillis, et s'il avait aliéné la chose réclamée, il ne serait plus tenu par action réelle à la restituer, mais il serait obligé par action personnelle à rendre les fruits dont il aurait joui pendant sa détention.

Les actions par lesquelles on revendique quelque servitude sur le fonds d'autrui, sont des espèces d'actions réelles; quoique le droit de réclamer soit incorporel, il s'exerce cependant sur une chose corporelle (1).

L'action par laquelle on revendique une servitude, s'appelle confessoire dans le droit romain; parce que le demandeur soutient, assure et conclut à ce que le défendeur soit tenu de souffrir telle servitude.

L'action par laquelle on agit contre celui qui prétend une servitude sur notre héritage,

____

(1) *Instit. de action.* §. 2.

s'appelle au contraire négatoire, parce qu'on dénie que le droit qu'il réclame lui appartienne.

Quoique ces actions soient très-fréquentes dans nos usages, on ne les y distingue cependant pas par des noms particuliers. On conclut simplement à l'admission ou au rejet de la demande, sans caractériser l'action par un nom particulier. Il en est de même pour toutes les autres actions, dont les noms différens se voient dans les livres du droit romain.

Les actions mixtes sont celles qui participent des actions réelles et des actions personnelles ; comme quand nous demandons qu'un homme soit tenu de nous rendre un héritage avec restitution de fruits ou avec des dommages et intérêts. On les appelle mixtes, parce que, d'un côté, le détenteur de l'héritage est tenu de le rendre par l'action réelle, dont il serait déchargé en l'abandonnant ; et que de l'autre cet abandon ne le déchargerait pas de l'obligation personnelle de rendre les fruits ou de payer les dommages et intérêts, s'il en est dû.

CHAPITRE II,

De l'action possessoire.

L'action réelle se divise en action pétitoire et en action possessoire.

L'action pétitoire est celle par laquelle

nous demandons la propriété d'une chose immobilière qui nous appartient, ou la jouissance de quelque droit réel, comme une servitude, une rente foncière, une hypothèque.

L'action possessoire ne regarde point la propriété d'un héritage, mais seulement la possession. Par cette action, celui qui est troublé dans la possession paisible d'un immeuble, d'un droit réel, d'un droit universel, demande d'y être maintenu, et qu'on fasse cesser les entreprises de ceux qui viendraient l'y troubler.

L'action possessoire n'a pas lieu, quand il ne s'agit que de la possession d'un meuble particulier.

L'action possessoire est fondée sur cette présomption qu'aux yeux de la loi, celui-là est censé le vrai propriétaire d'une chose qui en a la possession (1).

Un autre peut bien avoir des droits légitimes sur cette chose ; mais avant de dépouiller celui qui possède, il faut que ces droits aient été examinés et que les tribunaux aient prononcé : on ne peut le priver auparavant de sa possession ; et si on entreprenait de le faire, soit par violence, soit autrement, il serait en droit de demander d'être maintenu en sa possession, sans entrer dans l'examen du fond,

______

(1) *Potior est jus possidentis.* Voyez ci-dessus, liv. XIII, chap. III.

et sur le motif seul de sa possession antérieure.

Dans le droit romain, les actions possessoires portaient le nom *d'interdits*. Ils étaient
très-nombreux, et ils avaient leurs formules
particulières (1). Il en est pour nous de ces espèces d'actions comme des autres, elles n'ont
ni noms, ni formules particulières ; il suffit
d'expliquer clairement ce que l'on demande,
par-devant le juge à qui on a recours.

Pour pouvoir intenter l'action possessoire, il
faut avoir possédé publiquement à autre titre
qu'à celui de fermier ou de possesseur précaire.

Cette action ne compète en effet qu'à celui
qui tient la chose à titre de propriétaire. Une
possession vicieuse, incertaine, clandestine,
qui serait l'effet de la violence, n'est point un
titre légitime : il faut une possession réelle,
actuelle et paisible.

Ce n'est pas à dire cependant que la possession de celui qui se plaint d'y être troublé, doive être fondée sur un juste titre. Il
est certain, tant par les lois romaines que par
notre jurisprudence, que la possession injuste du possesseur, quand elle n'est pas
troublée par celui qui aurait droit de le faire,
n'empêche pas qu'il ne puisse se servir de
cette action.

____

(1) *Instit.* **IV**. tit. **XV**. *de interdict.*

Il suffit qu'il soit en possession pour pouvoir former complainte contre un injuste agresseur, et celui-ci ne peut exciper du droit d'un tiers.

Celui qui possède précairement et au nom d'un autre, ne peut point aussi intenter de complainte contre lui ; car il ne possède pas réellement : il est simple détenteur; ou, pour mieux dire, il possède au nom du propriétaire, qui lui en a cédé la possession naturelle et corporelle, et qui s'est réservé la possession civile ou légale.

Nous avons parlé ailleurs de ces deux espèces de possession. La civile ou légale est le titre légitime : elle seule décide.

Le fermier qui est troublé dans l'exploitation de l'héritage qu'il tient à bail, ne peut pas se servir de la complainte; il doit dénoncer le trouble au propriétaire, pour qu'il ait à le faire cesser (1). La raison est que le fermier ne possède que naturellement : il est en possession, mais il n'est pas propriétaire. C'est la possession civile qui est le vrai titre de la propriété.

Il en est de même du dépositaire, du commoditaire et du créancier détenteur du gage.

---

(1) *Leg.* 1. §. 10. *ff. uti possidetis,* ci-dessus, liv. XIII, ch. III.

Aa 3

CHAPITRE III.

Des diverses espèces d'actions possessoires, et du pétitoire.

Les actions possessoires peuvent se distinguer en diverses espèces relatives à la nature du trouble que l'on éprouve. On les divise ordinairement en actions prohibitoires, restitutoires et exhibitoires.

L'action prohibitoire a pour objet de prévenir le trouble dont on est menacé et qui n'a pas entièrement produit son effet. On requiert le juge de prohiber à celui qui nous inquiète dans notre possession, de continuer davantage le trouble qu'il nous cause. L'action prohibitoire s'appelle en termes de pratique, complainte en cas de saisine et de nouvelleté (1).

C'est la plainte que fait le demandeur pardevant le juge, sur le trouble qui lui est causé en sa possession ; c'est par-là qu'on forme l'action en complainte.

La *saisine* est la possession qui est troublée.

La *nouvelleté* est l'innovation qu'on veut commettre dans la possession, en la troublant.

Celui qui se plaint d'être inquiété dans sa possession, doit justifier qu'il est véritablement possesseur public et paisible.

Cette preuve se fait ou par titres, ou par témoins.

____

(1) Coutum. de Paris, Ordonn. de 1667, tit. XVIII.

Il suffit de justifier de sa possession, sans qu'il soit nécessaire de justifier de la propriété; parce qu'il ne s'agit uniquement que de la possession, et non de la propriété. Quand la possession est constante et paisible, on n'a pas d'autre titre à produire.

Il faut remarquer ici qu'on peut être troublé de deux manières dans sa possession, par paroles ou par faits; l'une et l'autre donnent lieu à la complainte.

Le trouble se fait par paroles, lorsqu'on nous dénie un droit dont nous sommes en possession; ou quand quelqu'un, par un acte quelconque, se qualifie propriétaire de la chose dont nous jouissons : l'acte est alors considéré comme trouble, et il autorise l'action en complainte.

Le trouble a lieu par faits, lorsque, par violence ou autrement, on nous empêche de jouir de la chose dont nous sommes en possession. Si on enlève les fruits qui sont sur nos héritages, ou si on nous empêche de les enlever, c'est un trouble par voies de fait, et il donne lieu à la complainte, quand même il serait causé par celui qui a des droits à la propriété. Si on employait la force, si l'enlèvement se faisait de nuit avec violence, ce serait un délit à poursuivre par la voie criminelle.

Le trouble se prouve par titres et par témoins. Le trouble par voies de fait, comme transport de fruits, enlèvement ou déplacement de bornes, usurpation de servitudes, et autres de cette espèce, se vérifie par témoins. Le trouble qui se fait par écrit se prouve par l'acte même qui y donne lieu.

La complainte doit être intentée dans l'an du trouble, après lequel l'on ne peut plus agir que par l'action pétitoire ou réelle (1). Dès qu'on a souffert le trouble pendant un an sans se plaindre, on est censé avoir cédé la possession à celui qui l'a causé.

La complainte s'intente pour les immeubles, tels que les héritages et les maisons ; pour une universalité de meubles, tels qu'une succession qui ne comprendrait que des meubles. On peut l'intenter aussi pour des droits incorporels, tels qu'une servitude (2).

Les actions possessoires restitutoires, sont celles par lesquelles non-seulement on demande de faire cesser le trouble que l'on a éprouvé, mais encore d'être rétabli dans la possession dont on a été dépouillé.

On l'appelle en pratique *réintégrande*, parce qu'on demande d'être réintégré dans la possession dont on a été privé par la violence ou par des voies de fait. Celui qui l'a exercée doit être condamné à la restitution des fruits qu'il

____

(1) Ordon. de 1667, tit. 18, art. 1. Coutume de Paris, art. 96.
(2) *Ibid.*

a perçus : on lui fait défenses de troubler à l'avenir le possesseur.

Suivant le droit romain, celui qui s'était emparé par violence même, d'une chose qui lui appartenait, en perdait la propriété au profit de celui qui avait souffert la violence. Si la chose appartenait à autrui, outre la restitution à laquelle il était obligé, il devait en payer l'estimation à celui sur lequel il l'avait usurpée (1). Mais cela ne se pratique pas parmi nous ; dans l'un ou l'autre cas, outre la restitution de la chose, l'usurpateur doit des dommages et intérêts.

Celui qui a souffert la violence, soit qu'il ait été expulsé ou non, peut se pourvoir ou par la voie civile, ou par la voie criminelle ou correctionnelle. Lorsqu'on a choisi la voie civile, l'on ne peut plus se pourvoir par la voie criminelle, et réciproquement.

La complainte et la réintégrande sont très-fréquentes dans la pratique ; la possession est un grand avantage pour celui qui peut s'en appuyer ; car lorsqu'il est conservé dans sa possession, il n'est pas obligé d'en justifier le droit et le titre. C'est de là que vient l'axiome que le droit de celui qui possède vaut mieux.

Le jugement du possessoire décide seulement quel est celui des deux contendans qui doit être maintenu dans la possession ; mais il

____

(1) *Instit. tit. de interdict.* §. 6.

ne décide pas sur le fond de la propriété. Car on peut être en possession paisible d'une chose qui ne nous appartient pas.

Celui qui a été débouté du possessoire, peut donc se pourvoir au pétitoire, c'est-à-dire, sur le fond de la propriété, qui doit lui être adjugée, s'il produit des titres valables.

On ne peut cumuler le possessoire avec le pétitoire, c'est-à-dire, qu'on ne peut les poursuivre conjointement. Il faut même, quand on a été condamné au possessoire, avoir exécuté entièrement le jugement avant d'avoir la faculté de se pourvoir au pétitoire (1).

L'action possessoire exhibitoire est celle par laquelle on demande qu'on nous exhibe ou représente une chose ou une personne qu'on est en droit de réclamer.

Celui qui a chez soi un fils de famille mineur, doit l'exhiber ou le représenter à son père qui le réclame (2).

Le mari peut aussi se servir de cette action, pour se faire représenter sa femme par celui qui la détient; et cette action a lieu même contre le beau-père (3).

Outre la complainte et la réintégrande, qui forment les deux principales branches de l'action possessoire, il y a encore la ré-

____

(1) Ordonn. de 1667. *tit.* XVIII.

(2) *Leg.* 1. *ff. de liber. exhib.*

(3) *Leg.* 2. *ff. ibid.* Fevret, *de l'abus*, t. 2. Liv. 5. ch. 5. Cod. civ. art. 214.

créance, par laquelle on demande la possession provisoire et la jouissance de la chose litigieuse, jusques à ce que la contestation soit décidée par un jugement définitif et en dernier ressort.

La différence qu'il y a entre la complainte et la récréance, consiste en ce que la complainte ne peut être intentée que par celui qui était en paisible possession, lorsqu'on l'y a troublé; mais la récréance ou la possession provisoire se demande par ceux qui se prétendent possesseurs d'une même chose.

La récréance se demande dans l'acte même par lequel on forme la complainte. On expose qu'on est en possession d'un tel héritage: on conclut à y être maintenu; et, en cas de contestation, à avoir la récréance ou possession provisoire pendant le procès.

On accorde la récréance ou la possession provisoire à celui qui, d'après les titres ou pièces qu'il produit, paraît avoir le droit le plus apparent. Mais la récréance n'est donnée qu'à la charge de fournir bonne et suffisante caution de restituer la chose avec les fruits perçus pendant la récréance, au cas que celui à qui elle est adjugée, succombe au pétitoire.

Lorsque les droits sont à peu-près égaux, et qu'on ne voit pas quel est le plus apparent, on ordonne que la chose sera mise sous le séquestre (1).

_____

(1) Ordonn. de 1667. *tit.* XIX.

Le droit romain admettait l'action possessoire pour les choses mobiliaires. Il n'en est pas de même parmi nous ; on ne fait point deux instances séparées, l'une pour la possession, et l'autre pour la propriété de la chose mobiliaire (1). On décide de suite sur la propriété. On a toujours mis chez nous une grande différence entre la possession d'un immeuble et celle d'un meuble ; celui-ci produit des fruits, l'autre non. Cela n'est pas bien exact depuis que les rentes ont été mises au nombre des meubles ; d'ailleurs ces maximes se sont établies dans un tems où les richesses mobiliaires étaient rares et de peu d'importance. On doit y regarder de plus près aujourd'hui.

On ne peut pas dire, comme autrefois, que la propriété d'un meuble est une chose vile.

La complainte a lieu cependant pour les meubles en trois cas ; le premier, s'il s'agit d'une universalité de meubles, comme nous l'avons vu précédemment. Le second, lorsque des meubles se trouvent confondus avec des immeubles dans une même succession ; enfin quand le meuble est l'occasion ou la cause du trouble, comme s'il s'agit de fruits enlevés, etc.

---

(1) Loysel, *instit. cout.* Liv. V. *tit.* IV. n.° 15.

L'action possessoire avait souvent lieu chez les Romains, entre les prétendans droit à une même succession. La règle *le mort saisit le vif*, qui investit immédiatement de la succession l'héritier du sang ainsi que le testamentaire, ne permet point cette action en pareil cas parmi nous.

L'héritier représente le défunt dans l'universalité de ses droits. Tous ceux qui en ont quelqu'un contre elle doivent s'adresser à lui.

Cependant si le testament était argué de faux, et que l'exécution en fût suspendue par une ordonnance des tribunaux, ainsi qu'ils sont autorisés à le faire en pareil cas (1), il s'éleverait la question de savoir si la possession de la succession doit être adjugée à l'héritier légitime ou à l'institué, ou si elle doit être mise en séquestre. C'est aux tribunaux à prononcer suivant les circonstances.

Ce qui nous reste à dire au sujet des actions, concerne la manière de les intenter et de les poursuivre en justice, et tient par conséquent aux formes judiciaires, sur lesquelles on prépare un Code particulier. Il serait donc prématuré de s'en occuper pour le moment.

D'ailleurs nous avons rempli notre plan, qui était de faire un Cours de Droit civil.

---

(1) Loi du 25 ventôse an 11, relative au notariat. Art. 19.

Nous verrons dans la suite si les circonstances nous permettront d'y ajouter ce qui tient à l'instruction judiciaire, au droit commercial et au droit criminel, pour donner par ce moyen un abrégé général de la Jurisprudence Française.

Fin du quatrième et dernier Volume.

www.ingramcontent.com/pod-product-compliance
Lightning Source LLC
LaVergne TN
LVHW010841060726
842526LV00002B/353